Edgar Schmitz, Arne Stiksrud
Erziehung, Entfaltung und Entwicklung

D1730421

Für

Ingrid und Jutta

sowie

Andi, Lisa und Nils,

von denen wir viel mehr

gelernt haben als aus dicken Büchern...

Edgar Schmitz, Arne Stiksrud

Erziehung, Entfaltung und Entwicklung

Ein Lern- und Lehrbuch für den Unterricht
in Psychologie und Erziehungslehre
an weiterführenden Schulen

2., erweiterte und korrigierte Auflage

Unter Mitarbeit von
Heike Engerer (1. Auflage)
und
Hubert Hofmann (2. Auflage)

Roland Asanger Verlag Heidelberg 1994

Die Autoren:
Edgar Schmitz, PD Dr. rer. nat., Dr. phil. habil., Dipl.-Psych., Jahrgang 1938, lehrt Psychologie an der TU München. Er hat die Kapitel 2 bis 8 verfaßt.
Arne Stiksrud, Prof. Dr. phil., Dipl.-Psych., Jahrgang 1944, lehrt Entwicklungspsychologie und Pädagogische Psychologie an der PH Karlsruhe. Von ihm stammen die Kapitel 9 und 10.
Hubert Hofmann, Dipl.-Psych., Jahrgang 1965, ist wiss. Mitarbeiter der Professur für Entwicklungs- und Pädagogische Psychologie an der Kath. Universität Eichstätt. Er hat das Kapitel 11 verfaßt.

Die Deutsche Bibliothek – CIP-Einheitsaufnahme

Schmitz, Edgar:
Erziehung, Entfaltung und Entwicklung : ein Lern- und Lehrbuch für den Unterricht in Psychologie und Erziehungslehre an weiterführenden Schulen / Edgar Schmitz ; Arne Stiksrud. Unter Mitarb. von Hubert Hofmann. – 2., erw. und korr. Aufl. – Heidelberg : Asanger, 1994
    ISBN 3-89334-280-X
NE: Stiksrud, Hans Arne:

© 1994 Roland Asanger Verlag Heidelberg

Umschlagabbildung: Doris Bambach
Umschlaggestaltung: Doris Bambach
Printed in Germany
ISBN 3-89334-280-X

1 Vorwort zur 1. Auflage

Der Fortschritt der Pädagogik und Psychologie verlangt sicher alle zehn Jahre wenigstens *ein* neues Lehrbuch für jene Sozialberufe, die im direkten Kontakt zum sich entwickelnden Menschen stehen. Die Dialektik dieser Anwendungsberufe besteht darin, daß sie einerseits dem faszinierenden Lebenslauf eines Kleinkindes, Kindes, Jugendlichen und jungen Erwachsenen betrachtend und wahrnehmend gegenüberstehen; andererseits sind sie dauernd in pädagogische Handlungsabläufe eingebunden, die ihnen eine Nähe zum jungen Menschen abverlangen, die sie vielleicht ab und an vergessen läßt, daß es trotz kleinerer und größerer Eingriffe in das Lebensgefüge von Kindern ganz normale Grundmuster der Entwicklung gibt.

Diese wurden hier erstmals in Form von didaktischen Einheiten so aufbereitet, daß beispielsweise ein Lehrender an einer Berufsfachschule sich spezielle Kapitel herauspicken und diese als geschlossene Einheiten im Unterricht präsentieren und gestalten kann. Die Schülerin an einer Fachakademie für soziale Berufe hat gleichzeitig ein systematisch gegliedertes Handbuch zum Durcharbeiten dessen, was dann doch abfragbares Wissen sein soll. Deshalb wurden mit Zusammenfassungen und Fragen die Inhalte so präzisiert, daß sie auch zum aktiven Wissen von Fachschülern werden können.

Die Psychologie bringt es als Unterrichtsfach mit sich, daß man immer wieder zur Reflexion über eigene Vergangenheit, Gegenwart und Zukunft "verführt" wird. Beim Sehen in den eigenen biographischen Spiegel kann jedoch ein Fach nicht stehen bleiben, das auf die kompetente erzieherische Interaktion mit jungen Menschen abzielt. Deshalb haben die Autoren die einzelnen Rahmenpläne der Bundesländer für Psychologie- und Pädagogik- (Erziehungslehre) Unterricht an Fachakademien, Berufsfachschulen, Fachoberschulen und allgemeinbildenden höheren Schulen nach ihren psychologierelevanten Themenstellungen durchforstet. Die Lehrplananalysen – insbesondere die der Bundesländer Bayern und Baden-Württemberg (da diese am ausführlichsten waren) – gaben den Rahmen für dieses Unterrichtsbuch ab. Das Lehrbuch ist für die Lehrenden *und* die Schüler(innen) und Studierenden an weiterführenden Schulen gedacht. Der Wissensstand der modernen Entwicklungspsychologie des Kindes und Jugendlichen wurde auf die Zielstruktur des Psychologieunterrichtes *und* die erzieherische Handlungskompetenz ausgerichtet.

Dabei wurden wir von Heike Engerer, Studentin der Psychologie, unterstützt. Vor dem Studium besuchte sie eine Fachakademie für Sozialpädagogik. Sie koordinierte aus Schüler-, Studenten- und Lektorenperspektive die Texte und schlug sich bei der Textverarbeitung und Satzgestaltung mit den Tücken des Computers herum, wobei ihr Peter Zimmermann (Rechenzentrum Eichstätt) geduldig zur Seite stand.

Die Autoren haben sich mit den "klassischen" Altersbereichen der Entwicklung befaßt, erziehungsrelevante Themen bevorzugt und weniger die pädagogische "Machbarkeit" als vielmehr die psychologische "Entfaltung" des sich entwickelnden Menschen betont. Eine Entwicklungspsychologie des Erwachsenenalters steht immer noch aus – und zur Psychologie des höheren Erwachsenenalters ist das im Literaturanhang genannte Buch von Ursula Lehr immer noch unübertroffen. Die lebenslange Entwicklung und Entfaltung der Schülerinnen und Schüler, die mit diesem Buch arbeiten werden – und die Lehrerinnen und Lehrer der Unterrichtsfächer "Psychologie und Erziehungslehre" werden durch die Didaktik des Buches hoffentlich so entlastet, daß in ihrem Unterricht die menschliche Begegnung genauso wichtig wird wie das erforderliche Pflichtpensum.

München/Eichstätt 1990   Edgar Schmitz
Arne Stiksrud

1.1   Vorbemerkung zur 2. Auflage

Nur einige wenige Verbesserungen mußten für diese 2. Auflage angebracht werden. Die Resonanz bei Psychologie- und Pädagogikstudenten zeigt, daß zumindest im ersten Semester hier jenes Wissen aufbereitet wird, das Erzieher im allgemeinen in die Praxis einbringen sollten. Eine echte Bereicherung stellt das neue Kapitel 11 von Dipl.-Psych. Hubert Hofmann dar. Darin ist Eichstätter Lern- und Lehrerfahrung dokumentiert.

München/Karlsruhe 1994   E.S. & A.S.

2 Schwangerschaft, Geburt und Säuglingspflege

Dieses Kapitel behandelt den Beginn des menschlichen Lebens im Mutterleib von der Empfängnis bis zur Geburt. Dabei werden die Einflüsse auf das ungeborene Kind besprochen sowie die möglichen Vorsorgemaßnahmen der jungen Eltern, die günstige Ernährung der werdenden Mutter und der Vorgang der Geburt. Anschließend werden die richtige Ernährung und Pflege des Säuglings erörtert.

2.1 Schwangerschaft und Geburt

2.1.1 Entwicklung während der Schwangerschaft

Der Beginn des Lebens liegt für jeden von uns weit vor dem Zeitpunkt, an dem wir den Leib unserer Mutter verlassen haben. Der Beginn des Lebens ist noch heute - auch für Wissenschaftler - ein Wunder. Niemand kann menschliches Leben künstlich herstellen.

Mitte des 18. Jahrhunderts wies der Deutsche Kaspar Friedrich Wolff nach, daß der Beginn des Lebens in der Verschmelzung einer männlichen Samenzelle und einer weiblichen Eizelle liegt.

Das Leben beginnt mit einer Zelle. Etwa 10 bis 14 Tage nach Beginn der Regelblutung kann eine Befruchtung erfolgen. In dieser Zeit wandert die *Eizelle* aus einem der beiden Eierstöcke in die Gebärmutter (Uterus). Auf diesem Weg sind sie für 6 - 12 Stunden befruchtungsfähig. Falls gleichzeitig männliche *Samenzellen* von der Scheide aus in die Gebärmutter wandern, können eine Eizelle und eine Samenzelle zusammentreffen. Beide Zellen verschmelzen zu einer einzigen Zelle. Wir nennen sie die *Zygote* oder die befruchtete Eizelle. Die Zygote bettet sich in der Schleimhaut der Gebärmutter ein, wo sie gut ernährt werden kann.

Stufen der Entwicklung: Durch rasche *Zellteilung* entstehen immer wieder neue Zellen. Sie *organisieren* sich schon bald zu Einheiten, aus denen sich dann die *Organe* bilden. Bereits *zwei Wochen* nach der Einbettung in die Gebärmutter beginnt die Bildung *der ersten Organe*. Im 2. Monat der Schwangerschaft werden Leber, Nieren, der Verdauungstrakt und das Gehirn erkennbar. Gegen Ende dieser Zeit ist der Herzschlag des Ungeborenen hörbar. Ende des 3. Monats ist der Kopf bereits ausgebildet. Das Gesicht ist vorhanden mit Augen, Augenlidern, Ohren, Nase, Lippen, Zunge und Zahnknospen. Zehen, Finger und sogar die Handlinien sind erkennbar. Der Herzschlag ist deutlich zu hören, die Leber produziert Blut, einige Reflexe können ausgelöst werden. Das ungeborene Kind wird in der Fachsprache bis zum 3. Monat *Embryo* genannt und dann *Fötus*. Im 4. Monat zeigt das ungeborene Kind recht deutliche persönliche Merkmale. Es stößt mit den Beinen, dreht den Kopf und schließt die Finger. Der Mund wird geöffnet und geschlossen, die Handgelenke können sich drehen und die Stirn kann in Falten gelegt werden. In dieser Zeit bilden sich die Stimmbänder, die Finger- und Zehennägel. Die weiblichen bzw. die männlichen Geschlechtsorgane sind erkennbar. Im 6. Monat hat das Ungeborene schon Schlaf- und Wachzeiten wie das Neugeborene. Im 7. Monat sind die Reflexe vorhanden, die Augen können geöffnet werden und die Geschmacksknospen sind voll ausgebildet. Bei der Geburt ist das Kind durchschnittlich 51 cm lang und 3000 g schwer. Knaben sind im Durchschnitt 2 cm größer als Mädchen. Die Angaben über Geburtsgewicht und -größe kann man nicht absolut setzen – es kommen viele Kinder mit weniger oder mehr als 51 cm bzw. 3000 g zur Welt.

Zusammenfassung

Das Leben beginnt durch *Verschmelzung* einer weiblichen Eizelle mit einer männlichen Samenzelle zur *Zygote*. Sie bettet sich in der Gebärmutter ein. Rasche *Teilung* und *Organisation* der Zellen führen ab der zweiten Woche zur Bildung der ersten *Organe*. Das Herz schlägt. Im dritten Monat ist das Gesicht fertig, im vierten Monat zeigen sich persönliche Merkmale.

Fragen: (1) Wie beginnt das Leben des einzelnen Menschen? (2) Beschreiben Sie die Entwicklungsstufen des ungeborenen Kindes im Alter von zwei Wochen, zwei und drei sowie sieben Monaten.

2.1.2 Einflüsse auf die vorgeburtliche Entwicklung und Vorsorge

Waren wir alle vor unserer Geburt völlig "sicher im Mutterschoß"? Waren wir von den Einflüssen aus der Umwelt gänzlich unbehelligt? Oder welchen Einflüssen waren oder könnten wir ausgesetzt gewesen sein? Die Entwicklung vor der Geburt verläuft in aller Regel ohne Schwierigkeiten. Das Ungeborene ist zahllosen Einflüssen ausgesetzt:

1. durch das Erbgut von Vater und Mutter,
2. durch den körperlichen Zustand der Mutter,
3. durch das seelische Befinden der Mutter.

Gewöhnlich fördern alle diese Einflüsse die gesunde Entwicklung des ungeborenen Kindes. Aber es gibt auch störende und schädliche Einwirkungen auf das Kind:

1. Körperliche Einflüsse

- Eine *Fehlernährung* der Mutter (Mangelernährung, Unterernährung) bewirkt auch beim Ungeborenen eine Fehlernährung, weil beide Körper eine Einheit bilden.

- Manche *Krankheiten* der Mutter führen zur Erkrankung des ungeborenen Kindes. So werden u.a. die Zuckerkrankheit (Diabetes) und Geschlechtskrankheiten oft übertragen. Hat die Mutter vor der 11. Woche der Schwangerschaft *Röteln*, wird ihr Kind mit hoher Sicherheit taub, blind oder herzkrank. Auch später ist das Risiko noch hoch.

- *Drogen* sind gefährlich. Die Drogenabhängigkeit wird auf das ungeborene Kind übertragen. Heroin, Morphine und Codeine verursachen Entwicklungsverzögerungen und Frühgeburten. Die Neugeborenen leiden unter Krämpfen, Fieber, Erbrechen und Verhaltensstörungen. Die Störungen können bis ins Kindesalter andauern.

- Die *Tablettensucht* hat schlimme Folgen. Einige Medikamente bewirken beim Ungeborenen Stoffwechselstörungen oder körperliche Schäden.

10

- Es kann vorkommen, daß sich die *Blutgruppen* von Mutter und Kind nicht vertragen. Wenn das Blut des Kindes den Rhesusfaktor (eine Eiweißsubstanz) enthält, das Blut der Mutter aber nicht, dann besteht eine *Unverträglichkeit.* Ab dem zweiten Kind kann eine medizinische Behandlung notwendig sein.

- Andere Störungen sind eine Folge der hohen *Umweltbelastung.* Lärm, Abgase, chemische Teilchen in der Luft und biochemische Zusätze in der Nahrung stören das junge Leben. Ähnliches wird von dauerhaft erhöhter Radioaktivität erwartet.

2. Seelische Einflüsse

In neuerer Zeit wird immer deutlicher, daß eine starke seelische Belastung der Mutter störend auf das ungeborene Leben wirkt.

- *Seelischer Schmerz* der schwangeren Frau verzögert die Entwicklung des Ungeborenen. (Tod, Partnerkonflikte, ...)

- *Angst und Schrecken* bewirken oft Frühgeburten. Das zeigt die Beobachtung von schwangeren Frauen, die in Kriegswirrnisse gerieten.

- Neueste Untersuchungen zeigen, daß die *anstrengende Arbeit* an Computer-Terminals ein Risiko für das Ungeborene darstellt. Totgeburt, Frühgeburt und andere Folgen werden genannt.

Welche Maßnahmen können zur Vorsorge getroffen werden? Wenn ein Paar eine Schwangerschaft plant, sollten beide Partner vorsorglich durch eine ärztliche Untersuchung akute Ansteckungskrankheiten und Erbkrankheiten ausschließen. Gleich in der ersten Zeit der Schwangerschaft ist eine ärztliche Untersuchung der Mutter nötig, um Blutgruppe, Rhesusfaktor und mögliche Krankheiten festzustellen und sie in den *Mutterpaß* eintragen zu lassen. Diese Untersuchungen werden von den Krankenkassen bezahlt. Wichtig ist der Röteln-Test.

Einige Wochen vor der Geburt sollten die werdenden Eltern geklärt haben, in welcher Klinik die Entbindung stattfinden soll, ob der Vater anwesend sein kann, welche Methoden der Geburtserleichterung angewendet werden und ob das Neugeborene zumindest tagsüber bei der Mutter, falls sie es wünscht, bleiben kann. Natürlich müssen die Kleidung für den Säugling und die Papiere (Personalausweis, Mutterpaß, Krankenschein usw.) für die Klinik vorbereitet sein. Bei guter ärztlicher Betreuung verläuft eine Schwangerschaft völlig natürlich und ohne Schwierigkeiten.

Zusammenfassung

Das ungeborene Kind wird außer durch das *Erbgut* durch (1) körperliche und (2) seelische Vorgänge bei der Mutter beeinflußt. Bis auf Ausnahmefälle sind diese Einflüsse förderlich. Schlimme Wirkungen haben (1) körperliche Störungen wie Krankheiten, Fehlernährung, Drogen, Tabletten und vermutlich eine dauerhafte Umweltbelastung. (2) Eine starke seelische Belastung wie Verlassenheit, Angst und Schreck und anstrengende Arbeit erhöht die Wahrscheinlichkeit einer Risikogeburt. Die ärztliche *Vorsorge* erstreckt sich auf *Erbkrankheiten*, akute *Ansteckung* (z.B. Röteln) und den *Rhesus-Faktor*.

Fragen: (1) Welche körperlichen Einflüsse seitens der Mutter können die Entwicklung des Ungeborenen stören? (2) Welche seelischen Einflüsse? (3) Nennen Sie genau die Folgen körperlicher und seelischer Störeinflüsse auf das Ungeborene. (4) Welche Maßnahmen würden Sie treffen, wenn Sie bzw. Ihre Frau schwanger wären?

2.1.3 Ernährung während der Schwangerschaft

"Als Schwangere mußt du für zwei essen". "Mehr Essen führt zu Übergewicht. Das ist ungesund. Ein dicker Bauch sieht blöd aus". Was ist Ihrer Meinung nach richtig? Eine werdende Mutter muß nicht "für zwei essen", sie sollte sich aber richtig ernähren. Die meisten Menschen bei uns essen zu viel. Übergewichtige Schwangere handeln sich unnütze Schwierigkeiten ein. Vom 1. bis 3. Schwangerschaftsmonat liegt der Mehrbedarf pro Tag im Mittel bei 150 kcal (0,6 MJ) und für den 4. bis 9. Monat bei 350 kcal (1,5 MJ). (Nennen Sie dafür Speisen!) Allgemein ist zu beachten, daß der Anteil an Fett niedrig sein soll. Wichtig sind tierisches und pflanzliches *Eiweiß*, *Vitamine* und *Mineralstoffe*, da deren Bedarf steigt.

Eiweiß: Als Faustregel wird von Ernährungswissenschaftlern heute angegeben: In der zweiten Hälfte der Schwangerschaft soll die *Eiweißzufuhr etwa 2 g/kg Körpergewicht am Tag* betragen. Tierisches Eiweiß ist hochwertiger als pflanzliches Eiweiß, weil es mehr essentielle Aminosäuren enthält. Erst wenn alle Aminosäuren ausreichend vorhanden sind, kann das Eiweiß der Nahrung zum Aufbau von Körpereiweiß verwendet werden. Dieser Hinweis ist besonders für Anhänger "alternativer" Ernährungsweisen wichtig, wenn sie tierische Produkte (Fleisch, Milch, Eier) ablehnen. Unzureichendes Eiweiß führt beim Kind zu schlimmen Man-

12

gelerkrankungen wie Blutarmut, Rachitis, allgemeine Entwicklungsverzögerung, die sich später auch auf die geistig-seelische Entwicklung auswirken kann.

Vitamine: Schwangere haben einen erhöhten Bedarf an den Vitaminen A, D, B1, B2, B6, B12 und C. Die Steigerung wird mit etwa 20 %
angegeben. Ein Mangel stört die Zellbildung. Vitamin B12 kommt nur
in tierischen Stoffen vor. Eine überhöhte Vitamin-Zufuhr ist ebenfalls
schädlich. So ruft die überhöhte Zufuhr von Vitamin-A und Vitamin-D
Vergiftungen beim Kind hervor.

Wasser und Mineralstoffe: Im letzten Drittel der Schwangerschaft
sollten täglich nur 1 bis 1,5 l Flüssigkeit aufgenommen werden, da sich
sonst Ödeme bilden können. Allgemein besteht während der Schwangerschaft ein erhöhter Bedarf an Mineralstoffen. Dazu gehören Natrium,
Chlor (beide im Kochsalz), Magnesium, Phosphor, Kalzium und Kalium
(Mengenelemente) sowie Eisen, Jod, Kupfer, Zink, Mangan, Fluor, Mo-
lybdän und Kobalt (Spurenelemente). Die nötige Zufuhr von Kochsalz
(NaCl) wird mit 1,5 g/Tag angegeben. Zu den *giftigen Spurenelementen*
gehören *Kadmium, Blei* und *Quecksilber*.

Genußmittel: Die Genußmittel unter den Lebensmitteln sind Kaffee,
Tee, Tabak, Gewürze und Alkohol. Gegen mäßigen Genuß von Kaffee und
Tee während der Schwangerschaft ist nichts einzuwenden. Übermäßiger
Genuß von Alkohol bewirkt eine Entwicklungsverzögerung, manchmal
sogar eine geistige Behinderung. Nikotin kann Nervosität, Angst und
Untergewicht beim Kind hervorrufen. Auch Fehlbildungen und Abgang
sind häufige Folgen. Bei etwa zwanzig Zigaretten am Tag liegt das Ge-
burtsgewicht im Durchschnitt um 20 % unter der Norm.

Zusammenfassung

**Während der Schwangerschaft liegt der *Mehrbedarf* an Nah-
rung bei 150 kcal und - ab 4. Monat - 350 kcal. Wichtig sind
Eiweiß, Vitamine und *Mineralstoffe*. Giftige Spurenelemente
wie Kadmium, Blei und Quecksilber sind zu meiden. Starker
Alkohol- u. Nikotingenuß bewirken Entwicklungsverzögerungen, Fehlbildungen und Abgänge oder zumindest Nervosität,
Angst und Untergewicht.**

Fragen: (1) Wieviel sollte eine Schwangere zusätzlich essen? (2) Welche Stoffe sollte
ihre Nahrung stets enthalten? (3) Auf welches Eiweiß darf nicht verzichtet werden und
warum? (4) Was wissen Sie über die Wirkung von Genußmitteln auf das ungeborene
Kind?

2.1.4 Die Geburt

Muß die Frau ihre Kinder "in Schmerz" gebären? Muß eine Geburt heute Anlaß zur Angst sein? Haben Sie - auch als möglicher Vater - Angst? Der Körper der schwangeren Frau ist für die Geburt bestens eingerichtet. Der Geburtsweg ist so *dehnbar*, daß das Kind hindurchgepreßt werden kann. Durch Abtasten kann frühzeitig festgestellt werden, ob etwa der Kopf des Kindes für den mütterlichen Leib zu groß sein sollte.

Die Geburt teilen wir in drei Stufen:

1. Die Geburt kündigt sich durch *leichte Wehen* an. Dadurch soll der Gebärmutterhals langsam nach und nach so geweitet werden, bis der Kopf des Kindes hindurchgepreßt werden kann. Diese natürliche Vorbereitung dauert durchschnittlich 10 Stunden. Gegen Ende dieser Zeit werden die Dehnungen stärker. Je stärker sie werden, um so weniger Schmerz wird die Mutter bei der Geburt fühlen.

2. Die eigentliche Geburtsphase kann mit einigen wenigen *kräftigen Wehen*, die das Kind durch Gebärmutterhals und Scheide pressen, abgeschlossen sein. Dieser Vorgang kann *1/4 Stunde bis über 1 Stunde* dauern. Dann ist das Kind geboren.

3. Schließlich wird das Kind *abgenabelt*, die *Plazenta* (Mutterkuchen) wird entfernt und die *Atmung* wird ausgelöst.

Gelegentlich wird jungen Frauen Angst vor einer Geburt eingeredet. Bei gewissenhafter Schwangerschaftsvorsorge besteht dazu überhaupt kein Anlaß. Eine Geburt läuft wie andere natürliche Vorgänge ohne Schwierigkeiten ab. Die Geburtsschmerzen sind zu ertragen. Unnötige Angst führt zur Verspannung und zur Muskelverkrampfung. Dadurch entstehen dann allerdings unerträgliche Schmerzen.

Die Aufklärung über die Vorgänge im Frauenkörper und - bei Bedarf - eine Entspannungsgymnastik mit richtiger Atemtechnik verhindern die Muskelverspannung. Dadurch wird die Geburt deutlich erleichtert. Als relativ ungefährliche medizinische Hilfe, die einer Frau die Geburt nahezu schmerzfrei macht, kann der Unterleib örtlich betäubt werden.

Die Geburt ist für das Kind ein Umgebungswechsel, auf den es hervorragend eingerichtet ist. Sobald es den Mutterleib verlassen hat, beginnt es zu atmen. Sicheres Zeichen dafür ist sein Schreien, denn wer schreit, muß auch atmen. Meist wird das Neugeborene an den Beinen kurz in die Höhe gehalten. Falls nötig, wird mit einem leichten Klaps die Atmung in Gang gesetzt. Außerdem kann das Fruchtwasser abfließen, das es vielleicht geschluckt hat. Bei normaler Atmung sind auch die anderen Körperfunktionen wie Kreislauf und Temperaturregelung gesichert.

Gelegentlich wird behauptet, das Schreien zeige das erste Angsterlebnis, das Geburtstrauma oder die Urangst des Menschen an. Die Anzahl "wissenschaftlicher" Deutungen dieses Phänomens zeigt, daß hier sichere Erkenntnisse fehlen. Genaue Beobachtungen ergaben, daß sich das Baby nach dem ersten notwendigen Schrei schnell beruhigt. Es liegt dann still da und ist offenbar mit seiner neuen Umgebung zufrieden. Dieses wohlige Daseinserleben kann dadurch gesichert werden, daß das Neugeborene Haut an Haut an den Körper der Mutter gelegt wird, damit es ihre *Körperwärme und Nähe* empfindet. Auch in den folgenden Tagen und Wochen ist kaum etwas wichtiger als die Empfindung der Körpernähe und der Körperwärme der Mutter.

Zusammenfassung

Leichte Wehen kündigen die 1. Phase der Geburt an: Der Gebärmutterhals wird mehr und mehr gedehnt, bis das Kind hindurchpaßt. Diese Phase dauert im Durchschnitt 12 Stunden. In der 2. Phase wird das Kind mit einigen kräftigen Wehen aus dem Körper der Mutter hinausgepreßt, um in der 3. Phase abgenabelt zu werden. Atemtechnik und örtliche Betäubung erlauben eine nahezu schmerzfreie Geburt. Das frischgeborene Kind ist für den Wechsel seiner Umgebung bestens vorbereitet. Angst kann es noch nicht erleben. Die Körperwärme (Haut an Haut) vermittelt das erste wohlige Daseinserleben.

Fragen: (1) Was sind die drei Stufen der Geburt? (2) Wodurch wird die Geburt schmerzfrei? (3) Welche Gefühle kann das frisch geborene Kind erleben?

15

2.2 Ernährung und Pflege des Säuglings

2.2.1 Die richtige Ernährung des Säuglings

Die Muttermilch: Ist Muttermilch heute überhaupt noch nötig? Wäre es eine große Arbeitsersparnis, wenn alle Säuglinge in Krippen künstlich ernährt würden?

Während der Erwachsene Nahrung zu sich nimmt, um sich zu erhalten, muß das Neugeborene *gegen Ansteckung geschützt* und sein *Wachstum gesichert* sein. Die *Muttermilch der ersten Tage* (Vormilch oder Kolostrum) enthält eine geballte Ladung von *Abwehrstoffen*, die das Kind in den ersten Lebensmonaten vor Infektionskrankheiten wie Masern, Mumps und Kinderlähmung schützen. Die Abwehrstoffe gelangen sofort mühelos in das Blut des Brustkindes. Struktur und Zusammensetzung der Abwehrstoffe sind so genau auf den Bedarf des Neugeborenen abgestimmt, wie es künstlich gar nicht machbar wäre. Etwa ab dem 3. oder 4. Tag schießt die eigentliche Muttermilch ein. Sie enthält in einzigartiger Zusammensetzung den Bedarf des Säuglings an Nährstoffen, Mineralstoffen und Vitaminen. *Die Muttermilch kann,* zumindest in den ersten Lebenswochen, *durch nichts ersetzt werden,* weder durch ein künstliches Produkt noch etwa durch Kuhmilch.

Dies verdeutlichen einige Beispiele: Da die Produktion von *Salzsäure* beim Säugling gering ist, können Bakterien die Barriere des Magens leicht überwinden und im Darm Entzündungen oder über das Blut Infektionen bewirken. Die Muttermilch enthält gegen diese Gefahr eine einzigartige Zusammenstellung von Abwehrstoffen, so daß eine Ansteckung gar nicht möglich ist.

Die *Eiweißverdauung* ist von Geburt an voll entwickelt, allerdings schafft sie nur die natürliche Menge, die in der Muttermilch enthalten ist. Überschüssiges Eiweiß ist gefährlich. Es wird zu Harnstoff abgebaut und soll über die Nieren ausgeschieden werden. Aber die Nieren sind erst im 4. Lebensmonat voll leistungsfähig. Gestaute Harnstoffe können zu Vergiftungserscheinungen und sogar zu Hirnschäden führen. Um sie ausscheiden zu können, müssen sie verdünnt werden. Dazu entzieht der Körper anderen wichtigen Organen Flüssigkeit. Flüssigkeitsentzug führt zu einem lebensbedrohlichen *Kreislaufschock.* Auch zur *Ausspülung überflüssiger Mineralsalze* benötigt die Niere Flüssigeit zur Verdünnung. Hier entsteht also eine ähnliche Situation wie bei überflüssigem Eiweiß.

Die Kuhmilch: Kuhmilch eignet sich zur Ernährung des Säuglings nicht. Das ist an den letzten beiden Beispielen erkennbar: Kuhmilch enthält an Eiweiß nahezu das Dreifache und an Mineralien (Na, K, Cl, P, Ca, Mg, S) das Vierfache der Muttermilch.

Wie gefährlich andere Nahrung als die Muttermilch ist, zeigt ein Literaturbericht: Einem sechs Wochen alten Säugling hat die besorgte Großmutter fünf Tage lang (!) Kondensmilch unverdünnt zusätzlich gefüttert. Das Kind erlitt einen lebensbedrohlichen Kreislaufschock, und später mußten ihm trotz aller ärztlicher Anstrengungen wegen bleibender Durchblutungsstörungen beide Beine abgenommen werden.

Derartige Katastrophen sind bei Ernährung mit Muttermilch undenkbar. Die Zusammensetzung der Muttermilch paßt sich dauernd dem Bedarf des Säuglings an und zwar nicht nur mit zunehmendem Alter, sondern auch im Tagesrhythmus und sogar während jeder Mahlzeit. Diese präzise Anpassung kann von keiner künstlichen Nahrung geleistet werden.

Das Stillen: Durch das Stillen erhält der Säugling nicht nur die Nahrung und Abwehrstoffe. Stillen vermittelt darüberhinaus die überaus wichtige *körperliche Nähe zwischen Mutter und Kind.* Die Empfindung des warmen Körpers der Mutter durch die nackte Haut erzeugt beim Kind die *ersten Gefühle der Geborgenheit.* Gestillte Säuglinge haben die besten Voraussetzungen für die weitere Entwicklung. Auch für die Mutter hat das Stillen eine seelische und körperliche Bedeutung. Die Gefühlsbeziehung zum Kind wird verstärkt. Darüberhinaus trägt das Stillen dazu bei, daß die körperlichen Veränderungen der Schwangerschaft sich schneller zurückbilden. Infolge des Nahrungsbedarfs für den Säugling werden die *Fettpolster* im Körper der Mutter *schneller abgebaut* als wenn sie nicht stillt. Sie erhält dadurch ihre frühere gute Figur zurück.

Zu welchem Zeitpunkt das frischgeborene Kind erstmals zum Stillen angelegt wird, entscheiden Mutter und Kind. Viele Frauen haben gleich nach der Geburt oder einige Stunden danach den Wunsch, ihr Kind saugen zu lassen. Die früher übliche Praxis, das Kind einen Tag warten zu lassen und ihm eine künstliche Nährlösung zuzuführen, findet nach heutiger Erkenntnis keine vernünftige Begründung. Beobachtungen deuten darauf hin, daß *schon in den ersten Minuten und Stunden nach der Geburt* die Weichen für eine gute Mutter-Kind-Beziehung gestellt werden. Die Mutter muß ihren Säugling sofort sehen, in den Arm nehmen und an die Brust legen können. Manche Geburtsklinik hinkt diesen Erkenntnissen nach. Die meisten Mütter haben jedoch ein *natürliches Bedürfnis* nach ihrem Kind. Dieses Bedürfnis ist hormonell ausgelöst.

Das Stillen ist ein natürlicher Vorgang, beide, Mutter und Kind, müssen sich erst darauf einstellen, aber beide lernen das Stillen bzw. Saugen ebenso sicher wie alle anderen natürlichen Vorgänge. Das Stillen hat einen einfachen praktischen Vorteil. *Jederzeit und überall kann das Kind gestillt werden.* In den ersten vier Lebensmonaten reicht das Stillen zur Ernährung völlig aus. Dann muß nach Bedarf, den das Kind zeigt, zugefüttert werden. Kinder können sogar mehrere Jahre gestillt werden. Das war in alten Zeiten allgemein üblich, wie wir von Arabern, Römern und Germanen wissen.

Die Flaschennahrung: Falls eine Mutter aus irgendeinem Grund nicht stillt oder die Milch nicht ausreicht, muß der Säugling eine industriell gefertigte Milchnahrung erhalten. Sie ist der Muttermilch soweit wie möglich angenähert und keimfrei. Aber es ist bis heute *nicht gelungen,* Muttermilch gleichwertig zu ersetzen. Es wird auch nie möglich sein, ein industrielles Produkt so zu fertigen, daß es sich den jeweiligen Bedürfnissen des Kindes anpaßt. *Flaschenkinder sind anfälliger* bzgl. ansteckender Krankheiten und leichter Störungen im Magen- und Darmbereich. Sie werden auch eher über- oder unterernährt. Denn nur beim Stillen wird der Nahrungsbedarf des Säuglings ganz exakt geregelt. Der *Bedarf an Flüssigkeit* ist beim Säugling etwa dreimal so groß wie beim Erwachsenen. Nach einigen Wochen kann Säuglingsnahrung bei Bedarf auf der Grundlage von Kuhmilch zubereitet werden. Das ist billiger als der Kauf industrieller Nahrung, aber der Muttermilch weniger angepaßt. Die Kuhmilch muß gemäß erhältlicher Tabellen verdünnt werden, da die Kuhmilch zuviel Fett, Eiweiß und Mineralien enthält. Als grobe Regel gilt, daß der Säugling täglich nicht mehr als 10 % seines Körpergewichts an Kuhmilch erhalten darf. Diese Menge wird mit der gleichen Menge Wasser verdünnt. Ab dem 3. bis 4. Monat können 2/3 Milch und 1/3 Wasser genommen werden. Etwas Stärke, Zucker und Keimöl sollten zugesetzt werden. Vielfach raten jedoch Kinderärzte zumindest in den ersten sechs Monaten von der Ernährung mit Kuhmilch ab.

Etwa ab der 6. bis 8. Lebenswoche werden allgemein *rohe Obst- und Gemüsesäfte* zugeführt. Vom 5. Monat an kann das Kind *eine* milchfreie Hauptmahlzeit erhalten, z. B. Kartoffel-, Gemüse-, Obst- oder Zwiebackbrei, Grieß- oder Haferflockenschleim (ab 6. Monat) oder Fertignahrung. *Falls ein Säugling von früh an nur oder weitgehend Flaschennahrung erhält, ist unbedingt zu beachten, daß der dadurch verlorengegangene Körperkontakt zur Mutter ausgeglichen werden muß.* Gegen Ende des ersten Lebensjahres erfolgt der schrittweise Übergang zur Ernährung des Kleinkindes. Neben flüssiger und breiiger Kost wird nun auch feste gegeben.

Ernährung der stillenden Mutter: Der Nahrungsbedarf von Schwangeren und Stillenden unterscheidet sich nicht wesentlich. Er richtet sich nach der abgegebenen Milchmenge und nach der Stilldauer. Deshalb soll der Gehalt an Eiweiß im Gesamtanteil der Nährstoffe etwa 15 % betragen. Für den Bedarf an Vitaminen und Mineralstoffen gilt Entsprechendes. Besonders muß auf Genußmittel geachtet werden. So werden Höchstwerte von DDT in der Muttermilch von Raucherinnen gefunden, da beim Tabakanbau sehr häufig dieses Pestizid eingesetzt wird. Ein Säugling, dessen stillende Mutter regelmäßig raucht, nimmt bis zu 50 % mehr DDT auf als der Säugling einer nichtrauchenden Mutter. Außerdem wird beim Stillen das Kind gezwungen, Nikotin zu trinken. Dadurch werden Vergiftungserscheinungen ausgelöst. Bei Alkohol und Koffein besteht für den Säugling Suchtgefahr. Kinder drogenabhängiger Mütter sind in der Regel bei Geburt drogenabhängig.

Zusammenfassung

Die Muttermilch kann deshalb durch nichts ersetzt werden, weil sie genau die richtige Zusammensetzung von *Abwehrstoffen* enthält, die ein bestimmtes Kind gerade benötigt. Die *Haut-an-Haut-Lage* von Mutter und Kind beim Stillen erzeugt erste Gefühle der *Geborgenheit.* Beim Stillen werden Fettpolster, die während der Schwangerschaft entstanden, abgebaut. Gestillte Kinder entwickeln sich besser als Flaschenkinder, doch kann schon nach wenigen Wochen verdünnte Kuhmilch oder künstliche Milchnahrung zugefüttert werden. Der Nahrungsbedarf von Schwangeren und Stillenden unterscheidet sich kaum.

Fragen: (1) Kann Muttermilch ersetzt werden? Warum (nicht)? Können Sie dazu Beispiele angeben? (2) Welche Funktionen (Aufgaben) hat das Stillen? (3) Kann ein Säugling durch Stillen geschädigt werden?

2.2.2 Die richtige Säuglingspflege

Der Säugling braucht viel Sonne, vor allem im Winter. Sie ist unbedingt notwendig. *Vitamin D,* das in der Haut des Kindes bereit liegt, wird durch Sonnenlicht in eine Form geführt, die Rachitis verhütet. Rachitis führt zu Knochenerweichung. Deshalb ist ein helles, lüftbares und sonnendurchflutetes Zimmer nötig. Aus dem gleichen Grund ist der Aufenthalt im Freien notwendig. Außerdem führt er zur Abhärtung gegen Erkältungen. Im Sommer kann das Kind schon ab der 2. Woche im Freien sein. Man beginnt mit einem 1/2 bis 1-stündigen Aufenthalt und steigert die Dauer allmählich. Das Kind darf nicht in der prallen Sonne liegen. Nach einigen Monaten kann es seine gesamten Tagesschlafzeiten im Freien verbringen. Daß ein Winterkind schon 2 - 3 Monate alt sein soll, bevor es ins Freie kommt, entspricht nicht mehr moderner Auffassung.

Viele Mütter neigen dazu, das Kind viel zu warm einzupacken. Dies schadet ebenso, als wenn das Kind zu dünn angezogen ist. Sie sollten mehrmals prüfen, ob das Kind schwitzt. Manchmal schreit es, weil es ihm zu warm ist. Auch im Sommer sollte der Säugling stets eine Mütze oder ein Sonnenhütchen tragen, um eine direkte Sonnenbestrahlung zu vermeiden. Leichter Wind oder Regen sind kein Hinderungsgrund, um ins Freie zu gehen.

Die Matratze für den Säugling muß sorgfältig ausgewählt werden. Der Körper des Kindes soll voll ausgestreckt und gerade darauf liegen können. Die Matratze darf sich keinesfalls durchbiegen, damit sich die kindliche Wirbelsäule ohne Liegeschäden entwickeln und kräftigen kann. Kinderbettchen, die das DIN-Zeichen tragen, entsprechen den sicherheitstechnischen Anforderungen des Fachnormenausschusses der Hauswirtschaft und berücksichtigen die verschiedenen Gefahrenpunkte. Ein "Himmel" am Kinderbett verengt den Lebensraum und das Blickfeld des Kindes.

Nabelpflege: Der Rest der Nabelschnur muß so lange gepflegt werden, bis er von selbst abfällt. Dies kann ungefähr 5 bis 10 Tage dauern. Die offene und verletzliche Wundstelle erfordert sorgfältige Pflege. Zum Schutz wird ein trockener, steriler und fettdurchlässiger Verband angelegt. Der Nabelschnurrest wird mit antiseptischem Puder bestreut. Es ist aber darauf zu achten, daß das Kind nicht etwa zu fest eingeschnürt wird.

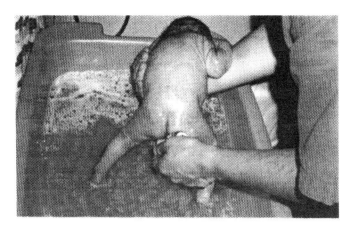

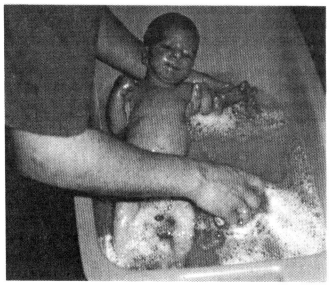

Vater werden ist nicht schwer,
Vater sein dagegen sehr!

Wickeln: Wickelpackungen müssen den Strampelbewegungen standhalten, dürfen die Beweglichkeit nicht zu sehr einengen und müssen zuverlässig Stuhl und Urin auffangen. Wichtig ist das regelmäßige und ausreichend häufige Trockenlegen. Kinder sollten in der Regel nach dem Essen gewickelt werden, da sie meist während des Trinkens ihr Geschäftchen abwickeln. Beim Wickeln soll die Raumtemperatur nicht unter 20 Grad Celsius betragen. Auf keinen Fall darf das Kind alleine auf der Wickelfläche liegengelassen werden.

Das Kind soll aus der Hüfte heraus frei strampeln können, und die natürliche Spreizhaltung der Beine muß erhalten bleiben, damit sich die Beinmuskulatur ausbilden kann. So wird einer Hüftgelenkserkrankung vorgebeugt. Die Windel soll nicht zu fest angelegt werden, da sonst eine Atmung nicht möglich ist.

Baden: Nachdem der Nabelschnurrest vollständig abgefallen und abgeheilt ist, kann mit dem Baden begonnen werden. Das Kind wird vor dem Essen gebadet. Das Bad soll nicht länger als 10 Minuten dauern, in den ersten Monaten genügen 3 - 5 Minuten. Eine starke Entfettung der Haut sollte vermieden werden. Die Badetemperatur soll zwischen 36 und 37 Grad Celsius betragen, Abweichungen müssen in jedem Fall vermieden werden. Deshalb ist stets ein Thermometer zu benutzen. Alle Gebrauchsgegenstände sollten vorher bereitgelegt werden, daß das Kind nicht etwa naß abgelegt werden muß: Hemdchen und Jäckchen, Windeln, Windeleimer, Thermometer, Waschlappen, Wattetupfer, Wattestäbchen, Haarbürste, Öl oder Puder, Nagelschere usw.

Zum Baden wird das Kind am besten auf den linken Unterarm gelegt, wobei die linke Hand die linke Achselhöhle und Schulter des Kindes faßt. Der Kopf darf nicht frei hängen. So kann das Kind langsam ins Wasser gebracht werden. Der Babypo soll regelmäßig geölt und gepudert werden. Zur Sicherung der Reinlichkeit muß der Erwachsene vor dem Baden des Kindes die eigenen Hände waschen, am besten mit einem Desinfektionsmittel. Wickeltisch und Badewanne sind ebenfalls vorher zu reinigen, Haustiere sollten nicht zu nahe an das Kind heran kommen. Während der Pflege sollte dauernd mit dem Kind gesprochen werden. Das wichtigste, was ein Baby braucht, ist die liebevolle Zuwendung durch Körperkontakt und Reden.

Mitten in zwei bayerischen Kleinstädten wachsen
Marion, Judith (s.o.), Hacer und Pinar (s.u.) glücklich auf.

2.3 Familienplanung

"Wir können uns kein Kind leisten." – "Bloß jetzt kein Kind, vielleicht später." Eine Frau, die wegen ihres Berufes auf ein zweites Kind verzichtet, sagt "... ich finde es ungeheuer befriedigend, ein Kind zu bekommen. Am liebsten würde ich jedes Jahr eines bekommen, wenn ich es mir leisten könnte ... Sehr häufig fühle ich mich ganz verzweifelt und erbittert, ... weil man nicht mehr Zeit für die Kinder hat". (Beck-Gernsheim, 1984, S. 139)

In früheren Zeiten waren zumindest die ersten drei bis vier Kinder in der Familie willkommen. Sie hatten ihren festen wirtschaftlichen Platz als Alterssicherung für die Eltern. Heute bleiben die wirtschaftlichen Vorteile bereits bei den ersten Kindern aus. Stattdessen stiegen in den letzten Jahrzehnten die Kosten für das Kind. Der finanzielle Aufwand heute steigt schneller als Einkommen, Inflationsrate und Lebenshaltungskosten. Der Grund liegt darin, daß nach heute geltenden Normen ein Kind viel mehr als bloß Kleidung und Essen "braucht", sondern ebenso Spielzeug, Taschengeld, teure Schulbücher und Schulmaterial, Kinderzimmer, eine Ausbildung usw. Fachleute behaupten: "Noch nie war Elternsein so teuer wie heute; noch nie haben die Menschen, um Kinder zu haben, so große finanzielle Belastungen auf sich genommen". Hinzu kommen vielfältige Sorgen, wie die Sicherung im Straßenverkehr und gegen eine kinderfeindliche Umwelt, zu enge Wohnungen, Schulstreß u.a. Ist es nicht erstaunlich, daß sich Frauen und Männer "trotzdem" Kinder wünschen. Haben Sie schon einmal überlegt, ob Sie sich später Kinder wünschen? In den letzten Jahren entdecken wir mehr und mehr, daß ein Kind auch Glück bedeutet, eine Erfüllung ist, zum Lebenssinn des Menschen gehört und daß sich beim genaueren Befragen kaum jemand wirklich einem eigenem Kind verschließen würde, wenn die Lebensbedingungen für Kinder in unserer Kultur besser wären. Viele Frauen sehen heute die Mutterschaft als unentbehrlich für die Selbstfindung und Selbstbestimmung der Frau an. Dagegen ist der Verzicht auf das eigene Kind aus wirtschaftlichen Gründen ein besonderer Typ der *Entfremdung* des Menschen in unserer Kultur.

Die Anhängerin der Neuen Frauenbewegung Betty Friedan schreibt in ihrem neuesten Buch: "Die Familie ... ist der Nährboden der Menschlichkeit, unserer gesamten Individualität: unserer Eigenständigkeit." Sie ist der Bereich, "in dem wir auf Selbstbestimmung über unser Leben, auf Erfüllung unserer Grundbedürfnisse und auf eine Stärkung unserer Persönlichkeit hoffen dürfen". Phyllis Chesler schreibt, das Mutterwerden ist die "Geschichte einer Verwandlung". "Zum ersten Mal in meinem Leben lerne ich richtig, was Liebe heißt ... was es heißt, menschliches Leben zu ernähren, zu erhalten. Gebären verändert die Betrachtung der Welt." "Irgendwo tief drinnen war ich mir sicher, daß ich mir Kinder als einen ständigen Bestandteil meines Lebens wünschte: Ihre Energie, ihre Direktheit und ihr anarchisches Wesen ... Ich wollte nicht, daß mein Leben verginge, ohne daß ich mich auf diese Erfahrung eingelassen hätte." (Goodison, 1982, Zit. n. Beck-Gernsheim, 1984)

Neben den wirtschaftlichen Schwierigkeiten tun sich weitere Probleme auf. Viele Frauen suchen ebenso wie die Männer in einem Beruf nach Selbstbestätigung. Bei ihnen ist der Wunsch nach Kindern und der Wunsch nach beruflicher Erfüllung ein kaum lösbarer Konflikt. Meist wird auf das Kind verzichtet. Ist das richtig? Wie würden Sie diesen Konflikt lösen, ohne auf eigene Kinder zu verzichten? Eine Lösung wird hier zur Erörterung angeboten.

Auch die jüngeren Männer wollen mehr Beteiligung an der Familie und nicht lebenslang bloß Ernährer der Familie sein. Wenn die Väter mehr Zeit für die Familie hätten, dann könnten die Mütter sich auch beruflich bewähren. Das wäre ein wesentlicher Schritt zur Gleichberechtigung. Dazu ist allerdings die Organisation der Arbeitswelt, z.B. die Verteilung von Arbeit und Arbeitszeit, noch zu wenig entwickelt. Was müßten Gewerkschaften und Arbeitgeber vereinbaren? Der Wunsch nach einem Kind sollte möglichst erst verwirklicht werden, wenn beide Partner sicher glauben, daß sie sich mögen und füreinander da sein werden. Vor allem müßte jeder bereit sein, dem anderen in Sorgen und bei Krankheit beizustehen. Es ist eine große Erleichterung, wenn wenigstens ein Partner eine Ausbildung abgeschlossen hat und drei Personen ernähren kann. Es gibt aber genügend Beispiele dafür, daß junge Leute, beide noch in der Ausbildung, mit einem oder zwei Kindern eine glückliche Ehe führen. Dazu gehört die Einstellung, daß persönliches Glück und gemeinsame Kinder wichtiger sind als etwa ein Prestige-Auto, -Urlaub oder -Hobby. Auch in der nichtehelichen Partnerschaft geht es hauptsächlich darum, einen Menschen zu haben, zu dem man gehört, der zu einem gehört. Das heißt, füreinander da sein, nicht nur in schönen Stunden, sondern auch in Stunden der Sorge. Wer geliebt werden will, darf seinen Partner nicht einseitig, etwa unter sexuellen Gesichtspunkten, sehen. Es kommt auf ehrliche Zuneigung, wirkliches gegenseitiges Verstehen und Vertrauen an. Deshalb sollte man auch miteinander über Sexualität und über sexuelle Gefühle sprechen. Jugendliche klagen häufig darüber, mit ihren eigenen Eltern über diese Probleme nicht sprechen zu können, weil viele Eltern selbst nie gelernt haben, unbefangen über das geschlechtliche Thema zu sprechen.

Wer genießt es mehr: Andi oder Papa Rolf?

Zusammenfassung

Kinder sind heute für Eheleute ein wirtschaftlicher Nachteil. Ein Ehepaar ohne Kinder hat weniger Sorgen und kann sich mehr leisten als eines mit Kindern. Aber wichtiger als Geld ist das *Glück*, das ein Kind bringt. Im tiefsten Innern seiner Seele wünscht sich fast jeder Mensch eigene Kinder. Bei vielen Frauen ist der Wunsch nach Kindern und der Wunsch nach beruflicher Erfüllung ein kaum lösbarer *Konflikt*. Lösungsmöglichkeiten müssen in unserer Gesellschaft unbedingt diskutiert werden. Eine mögliche Lösung wurde hier angeboten. Voraussetzung für ein Kind ist eine vertrauensvolle Partnerschaft von Mann und Frau.

Fragen: (1) Erörtern Sie, warum Familien mit Kindern in unserer Gesellschaft benachteiligt sind. (2) Erörtern Sie, wie die Beteiligung des Vaters am Familienleben und der Frau am Berufsleben verbessert werden könnte.

3 Die körperliche Entwicklung des Kindes

Das *Wachstum*, die *Beweglichkeit* und der angeborene *Bewegungsdrang*
stellen *notwendige Bedingungen* für eine gesunde seelische und geistige Entwicklung des Menschen dar, weil sie die Fähigkeit des Kindes,
neue Erfahrungen zu machen und zunehmend *Selbständigkeit* und *Unabhängigkeit* zu erlangen, wesentlich erweitern.

3.1 Das Wachstum: Körperhöhe und Gewicht

Tabelle: Normalmaße des Wachstumsalters (Stand: 1980)

Mädchen		Alter	Knaben	
Länge (cm)	Gewicht (kg)		Länge	Gewicht
49.50	3.20	Geburt	50.50	3.40
59.50	5.53	3 Monate	61.00	6.00
66.50	7.48	6 Monate	68.50	8.12
71.00	8.58	9 Monate	73.00	9.37
74.70	9.51	1 Jahr	76.50	10.09
86.50	11.90	2 Jahre	87.00	12.40
95.20	14.30	3 Jahre	96.30	14.60
102.30	16.30	4 Jahre	103.50	16.70
109.20	18.30	5 Jahre	110.20	18.90
115.90	20.60	6 Jahre	116.50	21.00
122.40	23.50	7 Jahre	122.40	23.20
128.20	26.70	8 Jahre	128.00	25.30
133.20	28.80	9 Jahre	133.30	27.50
137.50	31.50	10 Jahre	138.30	30.50
141.80	34.80	11 Jahre	142.70	35.00
148.50	39.00	12 Jahre	147.00	39.50
154.10	44.30	13 Jahre	153.40	44.10
158.20	50.10	14 Jahre	160.60	48.60
161.10	53.20	15 Jahre	166.80	53.10
162.90	55.10	16 Jahre	171.70	57.70
163.80	56.50	17 Jahre	174.30	60.80

Schauen Sie sich die vorne stehende Tabelle an und fertigen Sie anhand dieser Tabelle eine Skizze mit den vier Kurven. Wann würden Sie den Abschluß des Säuglingsalters (ungefähr) ansetzen? Wann ist das Kind fähig für den Besuch a) eines Kindergartens, b) einer Schule? Wann würden Sie das Ende der Kindheit a) bei Mädchen b) beim Knaben ansetzen? Beschreiben Sie die Kurve der Zunahme des Wachstums pro Jahr.

Für die Entwicklung des Menschenkindes ist das Wachstum besonders kennzeichnend. Es nimmt einen ganz bestimmten Verlauf, so daß ein Wachstumsmuster entsteht, das für alle Menschen typisch ist. Einen Eindruck dieses arttypischen Wachstumsmusters vermittelt die Darstellung der jährlichen Zunahme der Körperlänge. Es gibt erhebliche Unterschiede im Wachstum der einzelnen Menschen.

Die Menschen werden nicht nur unterschiedlich groß, vielmehr wachsen sie in unterschiedlichen Zeitabschnitten. Während die einen mit 15 Jahren ziemlich ausgewachsen sind, erreichen andere die maximale Wachstumsgeschwindigkeit erst mit 16 oder 17 Jahren. Die meisten Menschen sind mit ungefähr 18 Jahren ausgewachsen. Während des ersten Wachstumsschubs sind die Unterschiede im Längenwachstum noch nicht deutlich. Noch bei der Einschulung unterscheiden sich die Kinder nicht allzusehr. Typisch für das Wachstum ist die *Veränderung der Proportionen* der Körperteile Kopf, Rumpf, Arme und Beine.

Die Veränderung der Körperproportionen (Kopf/Körper)

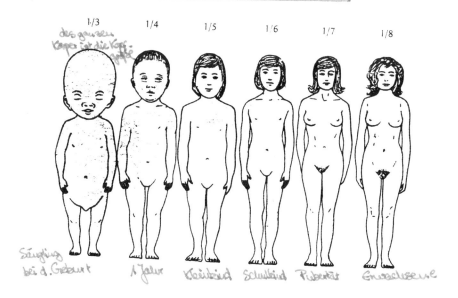

Es gibt weitere Merkmale, die zur Beschreibung des Körperwachstums wichtig wären, so z.b. das Wachstum der Zähne, die Behaarung, das Wachstum des Kopfes und der Fortpflanzungsorgane, die Schulter- und Beckenbreite, die zunehmende Verknöcherung der Hand und die Veränderungen des Grundumsatzes. Einige dieser Merkmale, natürlich auch die Fortpflanzungsorgane, lassen deutlich die verschiedenen körperlichen Unterschiede des weiblichen und männlichen Geschlechts erkennen.

Die Merkmale der körperlichen Entwicklung lassen sich fast alle durch Beobachtung ohne weiteres feststellen. Sie weisen jedoch auf Veränderungen des Körpers, die nicht leicht beobachtbar sind. Für die Körperentwicklung gibt es einen angeborenen Zeitplan. Dieser Zeitplan ist für das Menschengeschlecht typisch. Der einzelne weicht normalerweise nur innerhalb bestimmter Grenzen davon ab. Bei stärkeren Abweichungen spricht man von Kleinwuchs oder sogar Zwergwuchs, beziehungsweise von Groß- oder Riesenwuchs. Das Körperwachstum ist durch Vererbung fest programmiert.

Zusammenfassung

Die körperliche Entwicklung zeigt ein typisches *Wachstumsmuster* und einen typischen *Zeitplan* mit zwei *Wachstumsschüben*. Besonders schnell ist das Wachstum in den ersten Lebensjahren: Mit zwei Jahren ist das Kind viermal so schwer wie bei seiner Geburt. Das *Größenverhältnis von Kopf zu Körper* verändert sich von 1:3 im 5. Schwangerschaftsmonat zu 1:8 im Erwachsenenalter.

Fragen: (1) Beschreiben Sie das Muster des Längenwachstums und geben Sie zu dessen Kennzeichnung drei Zahlen (cm) an. (2) Wie sieht der Zeitplan des Wachstums aus? (3) Welche Veränderungen im Verhältnis Kopf zu Körper kennen Sie? (4) Geben Sie mindestens fünf Unterscheidungsmerkmale für die Entwicklung des weiblichen und des männlichen Körpers an.

3.2 Die Bewegungsfähigkeit

3.2.1 Vom Reflex zur Bewegung

Mit dem Wachstum hängt die Entwicklung der Bewegungsfähigkeit eng zusammen. Die menschliche Bewegung enthält angeborene und erworbene Anteile. So ist gelernt, wie das Essen mit einem Löffel zum Mund geführt wird. Das Kauen, Speicheln und Schlucken sind angeborene Bewegungsmuster. Unter Motorik ist die Gesamtheit der menschlichen Bewegung zu verstehen. Jede Bewegung (das motorische Verhalten) ist organisiert. Was heißt das?

Wenn wir mit dem Zeigefinger auf einen Gegenstand deuten, damit der Nachbar sieht, was gemeint ist, dann heben wir diesen Finger, während gleichzeitig die anderen Finger gebeugt bleiben, und strecken den ganzen Arm vor. An diesem Vorgang sind viele Muskeln beteiligt. Prüfen Sie das im Selbstversuch! Um das Zusammenspielen der vielen Muskeln zu gewährleisten, ist eine komplizierte *Organisation* von Nervenimpulsen nötig. Sobald wir auf den Gegenstand gedeutet haben und annehmen können, daß der Nachbar uns verstanden hat, ist das Ziel dieser Bewegung erreicht. Die Bewegung des Zeigens wird durch unseren Willen gesteuert. Wir sagen, sie ist motiviert. Das bedeutet, daß an der Ausführung dieser Bewegung psychische Faktoren beteiligt sind. Deshalb spricht man anstelle von Motorik auch von *Psychomotorik*. Die geschilderte Bewegung ist eine *bewußte Handlung*, d. h. mit dem Zeigen ist ein bewußt gesetztes gewolltes Ziel verbunden. Es gibt aber auch die unbewußt und sogar automatische Bewegung. Die *Entwicklung der Bewegung* beginnt weit vor der Geburt. Mütter berichten, daß sie im fünften Monat der Schwangerschaft erste Bewegungen des Ungeborenen spüren. Zum Zeitpunkt der Geburt besteht das motorische Verhalten des Neugeborenen meist aus angeborenen Reflexen. Ein Reflex ist eine willkürlich ablaufende Reaktion, die durch einen bestimmten Reiz ausgelöst wird. Aus diesen Reflexen entwickeln sich langsam neue Bewegungsmöglichkeiten. Im folgenden einige Beispiele:

Der *Moro-Reflex*: Dieser Reflex wurde erstmals vom deutschen Kinderarzt Moro beschrieben. Bei plötzlicher Lageänderung (Reiz) breitet der Säugling die Arme aus, als ob er sich an etwas festhalten wollte.

Der *Schreitreflex*: Hält man das neugeborene Kind aufrecht auf einer festen Unterlage und folgt man seinen Bewegungen, dann schreitet es. So kann es sogar Treppen steigen. Dieser Schreitreflex verschwindet nach einigen Wochen.

Wird das Neugeborene in Bauchlage gebracht, hält es sich in Beugehaltung. Finger, Arme sowie Beine und Zehen sind gebeugt. Diese Haltung hat das Kind schon im Mutterleib. In Bauchlage streckt es abwechselnd die Beine. Beim leichten Druck gegen die Fußsohle schiebt es sich ruckweise nach vorne. Diese Bewegung ist noch eine reflektorische Kriechbewegung. Die Beispiele zeigen, daß schon die Reflexbewegungen im wesentlichen die späteren Entwicklungsmuster enthalten.

Zusammenfassung

Die menschlichen Bewegungen (Motorik) sind hoch *organisiert*, d.h. eine Vielzahl von Nervenimpulsen und Muskeln sind bei Durchführung einer Bewegung einander zugeordnet. Einer *bewußten Bewegung* ist der Wille als Kontrolle übergeordnet. Die Entwicklung beginnt schon im Mutterleib. Am Anfang der Entwicklung stehen reflexhafte Bewegungen. Sie enthalten schon die späteren Bewegungsmuster.

3.2.2   Die Entwicklung der Bewegungsfähigkeit

Beschreiben Sie die Entwicklung der Fortbewegung anhand der Abbildung (nach Moenks, 1979, S.52)!

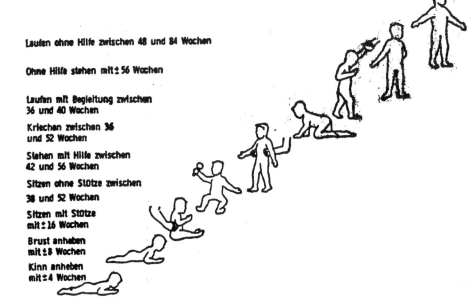

Laufen ohne Hilfe zwischen 48 und 84 Wochen

Ohne Hilfe stehen mit ± 56 Wochen

Laufen mit Begleitung zwischen 36 und 40 Wochen

Kriechen zwischen 36 und 52 Wochen

Stehen mit Hilfe zwischen 42 und 56 Wochen

Sitzen ohne Stütze zwischen 38 und 52 Wochen

Sitzen mit Stütze mit ± 16 Wochen

Brust anheben mit ± 8 Wochen

Kinn anheben mit ± 4 Wochen

Die *Entwicklung der Bewegungsfähigkeit im ersten Lebensjahr* läßt sich in drei Abschnitte einteilen:

1. Abschnitt: 0;0–0;4/0;5

Das Kind erwirbt die Kontrolle über Kopf und Oberkörper. *Vier Wochen:* Der Säugling versucht, in Bauchlage den Kopf kurz anzuheben. Auf der Stirn zieht er dabei tiefe Furchen. Immer wieder sinkt sein Köpfchen zum Ausruhen auf die Unterlage. Das Kopfheben ist bereits eine erste Willkürbewegung.

Zweiter Monat: Das Kind lernt, seinen Kopf einige Sekunden lang zu heben. Dabei schwankt und wackelt er nach allen Seiten. In dieser Zeit werden die Händchen immer häufiger leicht geöffnet. Der Greifreflex ist noch nachweisbar.

Etwa 1/4 Jahr braucht ein Säugling, bis er sich in Bauchlage auf seine Arme stützt. Kopf und Brust werden von der Unterlage abgehoben. Der Kopf kann schon eine Minute gehoben werden.

2. Abschnitt: 0;5–0;8

Der Säugling gewinnt die Kontrolle über den gesamten Rumpf. Mit 5–6 Monaten kann das Kind kurzzeitig sitzen, mit 7–8 Monaten sitzt es sicher.

Mit gut 6 Monaten kann sich der Säugling auf die gestreckten Arme stützen. Wenn man ihm mit 5 Monaten ein Spielzeug hinhält, zappelt er vor Freude. Er kann das Spielzeug berühren, aber noch nicht erreichen. Mit 6 Monaten kann er ein Spielzeug mit der ganzen Hand ergreifen. Der Greifreflex erlischt. Daumen und Zeigefinger kann er noch nicht benutzen.

Erkunden, was dahinter steckt!
Kaum kann sich das Kind zum Stehen hochziehen,
eröffnet sich eine neue Welt.

3. Abschnitt: 0;8–1;0

Der Säugling lernt, frei zu sitzen, mit Unterstützung zu laufen und richtig zu greifen. Zunächst erkennt er, daß er sich auch auf die Knie stützen kann (8–9 Monate, Vierfüßlerstand), dann schaukelt er auf Händen und Knien und schließlich (9–12 Monate) krabbelt er auf allen Vieren. Nun erobert er die ganze Wohnung. Gleichzeitig lernt er selbständig und frei zu sitzen und sich zum Stehen (10 Monate) hochzuziehen. Das Stehen ohne Hilfe gelingt um den ersten Geburtstag, d. h. mit 12–14 Monaten. Damit ist eine wichtige Voraussetzung für das Laufenlernen erfüllt.

Mit etwa 9 Monaten kann der Säugling erstmals einen Gegenstand willkürlich fallen lassen. Er macht daraus ein Spiel und wiederholt es gerne. Der Säugling probt das Wegwerfen. Er ißt selbständig aus der Hand. Gegen 1;0 kann er sitzen und gleichzeitig mit beiden Händen nach je einem Gegenstand greifen und ihn zwischen den Händen wenden. Mit einem Jahr ist in der Regel der Zangengriff vorhanden, d. h. der Säugling greift mit Daumen und Zeigefinger. Am Ende des 1. Lebensjahres ist das Kind 1 1/2 mal so groß und dreimal so schwer wie das Neugeborene. Das einjährige Kind kann gut an der Hand gehen. Es geht zunächst mit Festhalten an den Möbeln entlang; die meisten Kinder gehen mit 1 1/2 Jahren frei.

Der Beginn des Laufenlernens ist allerdings weit gestreut. Während einige Kinder mit dem ersten Geburtstag frei wackelnd laufen, beginnen andere erst mit 1 1/2 Jahren und später. Wann ein Kind zu laufen beginnt, hängt von verschiedenen Faktoren ab. Einige krabbeln so flink, daß ihnen das Laufen zu langsam erscheint. Es ist wohl auch ein Unterschied, ob ein Kind sich in der warmen Jahreszeit im Garten bewegen kann oder ob es sich im Winter nur in der Wohnung aufhält. Krabbeln, Hochziehen zum Stehen und freies Laufen ermöglichen es dem Kind, völlig neue Erfahrungen zu machen, die ihm bis dahin verschlossen waren. Durch die Erweiterung seines Bewegungsfeldes erschließt es sich eine neue Welt. Dabei wirkt sein *angeborener Bewegungsdrang* verstärkend. Nachdem Laufen und Greifen im Ansatz vorhanden sind, verläuft die weitere Entwicklung in zwei Richtungen:

- Das Laufen und das gezielte Greifen werden zunehmend sicherer und genauer.

- Aus den vorhandenen Fertigkeiten entstehen neue Fertigkeiten. So erwirbt das Kind durch Weiterentwicklung des Laufens die neuen Fertigkeiten des Rennens und Springens, des Rückwärtslaufens und des Treppensteigens.

Wenn das Kind sicher stehen kann, lernt es, mit dem freien Fuß einen Ball zu kicken oder aus dem Stand zu hüpfen. Die Leistungsfähigkeit des Körpers wird immer besser.

Langsam lernt es, das Gleichgewicht zu halten. Das ist am besten beim Treppensteigen mit Wechselschritt zu erkennen. Anfangs geht das Kind mit einem Fuß voran, zieht den zweiten nach und bleibt für einen Augenblick mit beiden Füßen auf einer Stufe stehen. Erst mit drei Jahren kann es im Wechselschritt eine Treppe steigen. Die nächste Leistung ist das Hüpfen. Zuerst hüpft das Kind mit sichtlicher Anstrengung aus dem Stand. Dabei hüpft es meist nur von einem Fuß auf den anderen. Es kann kaum das Gleichgewicht halten. Aus dem Gehen oder mit Anlauf gelingt ein Sprung erst mit drei Jahren. Allerdings nur ziemlich unsicher.

In dieser Zeit kann es auch mit einem Fuß stehend das Gleichgewicht halten. Ebenfalls lernt es in dieser Zeit das Dreiradfahren. Erst mit vier Jahren gelingt der Sprung aus dem Anlauf oder Stand sicher. Es kann jetzt im Wechselschritt eine Treppe hinuntergehen, hüpft auf einem Fuß, kann auf einem Fuß etwa fünf Sekunden lang stehen und kann einen Ball werfen. So sind mit vier Jahren die meisten normalen Bewegungsmöglichkeiten im wesentlichen vorhanden.

Die Ungeschicklichkeit beim Hüpfen, Springen, Laufen, Werfen ist im wesentlichen auf die Körperproportionen zurckzuführen. Da die Arme und Beine noch kurz und schwach sind, während der Kopf ziemlich groß und schwer ist, hat das Kind Schwierigkeiten, das Gleichgewicht zu halten. Es macht viele überflüssige Bewegungen und wirkt tapsig. Erst im Kindergarten, im sog. Vorschulalter, lernen die Kinder durch viele gemeinsame Übungsspiele differenzierte und fließende Körperbewegungen.

Zusammenfassung

Die *Entwicklung der Bewegungsfähigkeit* innerhalb des 1. Lebensjahres läßt sich in drei Abschnitte gliedern: (1) Zunächst versucht der Säugling, in Bauchlage den Kopf kurz zu heben. Das ist bereits eine Willkürbewegung. Langsam gewinnt er die Kontrolle über den Kopf und den ganzen Oberkörper. (2) Anschließend gewinnt er die Kontrolle über den gesamten Rumpf, wie an der Entwicklung zum sicheren Sitzen sichtbar ist. (3) Schließlich gewinnt er Kontrolle über alle Bewegungen der Beine und Hände (greifen und loslassen, aufstehen).

Das Muster der Entwicklung der Fortbewegung hat einen festen Ablaufplan, während der Zeitplan variiert: Kopfheben, Brustheben, Sitzen mit Hilfe und frei Krabbeln, Hochziehen, Gehen mit Hilfe, frei Stehen, frei Laufen. Das Laufen ohne Hilfe kann sehr unterschiedlich beginnen. Stehen und freies Laufen erschließen dem Kind einen völlig neuen *Erfahrungsraum*. Die vorhandenen Fertigkeiten Laufen und Greifen werden zunehmend genauer, aus den vorhandenen Fertigkeiten entstehen neue wie Rennen, Kicken und Treppensteigen. Ungeschicklichkeiten hängen mit den Körperproportionen zusammen. Erst im Vorschulalter werden die Bewegungen fließend.

Fragen: (1) Beschreiben Sie das Muster der Entwicklung der Fortbewegung. (2) Wie sieht der ungefähre Zeitplan für die Entwicklung der Fortbewegung aus? (3) Stellen Sie zusammen, was das Kind um den 1. Geburtstag kann. (4) Warum liegt der zeitliche Beginn des freien Laufens sehr unterschiedlich? (5) Schildern Sie die zunehmende Bewegungskontrolle des Säuglings! (6) Was bedeutet das Fallenlassen von Gegenständen für den Greifreflex? (7) Welche Folgen hat die Erweiterung der Bewegungsfähigkeit für das Verhalten?

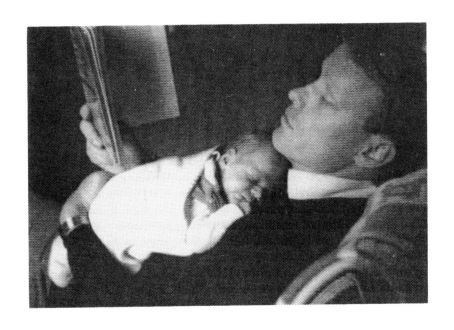

"Wenn der Vater mit dem Sohne"
(Nils, 15 Wochen)

4 Die Bedeutung des 1. Lebensjahres für die weitere Entwicklung

4.1 Angeborenes Verhalten und erstes Lernen

Ist das soeben geborene Kind ohne die Betreuung durch seine Mutter überhaupt lebensfähig. Was bringt es mit, um leben zu können? Worauf müssen wir achten?

"Frisch geboren" nennen wir das soeben Geborene. Der Ausdruck "das Neugeborene" bezeichnet das Kind bis Ende der 2. Woche. Anschließend nennt man es Säugling. Das frischgeborene Kind ist ohne die Betreuung durch seine Mutter nicht lebensfähig. Aber es bringt Verhaltensweisen mit auf die Welt, die ihm das Überleben erleichtern und die den Betreuern - etwa seiner Mutter - helfen, das Kind an das Leben in unserer Welt zu gewöhnen. Um dem Kind die richtige Zuwendung und Betreuung geben zu können, müssen wir allerdings seine angeborenen Verhaltensweisen kennen.

4.1.1 Der Schlaf-Wach-Rhythmus

Das rhythmische Bedürfnis nach Schlaf ist uns angeboren. Auch die Dauer des Schlafes ist von Natur aus geregelt.

Das neugeborene Kind verschläft 9/10 bis gut 2/3 eines 24-Stunden-Tages. Deshalb wird sein erster Lebensabschnitt auch *Schlafalter* genannt. Schon in den ersten Lebenstagen pendelt sich ein bestimmter Rhythmus ein: Der Säugling meldet sich ziemlich genau alle vier Stunden. Meist schreit er, um gestillt zu werden. Nachdem er gewickelt und gestillt wurde und aufgestoßen hat, schläft er befriedigt ein.

Die Regelmäßigkeit dieses Rhythmus ist nicht nur für den Säugling wichtig, sondern auch für seine Eltern. Nur bei regelmäßigem Schlaf-Wach-Rhythmus können die Eltern für sich die nötigen Ruhepausen einplanen. Wenn dagegen der Rhythmus des Säuglings unregelmäßig ist, kann es geschehen, daß seine Eltern mit dieser Belastung nicht fertig werden.

Sie werden nervös. Ihre Nervosität wirkt zurück auf den Säugling. So entsteht für Säugling und Eltern ein Teufelskreis von Unruhe und Nervosität. Ein unregelmäßiger Schlaf-Wach-Rhythmus wird meist dadurch ausgelöst, daß Eltern versuchen, ihren Säugling an veränderte Stillzeiten zu gewöhnen. Solche Umgewöhnungen gehen meist schief. Am sichersten ist es, wenn sich die Eltern auf den Rhythmus ihres Säuglings einstellen.

Nach dem anfänglichen 4-Stunden-Rhythmus stellt sich der Säugling etwa in der 6. Lebenswoche auf den Tag-Nacht-Rhythmus ein. Er schläft nachts 8 Stunden durch. Diese Umstellung ist eine der ersten Lernleistungen des neugeborenen Kindes. Untersuchungen zeigen, daß Säuglinge in einer Klinik, die wenigstens tags und sogar auch nachts bei der Mutter liegen (sog. "Rooming In"), sich rascher und deutlicher auf den Tag-Nacht-Rhythmus umstellen als Kinder, die von der Mutter getrennt auf einer Säuglings- oder Krankenstation liegen. Auch frühgeborene Kinder haben Schwierigkeiten mit der Umstellung.

Wir unterscheiden zwei Schlafzustände, die bereits beim Neugeborenen nachweisbar sind, den leichten Schlaf und den Tiefschlaf. Der *leichte Schlaf* ist an Bewegungen der geschlossenen Augen erkennbar, an gelegentlichen Bewegungen der Hände und Füße und am unregelmäßigen Atmen. Der *Tiefschlaf* ist daran erkennbar, daß Augen und Gliedmaßen völlig ruhig sind. Das Kind atmet regelmäßig und entspannt. Der Tiefschlaf gewährleistet für den kleinen Körper völlige Ruhe, Erholung und ungestörtes Wachstum.

Wissenschaftler nennen den leichten Schlaf wegen der raschen Augenbewegungen den REM-Schlaf (Rapid Eye Movements). Während des leichten Schlafs träumt der erwachsene Mensch. Auch beim Neugeborenen scheinen die Eindrücke aus der Außenwelt verarbeitet zu werden. Diese Eindrücke sind dem Kind gänzlich neu. Das junge Gehirn benötigt viel Zeit, um alle diese Eindrücke zu speichern und miteinander zu verknüpfen. Außerdem ist die Zeit des Wachzustands viel kürzer als beim Erwachsenen. Deshalb nimmt beim Neugeborenen der leichte Schlaf etwa die Hälfte der Zeit der gesamten Schlafperiode ein.

Ein Kind sollte nie aus dem Schlaf gerissen werden (einige Naturvölker bestrafen denjenigen schwer, der einen Menschen aus dem Schlaf gerissen hat). Wer einen frischgeborenen Säugling aufmerksam beobachtet, wird mehrere Wachzustände bemerken, vom Dösen bis zum Hellwachsein.

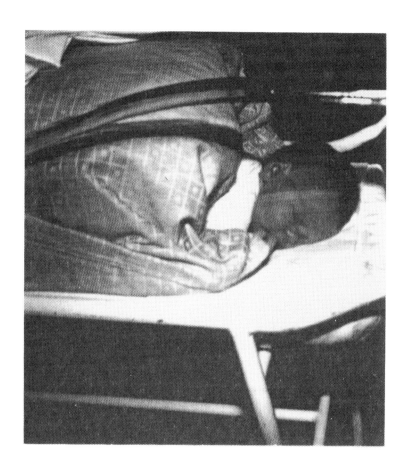

Erste Perspektive der jungen Mutter
("Rooming In" - Lisa, zwei Tage alt)

Zusammenfassung

Das frischgeborene Kind ist ohne Beistand nicht lebensfähig; es bringt jedoch Verhaltensweisen mit, die das Überleben erleichtern. Lange Schlafzeiten sind für das Neugeborene zur Erholung nötig. Der anfängliche *4-Stunden-Rhythmus* stellt sich etwa in der 6. Lebenswoche auf den *Tag-Nacht-Rhythmus* um. Dabei ist die Nähe der Mutter bedeutsam. Das Kind schläft 1/10 bis 2/3 eines Tages. Wir unterscheiden verschiedene Schlaf- und Wachzustände.

Fragen: (1) Welche Schlaf-Wach-Rhythmen hat das Neugeborene? (2) Wann erfolgt die Umstellung auf den Tag-Nacht-Rhythmus? (3) Wodurch wird diese Umstellung gefördert bzw. gehemmt? (4) Kennen Sie verschiedene Schlaf-(Wach-) Zustände? Befragen Sie gegebenenfalls dazu eine junge Mutter!

4.1.2 Angeborene Reflexe und Bewegungsmuster

Sobald das Kind geboren ist, kann es atmen, saugen und schlucken sowie greifen und schreien. Das sind angeborene Reflexe mit den zugehörigen Bewegungsmustern. Was das ist, wird an den folgenden Beispielen deutlich.

Das Atmen und der Beginn der Atmung: Das ungeborene Kind ist durch die Nabelschnur mit seiner Mutter verbunden. Über die Nabelschnur erhält es Nahrung und Sauerstoff. Beide sind zum Überleben unbedingt nötig. Weil der Sauerstoff im Körper rasch verbraucht ist, muß er stets zugeführt werden. Bei der Geburt fällt die Versorgung über die Nabelschnur fort. Nahrung erhält das Kind nun von der Mutterbrust. Um Sauerstoff zu bekommen, muß das Kind atmen. Wie setzt aber nun die Atmung ein? Beim Wegfall der Nabelschnur fehlt dem Kind Sauerstoff. Wir können auch sagen, das Kind leidet nun an Atemnot. Dieser Sauerstoffmangel setzt alle Muskeln in Gang, um einen Luftstrom in die Lungen zu saugen. Von der Mächtigkeit der Saugkraft bei Atemnot können Sie sich selbst überzeugen, wenn Sie tief ausatmen und versuchen, das Einatmen zu verzögern. Das erste Ausatmen des Menschen erfolgt dann mit dem Geburtsschrei. Das Bewegungsmuster des Atmens wird durch einen ganz bestimmten Reiz, nämlich Atemnot, ausgelöst. Es ist Beispiel eines Reflexes. Ein Reflex ist eine bestimmte unwillkürliche Reaktion, die durch einen bestimmten Reiz ausgelöst wird. Ein anderes lebensnotwendiges Bewegungsmuster ist das Trinken. Der Kopf des hungrigen

Säuglings pendelt mit offenem Mund suchend hin und her. Wenn der Säugling aufgenommen wird, verstärkt sich diese Pendelbewegung. Die Berührung der geöffneten Lippen löst sofort eine Saugbewegung (Saugreflex) aus und anschließendes Schlucken (Schluckreflex). Zum Saugen und Schlucken muß ein komplizierter Muskelapparat in der richtigen Reihenfolge in Gang gesetzt werden. Hinzu kommt das richtige Atmen. (Das läßt sich leicht durch Selbstbeobachtung nachvollziehen, wenn Sie etwa ein Glas Wasser an den Mund setzen, das Wasser in den Mund laufen lassen und das Glas völlig austrinken). Wenn der Säugling beim Trinken an der Mutterbrust das Zusammenspiel von Atmen, Saugen und Schlucken erst lernen müßte, dann würde er sich unentwegt verschlucken und wahrscheinlich verhungern.

Das Zusammenspiel (Koordination) von Atmen, Saugen und Schlucken ist dem Menschen angeboren. Dieses angeborene Bewegungsmuster ist lebensnotwendig. In dieses Bewegungsmuster der Nahrungsaufnahme ist die Mutter auf natürliche Weise eingebunden. Spätestens mit der Geburt wurde die Milchbildung ausgelöst. Die mütterliche Brust bildet jeweils soviel Milch, wie der Säugling getrunken hat. So bilden Mutter und Kind eine gemeinsame Verhaltenseinheit. (Die Wissenschaftler sagen: Mutter und Kind bilden gemeinsam einen Regelkreis; der Säugling trinkt, bis er satt ist. Sein Milchverbrauch regelt reflexiv die Menge der Milchbildung der Mutter.)

In das Verhaltensmuster der Nahrungsaufnahme sind noch weitere angeborene reflexive Bewegungsmuster eingebunden. Während des Trinkens sucht die freie Hand des Säuglings nach der Mutter. Reicht sie ihm einen Finger, so faßt er fest zu. Seine zunehmende Sättigung spürt sie am Nachlassen des Druckes seines Händchens. Auch dieses Bewegungsmuster des Festhaltens ist angeboren. Es weckt bei der Mutter Gefühle von Fürsorge und Zuneigung, weil sie die Hilflosigkeit ihres Kindes spürt. So kann eine für das Kind lebensnotwendige Bindung auf seiten der Mutter entstehen. Das Nachlassen des Festhaltens bei Sättigung ist für die Mutter eine wichtige Nachricht. Sie kann sich darauf einstellen. Und sie erkennt, daß sie ihr Kind versteht.

Die Bindung an das Kind wird durch weitere reflexive Verhaltensweisen des Säuglings verstärkt, nämlich durch das Anschauen des mütterlichen Gesichts beim Stillen, durch das Rufweinen und später durch das Lächeln. Das Neugeborene hat rund zwanzig Reflexe zur Verfügung. Dazu gehört der Greifreflex. Säuglinge können sich an einer Leine hängend festhalten.

Sobald man die Innenfläche ihrer Händchen berührt, greifen sie fest zu, ohne loszulassen. Legt man einen wenige Wochen alten Säugling bäuchlings in eine Badewanne und stützt nur sein Kinn, so macht er "Schwimmbewegungen", die ausreichen, um ihn über Wasser zu halten. Die Funktion (Aufgabe) einiger Reflexbewegungen besteht darin, das Leben des Säuglings zu erhalten (der Geburtsschrei, der Saug- und der Schluckreflex) Andere Reflexe haben die Funktion, den Körper zu schützen (das Niesen, der Schluckauf). Manche Reflexe haben mitmenschliche Aufgaben (soziale Funktionen), z.B. das Rufweinen, das Anschauen, das erste Lächeln und die Gesichtsbewegungen der Mimik. Die meisten Reflexe verschwinden nach einigen Lebenswochen, andere bleiben erhalten. So bleibt das reflexive Ausdrucksverhalten der Mimik und die Sprachmelodie für Freude, Wut, Zorn, Verlegenheit und Scham erhalten. Dazu gehört wohl auch ein Verhalten wie die heftigen Armbewegungen bei Zorn oder das Aufstampfen mit dem Fuß. Allerdings können diese Verhaltensweisen bei einiger Übung beeinflußt werden. Andere Reflexbewegungen verschwinden.

Das sei am Beispiel des Saugreflexes gezeigt: Der Reflex wird anfangs ausgelöst, sobald irgend etwas die Lippen des Säuglings berührt. In dieser Zeit hat der Säugling keine Möglichkeit, verschiedene Ursachen der Berührung zu unterscheiden. Später, wenn er gelernt hat, durch Tasten die Mutterbrust von anderen Körpern zu unterscheiden, kann der automatische Ablauf der Reflexbewegung des Saugreflexes unterbrochen werden. Bei erfolglosem Berühren der Lippen, manchmal nach wenigen Saugversuchen, wird der Mißerfolg ins Gehirn gemeldet. Von dort werden dann Suchprozesse angeregt, damit der Säugling die Ursache der Berührung erkennen bzw. die richtige Quelle finden kann. Er hört auf, zu saugen und versucht mit den Händen nach einem Gegenstand zu greifen. So verschwindet der Saugreflex.

Die Steuerung einer Reflexbewegung, z.B. des Atmens und Schluckens, erfolgt über das Rückenmark, nicht über das Großhirn. Daß das Großhirn kaum einen Einfluß auf die Reflexbewegung hat, läßt sich im Selbstversuch feststellen. Sie brauchen nur willentlich zu versuchen, die Atmung anzuhalten. Reflexe, die ein Leben lang erhalten bleiben, sind neben dem Niesen das normale Schlucken, der Schluckauf, das Blinzeln mit den Augen, das Drücken bei der Kotausscheidung.

Beispiel Niesen: Durch ein Staubkörnchen auf der Nasenschleimhaut (Reiz) wird das Niesen (Reaktion) ausgelöst. Dieser Ablauf ist unwillkürlich, sozusagen mechanisch. Die Auslösung erfolgt durch einen bestimmten Reiz, nämlich durch Berührung der Nasenschleimhaut und nicht etwa durch helles Licht. Auch die Reaktion ist spezifisch, nämlich Niesen.

Zusammenfassung

Das Neugeborene bringt verschiedene angeborene Reflexe mit ihren Bewegungsmustern mit, z.b. den Schluck-, Saug-, Greif- und Mororeflex. Ein Reflex ist eine bestimmte *unwillkürliche Reaktion*, meist ein Bewegungsmuster, die durch einen bestimmten Reiz ausgelöst wird. Die Reflexe haben meist eine bestimmte Funktion. Einige Reflexe verschwinden bald, andere bleiben erhalten.

Fragen: (1) Was bedeutet diese Aussage: "Der Saugreflex hat eine lebenserhaltende Funktion"? (2) Nennen Sie Reflexe, die ein Leben lang erhalten bleiben und solche, die bereits im Säuglingsalter verschwinden. (3) Beschreiben Sie den Saugreflex und den Greifreflex.

4.1.3 Empfindung und Wahrnehmung

Stellen Sie sich vor, Sie sehen etwas, ohne zu erkennen, was es ist. Warum ist das so?

Die Sinnestätigkeit des Neugeborenen: Das neugeborene Kind kann zwar sehen, aber es kann nicht wissen, was es sieht. Es kann auch riechen und hören, aber weder erkennt es, was es riecht oder hört, noch kann es feststellen, wo sich die Geräuschquelle befindet. Beim Sehen nimmt das Neugeborene Helligkeitsunterschiede wahr und vermutlich auch Farben. Häufig sieht es nur mit einem Auge, denn es kann nicht beide Augen gleichzeitig auf einen Punkt steuern. Wir sagen, das Neugeborene kann noch nicht beidäugig fixieren. Es kann seine Augen auch noch nicht beliebig auf nah oder fern einstellen. Die Augen verfügen noch nicht über die Fähigkeit der Anpassung (Adaptation) der Linse. Eine psychische Schwierigkeit kommt hinzu: Das neugeborene Kind kann zwar einen Ball ansehen, aber es sieht ihn nicht als Ball, sondern lediglich als eine kreisrunde Fläche. Falls der Ball rot ist, wird es eine rote Fläche sehen. Es kann jedoch nicht erkennen, daß der Ball überhaupt ein Gegenstand ist, weil es noch kein Tiefensehen hat. Es kann die rote Fläche auch deshalb nicht als Ball erkennen, weil es die Vorstellung von einem Ball noch nicht hat. Zu dieser Vorstellung gehört, daß ein Ball kugelrund ist, daß man ihn fallenlassen kann und nach dem Aufprall wieder auffangen kann und daß man mit ihm spielen kann. Das alles weiß das Neugeborene nicht. Es kennt die Funktionen des Balles nicht.

Neuere Untersuchungen zeigen, daß das Kind über angeborene Fähigkeiten für das Formensehen verfügt. So können Neugeborene schon vor dem 5. Lebenstag schwarz-weiße Muster länger betrachten als einfache farbige Oberflächen. Am 10. Lebenstag kann das Kind einen langsam sich bewegenden Gegenstand mit den Augen folgen. Da jedoch die Muskeln seiner beiden Augen nicht miteinander verknüpft sind, bewegen sich die Augen manchmal in verschiedene Richtungen. Die Entwicklung des Tiefensehens hängt von der Greif- und Bewegungsfähigkeit ab.

Säuglinge können von Geburt an hören. Die Hörfähigkeit verbessert sich aber noch. Am besten hören sie im Frequenzbereich der menschlichen Stimme. Sie können die menschliche Stimme von anderen Geräuschen unterscheiden. Diese Fähigkeit ist ihnen angeboren. Nach einiger Zeit sind sie in der Lage, die Stimme der Mutter oder der häufigsten Pflegeperson von anderen Stimmen zu unterscheiden. Man kann das daran bemerken, daß sie beim Ertönen der Stimme der Mutter suchend aufschauen, horchen oder mit Armen und Beinen zappeln, während sie beim Hören einer anderen Stimme keine oder doch nur eine schwache Reaktion zeigen.

Der Säugling sollte sich zumindest tagsüber in einem Raum befinden, in dem sich auch die Familie gewöhnlich aufhält. Dadurch werden ihm auf natürliche Weise Anregungen geboten. Diese können auch gezielt gegeben werden, etwa durch die Darbietung von farbigen Formen und Geräuschen.

In der Selbstbeobachtung läßt sich leicht feststellen, was man mit der Haut empfinden kann. Wir unterscheiden die Druck- und Schmerzempfindung, die Wärme- und Kälteempfindung. Das ungeborene Kind reagiert schon in der 8. Woche nach der Befruchtung auf Berührung. In der 13. bis 14. Woche zeigt bereits der ganze Körper des ungeborenen Kindes Empfindungsfähigkeit.

Empfindungsfähigkeit für Wärme und Kälte sind bei der Geburt gut entwickelt. Der Säugling empfindet mit der Haut des ganzen Körpers die Wärme des Körpers der Mutter, gleichzeitig empfindet er durch Berührung (Tastsinn) ihre Nähe.

Die *Schmerzempfindlichkeit* stellt sich erst mehrere Tage nach der Geburt ein, ist also während des Geburtsvorganges noch nicht vorhanden. Die Verzögerung der Entwicklung der Schmerzsinne ist ein biologischer Schutzmechanismus, der das Kind während der Geburt vor Schmerz bewahrt. Das erste Abtasten und Be-Greifen von Körpern erfolgt hauptsächlich über Mund und Lippen. Der Säugling erhält die meisten Informationen über die Beschaffenheit von Körpern, über ihre Temperatur usw. durch Ertasten und Berühren mit Mund und Lippen. Der Säugling steckt die Gegenstände zwecks Untersuchung in den Mund, weil hier die Hautsinne am empfindlichsten sind. Es handelt sich also um keine Unart, sondern um ein Erkundungsbedürfnis. Die Hemmung dieses Erkundungsbedürfnisses mit der Haut bedeutet, daß sich die Empfindungsfähigkeit der Hautsinne nicht genügend entwickeln kann. Hemmung von Erkundungs- und Neugierbedürfnis stellen bereits eine erste Stufe der *Intelligenzhemmung* dar. Dem Säugling muß Erfahrung mit Berührungsempfindungen, später dem Kleinkind mit Schmerzempfindungen, aus zwei Gründen vermittelt werden: (1) damit die Sinne sich normal entwickeln können, (2) damit der Organismus lernt, Schmerzreize zu vermeiden.

Es sollte beachtet werden, daß das Kind, sobald es krabbeln kann, an alle möglichen Gegenstände gelangt. Sie werden mit dem Mund untersucht. Folglich muß die Umgebung so gestaltet sein, daß das Kind ohne Gefahr alles in den Mund nehmen kann. Verbote sind wegen der nachfolgenden psychischen Hemmung völlig falsch. Der Gebrauch der früher üblichen Strampelhosen ist schädlich, weil dadurch die Sinnesschulung an Füßen und Beinen verwehrt wird. Der Säugling steckt gerne seine Zehen in den Mund. So macht er unter anderem erste Erfahrungen über die körperliche Ausdehnung über Größe und Form und so weiter. Außerdem erhält er seine Bewegungsfreiheit.

Der Erzieher verhält sich richtig, wenn er dem Säugling immer wieder neue Gelegenheit bietet, Erfahrungen zu sammeln. Dazu gehören Plantschen im lauwarmen Wasser, Untersuchen möglichst verschiedener Gegenstände wie Rassel, Zahnbürste, Sand, Papier, Teppichboden, Tapete, Wolle, Brei, Holz, Plastik, Gummi, Metalle usw. Allerdings dürfen die Gegenstände nicht so klein sein, daß der Säugling sie verschlucken oder in die Nase stecken kann. Zum Zeitpunkt der Geburt sind die Geschmacks- und Geruchssinne vorhanden. Das frischgeborene Kind reagiert auf süße und salzige Reize mit Saugbewegungen, auf bittere und saure mit Abwehr. Diese Fähigkeit ist schon 1 bis 2 Monate vor der Geburt vorhanden, da auch Frühgeborene auf Geschmacksreize reagieren.

Zusammenfassung

Das neugeborene Kind verfügt über die Sinne, aber es *erkennt nicht*, was es sieht, hört oder empfindet. So kann der Säugling die runde Form eines Balles sehen, aber nicht als Ball erkennen. Dazu fehlen die geistigen Voraussetzungen. Die Empfindung für Schmerz stellt sich erst einige Tage nach der Geburt ein. Informationen über die Beschaffenheit von Körpern werden über den Mund eingeholt. Die Hemmung des Erkundens durch den Mund ist eine erste *Intelligenzhemmung*.

Fragen: (1) Über welche Sinne verfügt das Neugeborene? (2) Können Sie einen Unterschied zwischen Empfinden und Erkennen am Beispiel des neugeborenen Kindes aufzeigen? (3) Welche Folgen hat die Hemmung der Informationsbeschaffung über den Mund für die weitere Entwicklung? (4) Wie würden Sie Ihrem Kind die bestmöglichen Bedingungen für die Entwicklung seiner Sinne schaffen?

4.1.4   Erste Lernvorgänge im Säuglingsalter

In der Psychologie sind mehrere Lernformen bekannt. Eine der einfachsten und frühesten Lernformen ist das Wiedererkennen. Ein Ding kann als bekannt erkannt werden.

Wenige Tage alte Säuglinge versuchen, einem Gegenstand mit dem Blick zu folgen, der in ihrem Blickfeld bewegt wird. Wenn ein Geräusch ertönt, lauscht der Säugling angestrengt. Der Säugling kann mit voller Aufmerksamkeit minutenlang lauschen oder einen Gegenstand anschauen. Er wendet seine Aufmerksamkeit einem Geräusch oder einem Gegenstand zu. Dieses *Hinwendungsverhalten* wird auch Orientierungsreaktion genannt. Sie ist angeboren und wird durch neuartige oder plötzliche Reize ausgelöst.

Die Hinwendungs- oder Orientierungsreaktion bleibt bis ins Erwachsenenalter erhalten. Wenn zum Beispiel im Klassenraum plötzlich ein Geräusch ertönt, drehen alle den Kopf in die Richtung dieses Geräusches. Sobald die Ursache erkannt ist, läßt die Aufmerksamkeit nach. Die Hinwendungsreaktion ist eine notwendige Voraussetzung für das Lernen und Erkennen. Denn nur, wenn wir uns einem Ereignis oder einer Sache mit voller Aufmerksamkeit zuwenden, können wir sie geistig erfassen und begreifen.

48

Die Auflösung des Saug- u. des Greifreflexes: Der Reiz "Berührung der Lippen" löst das Reflexverhalten SSaugbewegung der Lippen" als Reaktion aus. Die Funktion dieses Reflexes ist einzig und allein die Sicherung der Nahrungsaufnahme. Wie kann nun von dieser starren Reiz-Reaktion-Verbindung eine geistige Entwicklung eingeleitet werden?

Das Saugverhalten der Lippen wird bei Berührung der Brustwarzen der Mutter ausgelöst. Das ist die natürliche Beziehung. Dasselbe Saugverhalten wird aber auch bei Berührung mit einem Schnuller ausgelöst oder durch die Finger des Säuglings. Sobald der Säugling mit seinen Fingern die Lippen berührt, beginnt er zu saugen. Dieses Verhalten kann er jedoch unterbrechen, indem er seine Finger aus dem Mund nimmt.

Das geschieht anfangs aus Ermüdung. Indem der Säugling beliebig seine Lippen berührt und damit aufhört, gewinnt er Kontrolle über das Saugen. Die häufige Wiederholung der Auslösung des Saugreflexes führt schließlich dazu, daß das Saugen frei verfügbar wird. Der Saugreflex verschwindet.

Auch der Greifreflex verschwindet durch häufiges Wiederholen. Anfangs hält der Säugling alles fest, was die Innenfläche seiner Hand berührt. Bald lockert sich sein Griff. Nach einigen Wochen kann er wieder loslassen, was er in der Hand hält. Nach der Auflösung einiger Reflexe und der Verknüpfung von Sehen, Greifen und Hinwendungsreaktion sind die Voraussetzungen für das erste geistige Lernen geschaffen.

Statt zu saugen, können nun die Reize, die vom Gegenstand ausgehen, mit dem Mund intensiv aufgenommen werden. Der Säugling kann sich den unterschiedlichen Empfindungen, die von verschiedenen Gegenständen herrühren, widmen. So liegt der Säugling manchmal an der Mutterbrust, ohne zu saugen.

Im Laufe häufiger Wiederholungen bemerkt er bald die Unterschiede zwischen der weichen, warmen Mutterbrust, die Nahrung spendet, und den Gegenständen. Bald kann er Bekanntes von Unbekanntem unterscheiden. Erst allmählich erlangt er durch Betasten mit dem Mund und Anschauen des Gegenstandes die ersten *geistigen Vorstellungen* über unterschiedliche Gegenstände. Dann kann er neue Erfahrungen in den Rahmen des Bekannten einordnen. Das ist Lernen. Mit dieser Fähigkeit ist der Weg für die weitere geistige Entwicklung geöffnet.

Zusammenfassung

Das Neugeborene ist mit drei angeborenen Verhaltensweisen ausgerüstet, die seine geistige Entwicklung ermöglichen: Die *Sinnestätigkeit*, das *Reflexverhalten* und das *Hinwendungsverhalten*, das anfangs selbst ein Reflex ist. Am Beginn der geistigen Entwicklung steht die *Verknüpfung* der Sinne mit der Hinwendungsreaktion und mit freigewordenem, vormals reflexivem, Verhalten, damit hat er die Fähigkeit zur Wiedererkennung und zum Bemerken von Unterschieden. So kann er die ersten Vorstellungen über einige Gegenstände gewinnen.

Fragen: (1) Welche angeborenen Verhaltensweisen ermöglichen die geistige Entwicklung des Säuglings? (2) Schildern Sie den Übergang vom reinen Reflexverhalten zur geistigen Entwicklung! (3) Wie kommt es zur Auflösung von Reflexen? (4) Wodurch werden dem Säugling die ersten Vorstellungen möglich? (5) Schildern Sie den Beginn des Lernens anhand konkreter Beispiele.

"Oma" ist nicht nur wichtig zum Halten der Kinder.
Viele Mütter lernen von ihr, was keine Schule lehren kann.
(Heike, 5 Monate, Ingrid, 3 Monate, mit Oma Emilie)

4.2 Die mitmenschliche Zuwendung des Säuglings

Sind Schlaf, Nahrung und Wärme alles, was der Säugling braucht? Oder sucht er die Stimme der Mutter, ihr Streicheln, ihre Körperwärme und ihr Gesicht? Früher glaubte man, daß das neugeborene Kind keinerlei mitmenschliche Zuwendung sucht, sondern auf die unmittelbare Befriedigung seiner Bedürfnisse nach Schlaf und Nahrung ausgerichtet ist. Heute wissen wir, daß das Neugeborene ein ernstzunehmender mitmenschlicher Partner ist. Es hat angeborene Fähigkeiten, die geeignet sind, mitmenschliche Beziehungen herstellen zu können:

- die Fähigkeit, das menschliche Gesicht zu erkennen und anzuschauen,

- die Fähigkeit des Rufweinens,

- die Fähigkeit des Lächelns.

(1) Das Erkennen des menschlichen Gesichts

Bereits nach wenigen Stunden oder Tagen kann das neugeborene Kind das menschliche Gesicht von anderen Dingen in seiner Umgebung unterscheiden. Diese Fähigkeit kann man beobachten: Es schaut häufiger das menschliche Gesicht an als andere Dinge. Wenn es zum Beispiel die Flasche bekommt, schaut es nicht auf die Flasche, sondern auf das menschliche Gesicht. Es hat die angeborene Fähigkeit, das menschliche Gesicht zu erkennen.

Anfangs ist es völlig unwichtig, wessen Gesicht sich dem Säugling zuneigt. Man kann sogar die Schablone eines menschlichen Gesichtes benutzen, um das Anschauen auszulösen. Das neugeborene Kind reagiert auf die Grundform des menschlichen Gesichts (Punkt-Punkt-Komma-Strich...), Haarfarbe, Augenfarbe, Frisur usw. sind völlig gleichgültig. Die Grundform des menschlichen Gesichts stellt für den Säugling einen *Auslösereiz* dar. Auf diesen Reiz reagiert er mit Anschauen, Zappeln und später mit Lächeln und mit den Gefühlen der Geborgenheit. Die Fähigkeit, die Grundform des menschlichen Gesichts von anderen Formen zu unterscheiden und darauf mit Anschauen zu reagieren, ist die Vorform des späteren Blickkontaktes, der für mitmenschliches Verhalten, z.B. miteinander reden, typisch ist.

Wenn das Erscheinen des Gesichts mit Füttern und mit der menschlichen Stimme verbunden ist, wird das Anschauen *verstärkt*. Die Reaktionen des Anschauens, der Hinwendung und der angenehmen Erregung werden deutlicher. Dieses ist der Beginn des mitmenschlichen Hinwendungsverhaltens des neugeborenen Kindes. Später, wenn der Säugling das Gesicht der Mutter und ihre Stimme von anderen unterscheiden kann, entsteht aus diesem Anfang die eigentliche *Mutterbindung*. Auf das Anschauen reagiert in der Regel auch die Mutter mit angenehmen Gefühlen. Diese Gefühle werden später durch das Lächeln des Kindes weiter verstärkt. So hat jede Mutter die angeborene Fähigkeit, die Signale des Säuglings zu verstehen. Damit der Säugling über das Anschauen des Gesichtes der Mutter mitmenschliche Zuwendungsgefühle aufbauen kann und sich geborgen fühlt, ist es äußerst wichtig, daß die Mutter (die fütternde Person) während des Fütterns mit der Flasche ebenfalls dem Kind ins Gesicht schaut. So wird das Verhalten des Anschauens verstärkt.

Völlig falsch ist es, etwa beim Stillen oder beim Füttern zu lesen und das Gesicht abzuwenden. Und ganz falsch ist es, die Flasche ins Bett, auf ein Kissen oder auf ein Gestell zu legen. Damit wird bereits das erste angeborene Zuwendungsverhalten des Säuglings gestört und die weitere Entwicklung der Zuwendung unterbrochen. Hier kann eine schlimme Störung der ganzen Persönlichkeitsentwicklung beginnen.

Fragen: (1) Belegen Sie, daß das neugeborene Kind auf das menschliche Gesicht anders reagiert als auf irgendwelche Gegenstände.(2) Beschreiben Sie das Entstehen des Blickkontaktes. (3) Wie kann das erste Hinwendungsverhalten des Säuglings aufrechterhalten werden?

(2) Das Rufweinen

Für die meisten Mütter ist es ganz natürlich, auf das Rufen und Weinen ihres Kindes zu reagieren. Doch beim Umgang mit dem Säugling ist der Mensch prinzipiell frei vom Zwang, diesen natürlichen Regungen nachzugeben. So hat auch die Mutter oder die Pflegeperson die Macht, dem Säugling die Befriedigung seiner natürlichen Bedürfnisse vorzuenthalten. Der Grund dafür liegt häufig in einer falschen Erziehungstradition, etwa in der verbreiteten Ansicht, der Säugling müsse viel schreien, um starke Lungen zu bekommen oder um einen festen Charakter zu entwickeln und ähnlicher Unsinn. Manche Mütter lassen den Säugling schreien, um ihn an einen festen Fütterungsplan und damit von früh aus an Ordnung zu gewöhnen.

Das Weinen der neugeborenen Säuglinge ist ein *Notruf.* Dieser Notruf erscheint wegen des Verlustes der Verbindung mit der schützenden Mutter. Der Anlaß kann Hunger sein. Wenn nun keine Antwort auf den Notruf erfolgt, dann wird der Säugling in der biologischen Situation des Verlassenseins belassen. Gewöhnlich wird vermutet, wenn der Säugling weint, hat er Hunger. Das stimmt nicht immer. Weinen kann eine Reaktion auf Hunger sein, ebenso aber auch auf Schmerz oder Schreck. Häufig wird beobachtet, daß ein Säugling schreit, nachdem er gesättigt wurde. Er kann also keinen Hunger haben. Für Schmerz und Schreck sind auch keine Anzeichen vorhanden. Warum schreit er also?

Das Weinen kann plötzlich verschwinden, sobald jemand mit dem Säugling spricht, seine Wangen berührt, ihn streichelt oder aus dem Bett hebt. Das ist ein sicheres Zeichen dafür, daß der Säugling nicht aus Hunger oder Schmerz geschrien hat, sondern weil er das Bedürfnis nach Zuwendung hat und deshalb mitmenschlichen Kontakt sucht. Dieses Weinen ist ein *Kontaktruf.* Das Weinen hat in diesem Fall die Funktion, einen Mitmenschen herbeizurufen. Das Rufweinen verstummt, sobald der Säugling die Nähe des Menschen spürt.

Er muß deshalb nicht gleich aus dem Bett gehoben werden. Die Anwesenheit des Menschen wird ihm bereits durch ziemlich allgemeine Signale vermittelt, etwa durch das Hören einer menschlichen Stimme, durch Lachen, durch leichtes Anstoßen des Bettchens oder durch Berühren der Haut. Der Säugling beruhigt sich dann und schläft meist gleich ein. Auch rhythmisches Wiegen signalisiert die Nähe des Menschen. Früher war häufig eine Säuglingswiege im Haus. Aber auch die Bewegungen des Kinderwagens während eines Spaziergangs beruhigen ihn.

Die mitmenschliche Nähe spürt der Säugling ganz intensiv, wenn er im Bett der Mutter liegt. Er empfindet ihre Körperwärme, die Hautberührung und den Herzschlag. Die Berührung der nackten Haut des Säuglings mit der nackten Haut der Mutter bildet die Grundlage für die mitmenschliche lustbetonte Empfindungsfähigkeit. Menschliche Nähe und Fürsorge spürt der Säugling auch bei Berührung der Lippen. Deshalb behilft man sich gerne mit einem Schnuller. Gelegentlich kann man beobachten, daß er den Schnuller ausläßt und wieder schreit. Auch dies ist ein Zeichen dafür, daß der Säugling nicht bloß einen Schnuller sucht, sondern die menschliche Nähe.

Vielfach wird vergessen, etwa wenn eine Mutter nicht stillt, den Säugling an die nackte Haut zu legen. Das Bedürfnis der Säuglinge nach Zuwendung wird manchmal nicht gestillt, weil die Eltern befürchten, ihr Kind zu verziehen. Vielleicht wissen sie nicht, daß das Rufweinen eine biologisch verankerte Verhaltensweise ist, die das Bedürfnis nach menschlicher Nähe anzeigt. Die Verweigerung der Befriedigung dieses Bedürfnisses hemmt die Bildung des *Urvertrauens*, das heißt des Vertrauens in die Hilfsbereitschaft des nächsten Menschen. Daraus können seelische Störungen entstehen wie etwa das Gefühl, überflüssig zu sein, oder das fehlende Vertrauen in den Nächsten.

Fragen: (1) Fragen Sie eine junge Mutter, wie sie das Rufweinen vom Schreien auf Schmerz oder Hunger unterscheidet. Schreiben Sie auf, was sie sagt. (2) Wozu ist das Haut-an-Haut-Liegen wichtig? (3) Was halten Sie von der Ansicht, ein Säugling müsse durch Schreien seine Stimme und Lungen kräftigen?

(3) Das Lächeln

Nichts beglückt Eltern mehr als das erste Lächeln ihres Kindes. Das erste Lächeln des Säuglings beginnt mit einer angeborenen Vorform des Lächelns, die bereits in den ersten Lebenstagen spontan ohne äußeren Anlaß erscheint. Dieses angeborene Verhalten hilft dem Neugeborenen, menschliche Nähe herzustellen, denn jeder Mensch reagiert unwillkürlich mit Zuwendungsgefühlen. Nach einigen Tagen kann das Lächeln von außen ausgelöst werden. Dieses Lächeln ist bereits ein Antwortverhalten. Besonders oft lächelt der Säugling beim Anblick eines menschlichen Gesichts, jedoch nur, wenn er das Gesicht von vorne sieht. Manchmal lächelt er, wenn er die menschliche Nähe spürt oder eine Stimme hört.

Das volle Lächeln, das wir sofort als mitmenschliches Verhalten erkennen, erscheint in der 6. bis 8. Lebenswoche. Mehr und mehr erscheint das Lächeln als Antwort auf das Gesicht der Mutter, ihre Stimme und ihre Zuwendung. Die eigentliche Aufgabe (Funktion) des Säuglingslächelns besteht darin, menschliche Nähe herzustellen und beim Erwachsenen die Gefühle der Zuwendung, der Fürsorge und der Bindung auszulösen. Deshalb wird dieser Lebensabschnitt auch *Zuwendungsalter* genannt.

Das Lächeln bewirkt eine wechselseitige (reziproke) Beziehung zwischen Säugling und Mutter: Das Säuglingslächeln verstärkt die Zuneigung der Mutter. Die Stimme und das liebevolle Lächeln der Mutter bewirkt beim Kind Gefühle der Geborgenheit und des Vertrauens. So bilden Mutter und Kind eine Einheit.

Im Erleben dieser Einheit wächst das Vertrauen zum Menschen. Wir nennen es das Urvertrauen. Am vollen mitmenschlichen Lächeln des Säuglings sind erstmals Gefühle der Lust, der Freude, des Vergnügens und der Zuneigung beobachtbar. Spätestens hier liegt der Beginn der Entwicklung der Gefühle zum Menschen. Die Zuneigung der Mutter, die sie durch Streicheln, Lächeln, Aufnehmen, durch Sprechen und Singen zeigt, ist im Zuwendungsalter so wichtig, damit sich von hier aus die Gefühle der mitmenschlichen Zuneigung des Kindes entwickeln und differenzieren können. Wenn die Zuneigung der Mutter fehlt oder unterbrochen wird, etwa durch Krankheit, ist diese Entwicklung schwer gefährdet. Wessen Gefühle sich nicht entfalten können, der bleibt gefühlsarm und unsensibel für mitmenschliches Handeln.

Fragen: (1) Welche drei angeborenen Verhaltensweisen des neugeborenen Menschen haben wir kennengelernt, die sich für den Aufbau mitmenschlicher Beziehungen eignen? (2) Wie können diese Verhaltensweisen verstärkt werden? Was geschieht, wenn sie gehemmt werden? Erklären Sie die Mutter-Kind-Einheit. (3) Beschreiben Sie die rückwirkende Beziehung zwischen Säuglingslächeln und mütterlicher Zuwendung.

(4) Erste mitmenschliche Konflikte

Wir haben gesehen, wie die angeborenen Verhaltensweisen des *Anschauens*, des *Rufweinens* und *Lächelns* zu ersten wechselseitigen (reziproken) Beziehungen zwischen Mutter und Kind führen: Das Verhalten des Neugeborenen löst Zuwendung und Fürsorge bei den Erwachsenen aus. Die Zuwendung der Erwachsenen fördert umgekehrt das Anschauen und Lächeln des Säuglings. Gleichzeitig werden die Gefühle der Geborgenheit, des Wohlbehagens, der Freude am Leben und das Urvertrauen gestiftet. So führt die gegenseitige Zuwendung zu einer stärkeren wechselseitigen Bindung von Mutter und Kind. Beim Rufweinen ist die Entwicklung anders. Je mehr das Kind lernt, zu lachen, zu juchzen und zu rufen, desto mehr verliert sich das Rufweinen.

Mit zunehmenden sozialen Fertigkeiten verliert das Rufweinen die Funktion des biologischen Notrufes. Dafür kann das Weinen andere Funktionen erhalten. Diese Veränderungen der Bedeutung des Verhaltens des Säuglings erfordert eine ständige *Anpassung der Erwachsenen*. Sie müssen sich stets an die neuen Entwicklungsfortschritte anpassen. Das gelingt nicht immer. So neigen besonders ängstliche Personen dazu, das Weinen des Säuglings und Kleinkindes stets als Kontaktruf zu deuten. Sie wenden sich dem Kind sofort zu, sobald es weint. Dabei vergessen sie, daß Weinen auch andere Funktionen haben kann.

Weinen oder Schreien kann mit 2 bis 4 Monaten die Funktion der Abreaktion des Dranges nach Bewegung haben. Da der Säugling kaum Möglichkeiten zur Verfügung hat, sich aktiv zu verhalten, z.b. zu springen und zu toben, bleiben ihm lediglich das Strampeln und Schreien. Das Strampeln wird ihm in unserer Kultur häufig durch Babykleidung, durch Schuhe und Strampelhosen verleidet. Oft ist er auch noch zu fest und zu warm zugedeckt. Er kann sich nicht umdrehen und freistrapeln. So bleibt das Schreien die einzige Möglichkeit zur Abfuhr seines Dranges nach Bewegung. Wenn also eine ängstliche Mutter das Schreien nach wie vor nur als Rufschreien deutet und sofort zum Säugling eilt, sobald er schreit, wird dieser sich angewöhnen, zu schreien, falls sich niemand um ihn kümmert. In diesem Fall wirkt die Zuwendung als Verstärkung des Schreiens.

Das Kind lernt zu weinen, wenn es Langeweile verspürt. So kann sich ein weinerliches und quengeliges Kind entwickeln. Es ist wichtig zu wissen, daß ein Kind nicht etwa als ein weinerliches Kind geboren wird. Vielmehr kann eine Ursache im ängstlichen, überbesorgten Verhalten der Bezugsperson liegen. Eine andere Schwierigkeit kann mit dem Abstillen und mit dem Erscheinen der ersten Zähne entstehen.

Da die wesentlichen Empfindungen und weitaus die meisten Erfahrungen über den Mund gemacht werden, und da der Körper darauf eingestellt ist, die meisten neuen Reize über den Mund aufzunehmen, muß ein *plötzliches Abstillen* zur schweren Versagung (Frustration) der Bedürfnisse führen. Das Ereignis des Abstillens kann durch das *Auftreten der Zähne* etwa in der zweiten Hälfte des ersten Lebensjahres verschlimmert werden. Der Durchbruch der Zähne bereitet dem Kind Schmerzen. Die Zähne verursachen auch der Mutter Schmerzen beim Stillen. So haben beide, Mutter und Kind, die ersten gegenseitigen Versagungen zu ertragen.

Beim Abstillen muß zweierlei beachtet werden:

(1) Das Bedürfnis nach körperlicher Zuwendung muß weiterhin befriedigt werden, d.h. das Kind muß ebenso oft wie vorher auf den Arm genommen und gewiegt werden. Am besten, es wird auch an den Körper, nackte Haut an nackte Haut, gelegt.

(2) Das Bedürfnis zu saugen, etwas in den Mund zu nehmen und mit dem Mund zu untersuchen, soll weiterhin gestillt werden. Die Versagung dieser Bedürfnisse kann möglicherweise Spätfolgen haben. Deshalb sollte bei Bedarf ein Schnuller benutzt werden. Auf keinen Fall dürfen irgendwelche Schlafmittel oder Beruhigungsmittel gegeben werden.

Mit 5–8 Monaten ist das Kind soweit entwickelt, daß es nur noch vertraute Personen anlächelt und auf unbekannte Personen reagiert. Es wendet sich ab, wehrt die Berührung ab, versteift den Körper. Mit 8–11 Monaten reagiert es gelegentlich mit deutlicher Angst. Dieses Verhalten gegenüber fremden Personen nennen wir das *Fremdeln* oder die Achtmonatsangst. Das Fremdeln tritt nicht bei allen Kindern zur gleichen Zeit auf. Die Altersstreuung ist ziemlich groß. Es kann zwischen dem 6. und dem 12. Lebensmonat auftreten.

Auch die Art des Fremdelns ist von Kind zu Kind ziemlich verschieden. Manche Kinder reagieren mit Geschrei, andere gelassen und ruhig. Das Fremdeln ist als Ausdruck eines wichtigen Fortschritts in der Entwicklung des Kindes aufzufassen. Bei zu krasser Aufdringlichkeit eines Fremden ist das Geschrei des Kindes damit zu erklären, daß es sich mit Worten nicht wehren kann. Es kann auch nicht fortlaufen. Welche Reaktion bleibt ihm also übrig, außer zu schreien?

Die *Trennungsangst* wird vom Fremdeln unterschieden. Sie tritt erst mit 1 bis 1 1/2 Jahren auf, wenn die Mutter den Raum verläßt. Diese Trennungsangst ist in völlig verschiedenen Kulturen beobachtet worden. Das Kind hört auf, zu spielen und Dinge zu erkunden. Nach kurzer Zeit fängt es an zu weinen. Schlimm für das Kind wird die Trennungsangst, wenn es alleine ohne Mutter in ein Krankenhaus oder in ein Heim eingewiesen werden muß. Da können sich seelische Schäden einstellen, die kaum wieder heilen. Mit 4–5 Monaten nimmt ein Säugling einen anderen Säugling erstmals wahr; er lächelt ihn an. 6–8 Monate alte Säuglinge schauen einander an, lächeln und strecken die Hand zur Berührung aus. Zwischen dem 9. und 13. Monat *erforscht* das Kind andere Kinder, indem es sie an den Haaren zieht und ihre Kleidung betastet.

In diesem Alter wird Spielzeug als ein Mittel zur Annäherung benutzt. Diese Annäherung ist allerdings nicht immer freundlich. Das Kleinkind überläßt einem anderen kurzzeitig ein Spielzeug, oder es wird wütend, kämpft und schreit, wenn ein anderes Kind ihm Spielzeug wegnimmt. Ein gemeinsames Spielen findet noch nicht statt. Auch dieses Verhalten kann Anlaß für Erziehungskonflikte und für eine Belastung der Mutter-Kind-Beziehung sein.

Zusammenfassung

Die Veränderung der Bedeutung des Verhaltens des Säuglings erfordert eine ständige *Anpassung des Erwachsenen.* So kann lautes Schreien ein Ausdruck des Drangs nach Bewegung sein, während das Rufweinen bei genügend Zuwendung seine Funktion als Kontaktruf verliert. Ein erster mitmenschlicher Konflikt entsteht durch plötzliches Abstillen, weil dadurch - unbedacht - meist die körperliche Zuwendung eingeschränkt wird. Ein weiterer Konflikt bahnt sich an, wenn das Kind die geistige Fähigkeit hat, bekannte von unbekannten Personen zu unterscheiden. Ab dem 1. Geburtstag kann die *Trennungsangst* auftreten.

Fragen: (1) Beschreiben Sie erste mitmenschliche Konflikte im Säuglingsalter. (2) Wie unterscheiden Sie Fremdeln und Trennungsangst. (3) Was würden Sie tun, um zu vermeiden, daß ihr Kind weinerlich wird?

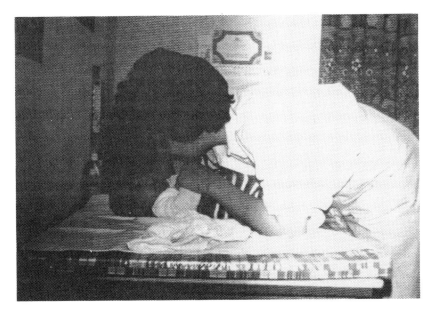

Mutter: „Bist du nicht mein Liebling?" (1,42 sec.)
Pause: (0,60 sec.)
Vorgestellte Erwiderung des Kleinkindes: „Ja" (0,43 sec.)
Pause: (0,60 sec.)
Mutter: „Aber freilich!".

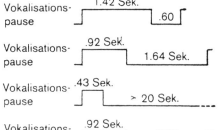

1) Dialog Erwachsener-
   Erwachsener

Vokalisations-
pause
1.42 Sek.
.60

2) Vokalisation einer Mutter
   für ein Kleinkind

Vokalisations-
pause
.92 Sek.
1.64 Sek.

3) Vokalisation eines Kleinkindes
   für eine Mutter

Vokalisations-
pause
.43 Sek.
> 20 Sek.

4) Imaginärer „Dialog" zwischen
   einer Mutter und einem
   schweigenden Kleinkind

Vokalisations-
pause
.92 Sek.
.60 .43 .60

1.63 Sek.

Durchschnittliche Länge einer Vokalisation und der
anschließenden Pause in 4 verschiedenen Dialogsituationen.
(aus Daniel Stern (1979). Mutter und Kind: Die erste Beziehung.
Stuttgart: Klett-Cotta, S. 26)

4.3 Der Beginn des Spracherwerbs

4.3.1 Die vorsprachliche Entwicklung

Können Mutter und Kind einander verständigen, wenn das Kind noch nicht sprechen kann? Ist es nicht unsinnig, wenn eine Mutter mit ihrem Säugling redet? Beobachten Sie die Verständigung zwischen einer Mutter und ihrem Säugling. Was sagt uns die Beobachtung? Der Säugling kann sich nur durch Rufweinen bemerkbar machen, das sofort verstummt, sobald er die mütterliche Stimme hört. Das Rufweinen ertönt, wenn der Säugling die Zuwendung der Mutter sucht. Nach einiger Zeit kann die Mutter unterscheiden, ob ihr Kind sie ruft oder ob es aus Hunger oder sogar aus Schmerz schreit. In der 6. bis 7. Lebenswoche beginnt der Säugling sein erstes spontanes Lallen. Zunächst sind meist Zischlaute (tsch, ch) oder Explosivlaute (pfpf) und Reibelaute (ach, rhrh, erer) zu hören. Vermutlich lallt der Säugling aus Wohlbehagen.

Mit Gurren, Quietschen, jauchzendem Schreien und Lachen äußert der Säugling sein Wohlbehagen und seine Lust am Leben. Die Lautfolgen werden immer länger. Die 1. Lallperiode dauert bis zum 6. Monat. Die 2. Lallphase dauert vom 6. Monat bis zum ersten Geburtstag. Das Kind äußert oft minutenlang Laute. Es handelt sich meist um die Verbindung eines Mitlautes (Konsonant) mit einem Selbstlaut (Vokal) wie "ba-ba-ba" oder "ma-ma-ma". Dieses Lallen ist ein lustbetontes Spiel. Seine Funktion besteht darin, das Zusammenspiel der vielen Muskeln zu üben, die an der Aussprache (Artikulation) beteiligt sind. Für das Weiterlernen der Laute gibt es zwei Wege:

(1) Das Kind hört sich selbst. Das macht ihm Spaß. Durch die selbstgemachten Laute, die ihm Spaß machen, wird das Kind verstärkt, das Gehörte zu wiederholen. So ist auch verständlich, daß beim tauben Kind gegen Ende des ersten Lebensjahres die Verstummung eintritt. Es kann seine Laute nicht hören. Damit fehlen ihm das Vorbild des Gehörten und die Verstärkung.

(2) Außer sich selbst *ahmt* das Kind die umgebenden Erwachsenen nach. Das geht so vor sich: Die Mutter hört das Kind lallen, nimmt dieses Lallen auf und macht es ihrerseits dem Kind vor. Sie verhält sich wie ein "biologischer Spiegel". Dieses Lallen ahmt nun das Kind nach.

Während der 2. Lallphase kann das Kind alle möglichen Laute hervorbringen, sogar Laute, die in der eigenen Muttersprache nicht vorkommen. Der Grund liegt darin, daß alle möglichen Spielarten des Zusammenwirkens der Sprechmuskeln erprobt werden. Beim Nachahmungslernen werden natürlich nur diejenigen Laute verstärkt, die in seiner Muttersprache vorkommen. Die anderen Laute werden fortgelassen. Am Babbeln, Plappern und Gurren erst sechs Monate alter Säuglinge können Erwachsene gelegentlich feststellen, ob die Kinder in einer deutschen, englischen oder spanischen Sprachgemeinschaft aufwachsen.

Schließlich hält das Kind minutenlange Lallmonologe. Das sind Lallreden, die sich anhören, als würde sie das Kind in der eigenen Muttersprache halten. Nur den Sinn kann man nicht verstehen. Gegen Ende der Lallphase, das ist gegen Ende des ersten Lebensjahres, gewinnt das Kind immer mehr Selbstkontrolle über seine Lautäußerungen. Das Kind lernt, bewußt einen bestimmten Laut oder eine bestimmte Lautfolge auszusprechen. Dabei übernimmt es mehr und mehr die Lautbildung der Sprache seiner Umgebung. Die Lautäußerungen der Menschen aus seiner unmittelbaren Umgebung werden immer mehr zu sprachlichen Vorbildern.

Zusammenfassung

Mutter und Säugling können sich verständigen. Das Kind erkennt die Stimme der Mutter. Die Mutter lernt rasch an der Art des Schreiens, das richtige Bedürfnis zu deuten. In der 6./7. Lebenswoche beginnt das erste *Lallen* mit einfachen Lauten (tsch, pf, rhrh). Etwa ab dem 6. Monat lallt es Mitlaut- u. Selbstlaut-Verbindungen (ba-ba). Lallen macht Spaß. Das Lallen wird (1) durch das Hören der selbstgemachten Laute verstärkt und (2) durch das Verhalten der Mutter. Um den 1. Geburtstag beginnt das Kind, *bestimmte Lautfolgen* aus der Umgebung bewußt zu sprechen.

Fragen: (1) Wie verständigen sich der Säugling und seine Mutter? (2) Welche angeborene Fähigkeit ermöglicht die Verständigung. (3) Durch welche Bedürfnisse kann Säuglings-Schreien ausgelöst werden? (4) Kann ein Säugling "unartig" sein, wenn er schreit?

4.3.2 Wie kommt das Kind zu seinem ersten Wort?

Damit das Kind sein erstes sinnvolles Wort im richtigen Zusammenhang sagen kann, müssen mehrere Dinge zusammenwirken: Es ist die Fähigkeit, Lallreden zu halten, notwendig. Warum? Weil das Kind dabei lernt, mit unterschiedlichen Lauten viele verschiedene Lautfolgen zu bilden. Das Kind muß fähig sein, eine Folge von verschiedenen Teilhandlungen als zusammengehörig zu erkennen. So können die Teilhandlungen "einen Teller aus dem Küchenschrank holen" und "einen Löffel auf den Tisch legen" zu der Handlung "füttern" gehören. Das Füttern besteht aus einer Folge von Teilhandlungen, die alle ein *gemeinsames Ziel* haben.

Durch dieses Ziel werden die Teilhandlungen zu einer einzigen *Handlung* verknüpft. Das Ziel der Teilhandlungen des Fütterns besteht darin, das Kind zu sättigen. Durch dieses Ziel gehören die Teilhandlungen zusammen. Das Kind muß verstehen können, daß diese Teilhandlungen zu einer *zwischenmenschlichen Handlung* gehören. An einer zwischenmenschlichen Handlung sind mindestens zwei Menschen beteiligt. Das Füttern ist eine solche zwischenmenschliche Handlung.

Der weitere Weg bis zum ersten Wort verläuft nun in zwei Schritten: Zunächst muß das Kind erkennen, daß eine bestimmte Lautfolge (Wort) für eine bestimmte Handlung oder Teilhandlung steht.

Diese Erkenntnis erläutern wir an einem Beispiel: Mutter und Kind spielen das Wo-Da-Spiel. Die Mutter versteckt einen Ball hinter ihrem Rücken und fragt: "Wo ist der Ball?" Das Kind schaut auf die Mutter. Sie holt den Ball hervor: "Da ist der Ball." Das Kind freut sich und lacht. Dieses Spiel wird oft wiederholt. Es läuft jedesmal in gleicher Weise ab. Stets wird an einer bestimmten Stelle gesagt "Wo ist der Ball?" und an einer anderen Stelle "Da ist der Ball."

So lernt das Kind die *Regel, daß Sprache und Handlung einander zugeordnet sind.* Eine bestimmte Lautfolge ist einer bestimmten Stelle im Spiel zugeordnet, die andere Lautfolge einer anderen Stelle. Diese Erkenntnis kann nun mit den vorgenannten Fähigkeiten zusammenwirken damit das Kind sein erstes Wort in der richtigen Situation spricht.

Ein Beispiel: Die Mutter bereitet einen Brei, holt dazu Teller und Löffel aus dem Schrank, füllt den Teller, nimmt das Kind und setzt sich mit ihm an den Tisch. Das Kind schaut den Brei an, sperrt den Mund auf, nimmt den Brei vom Löffel usw. Das sind Verhaltensweisen und Teilhandlungen, die alle zusammengehören und eine Einheit bilden, weil sie ein gemeinsames Ziel haben.

63

Wenn nun die Mutter aus der Fülle der Lautfolgen, die das Kind spricht, etwa die Folge "ham ham" während der verschiedenen Teile des Fütterns wiederholt benutzt, lernt das Kind bald, daß beides zusammengehört. Es *erkennt die Regel*: "Ham ham" gehört zum Handlungsmuster Füttern und nur zu diesem Muster. "Ham ham" gehört nicht etwa zum Ballspielen oder zu anderen Handlungen. So kann das Kind eines Tages das "Ham ham" der Mutter als Ankündigung des Fütterns verstehen.

Später wird es von sich aus beim Füttern "ham ham" sagen. Bald wird es bereits "ham ham" sagen, wenn es zuschaut, wie die Mutter Teller und Löffel auf den Tisch stellt. Aber eines Tages sagt das Kind "ham ham", während es sich das Füttern *vorstellt* ohne daß irgendein Ding oder eine Teilhandlung das Füttern ankündigt. *Das Kind benutzt "ham ham" als Bezeichnung für eine Vorstellung und Ankündigung einer Handlung.* Sofern "ham ham" als Bezeichnung für eine gedankliche Vorstellung und unabhängig vom Ereignis benutzt wird, hat es die Qualität eines Wortes. Das Kind spricht sein erstes Wort. Erst später, meist nach dem ersten Geburtstag, kommt ein neuer Lernvorgang hinzu: das Kind entdeckt nämlich, daß Handlungen, Dinge und Personen einen *Namen* haben. Mit dieser Entdeckung setzt die eigentliche Sprachentwicklung ein. Doch das ist ein Thema des zweiten Lebensjahres.

Zusammenfassung

Fähigkeiten und *Erkenntnisse* müssen zusammenwirken, damit das Kind sein erstes Wort sprechen kann: die Erkenntnis, daß eine bestimmte Lautfolge einer bestimmten Handlung (oder Teilhandlung) zugeordnet ist, und die Fähigkeit, verschiedene Lautfolgen zu bilden, Teilhandlungen als zusammengehörig zu erkennen und Handlungen als zwischenmenschliche Handlungen zu erkennen. Sobald eine Lautfolge für die gedankliche Vorstellung eines Ereignisses benutzt wird, hat sie die Qualität eines Wortes.

Fragen: (1) Was muß zusammenwirken, damit der Säugling sein erstes Wort sprechen kann? (2) Was lernt das Kind im Wo-Da-Spiel? (3) Welche Lernarten erkennen Sie in diesem Teilkapitel? (4) Wann erhält eine Lautfolge wie "ham ham" die Qualität eines Wortes?

5 Entwicklung und Erziehung im Klein-kindalter

Das Kleinkindalter ist in diesem Buch das 2. und 3. Lebensjahr. Man kann das Kindergartenalter zum Kleinkindalter rechnen. Wir haben jedoch für das Kindergartenalter ein gesondertes Kapitel geschrieben.

5.1 Das Streben nach Selbständigkeit

Alter (Jahre)	Beweglichkeit - Verhalten - Tätigkeiten
0	Geburt
1;0	gute Fertigkeit im Krabbeln/Kriechen,
	zieht sich hoch, kann frei Stehen,
	beginnt zu Laufen, versteht einige Anweisungen,
	spricht 3 bis 8 "Wörter" in Babysprache,
2 1/2	geht sicher, schnelle Zunahme des Wortschatzes,
	spricht nicht für alle verständlich,
	kennt seinen vollen Namen, spielt allein,
	aber zeigt Interesse am Spiel anderer,
3;0	geht auf einer Treppe mit beiden Füßen
	wechselnd, spricht gut,
	ißt alleine, ohne viel zu verschütten,
	kann Schuhe an- und ausziehen (ohne Schleife),
	knöpft erreichbare Knöpfe auf,
	beginnt gemeinsam mit Kindern zu spielen,
3 1/2	spielt Gruppenspiele, Gruppenspiel ersetzt
	paralleles Spielen, wäscht und
	trocknet sich die Hände, spricht die
	Umgangssprache (nur kleine Fehler),
4;0	kann sich unter Aufsicht an- und ausziehen,
	spielt in der Gruppe,
	kann kleine Aufträge ausführen,
	kann einen vorgeschriebenen Weg gehen,
6;0/7;0	malt gerne, zeigt Interesse für Lesen, Schreiben
	und Rechnen, sagt Gedichte auf, "liest" in
	bebilderten Kinderbüchern, fragt viel

Aufgabe: Setzen Sie die motorischen Fertigkeiten und Verhaltensweisen, die sich zur Selbständigkeit eignen, zueinander in Beziehung.

Mit dem zweiten Lebensjahr beginnt der Aufbruch in die Welt. Das Kind kann stehen und beginnt zu laufen, es beginnt zu sprechen und gezielt zu denken. Zwar geht das noch alles in kleinen Schritten vor sich, aber es geht von Tag zu Tag besser. Die beistehende Tabelle zeigt deutlich den Zusammenhang von zunehmender Beweglichkeit und neuen Tätigkeiten. Die verbesserte Beweglichkeit ermöglicht es dem Kind, neue Fertigkeiten und damit *neue Tätigkeitsbereiche* zu erschließen, z.B. Treppensteigen, Springen und Laufen im Freien, selbständiges Essen bei den Mahlzeiten, Schuhe an- und ausziehen, selbständiges Händewaschen, Sprechen, Fragenstellen.

Das Kind beobachtet den Erwachsenen ständig mit wachen Augen bei seinen Tätigkeiten im Alltag. Es schaut sie ihm ab, stellt sie sich innerlich vor und macht sie nach. Dieses Lernen nennen wir *Lernen am Vorbild* oder Lernen durch Nachahmung.

Es ist geradezu versessen darauf, dem Erwachsenen alles abzuschauen. Dadurch bietet sich dem Erwachsenen die Möglichkeit, das Kind behutsam zu führen, damit es in den Lebensalltag eingebunden wird. So lernt es, sich die Schuhe abzuputzen, seinen Mantel an seinen Kleiderhaken zu hängen, seine Spielsachen aufzuräumen, den Spieltisch zu säubern, den Tisch zu decken, den Hund zu füttern und vieles andere mehr. Auf diese Weise werden ihm normale Alltagsarbeiten zu erfreulichen Tätigkeiten, so daß sich später, wenn seine Hilfe nötig sein wird, jeder Zwang erübrigt.

Durch *Nachahmung und Gewohnheit* werden Alltagspflichten zur Selbstverständlichkeit, ohne Wörter wie "Du sollst" oder "Du mußt" überhaupt benutzen zu müssen. Einer späteren neurotischen Ablehnung solcher Pflichten ist der Boden entzogen, weil die Bedingungen für ein solches Verhalten völlig fehlen. Manche Erwachsenen leiden darunter, daß sie Schwierigkeiten haben, ihren Pflichten im Alltag nachzukommen. Das sind Pflichten wie etwa die Wohnung sauber zu halten, die sie mit anderen gemeinsam bewohnen, für die eigene Familie zu sorgen, "in der Küche zu stehen", Kinder aufzuziehen usw.

Schema: Nachahmung von Alltagstätigkeiten

Nachahmung von Alltagstätig- keiten	—>	Gewohnheit von Alltagstätig- keiten	—>	Alltagstätig- keiten als Selbstverständ- lichkeit
keine Anregung zur Nachahmung von Alltags- tätigkeiten	—>	Zwang zu Alltags- tätigkeiten	—>	neurotische Ablehnung von Alltags- tätigkeiten

Die Erweiterung der Beweglichkeit des Kindes ist für den Erwachsenen nicht immer leicht zu ertragen. Er muß sich ständig auf die neuen Fähigkeiten des Kindes einstellen. Das Kind ahmt nämlich nicht nur Tätigkeiten wie Tischdecken und Aufräumen nach, die den Erwachsenen erfreuen, sondern es möchte natürlich auch das Feuerzeug anzünden, den Fernseher einschalten, die Waschmaschine anstellen, die Steckdose untersuchen usw. Das Kind möchte eben alles tun, was ihm körperlich möglich ist. Es schiebt einen Stuhl an den Küchenschrank und klettert auf den Schrank, um die Tassen herauszuholen. Jedes Kleinkind hat einmal in die Seife gebissen, in eine Kerze oder in einen Zigarettenstummel. Es lernt schnell, dies im Beisein der Erwachsenen zu unterlassen, aber es findet nichts dabei, die Dinge näher zu untersuchen, sobald es sich unbeobachtet fühlt. Das kann leider manchmal schlimme Folgen haben. Die meisten Unfälle von Kindern ereignen sich im Kleinkindalter und in der Wohnung. Viele Unfälle können bei voraussehender Vorsorge der Eltern vermieden werden; die Kinder sind nicht schuldig.

Prüfen Sie sich, ob Sie eine vorausschauende Phantasie haben! Wie würden Sie ihr Kleinkind vor folgenden Gefahrenquellen schützen, ohne mit Strafen zu drohen und ohne nur zu reden? Reinigungsmittel, Alkohol, Lacke, Farben, Möbelpolitur (das Kind kann versuchen, Flüssigkeiten zu trinken, es kann sie ins Auge schmieren oder verschütten)? Medikamente, Pillen (Bonbon), Feuerzeug, Streichhölzer, Messer, Gabel, Schere, Rasierklingen? Elektrische Rasierer, elektrische Haushaltsgeräte, Bohrer, Schraubenzieher? Waschmaschine, Geschirrspülmaschine? Schadhafte elektrische Kabel, Steckdose, heißes Bügeleisen, glühende Herdplatte, kochendes Wasser, gebohnerter und deshalb rutschiger Fußboden, offenes Fenster, Treppe, offenes Wasserbecken im Garten usw. ?

Kinder üben Spiele der Erwachsenen!
(Dominic, 4 Jahre)

Die Mutter dachte soeben: "Schön, wie mein Peterle so ruhig spielt". Doch Peter war nicht im Kinderzimmer. Sie suchte weiter. Die Tür zum Bad war verschlossen. Peter war im Bad. Der Schlüssel steckte innen. "Peter, mach auf", rief sie erschreckt. Aber Peter rief: "Ich schließe jetzt nicht auf. Ich muß mich rasieren". Er versuchte, die Rasierklingen aus dem Schrank zu angeln. Wie kann man eine verschlossene Tür, deren Schlüssel auf der anderen Seite steckt, öffnen? Haben Sie die Rufnummer des Notarztes und der Feuerwehr zur Hand?

Es ist nicht damit getan, zu sagen, das Kind braucht unsere Hilfe. Die Frage lautet: Wie kann die Hilfe gegeben werden? Es ist nicht möglich, alle Gefahren aus dem Lebensbereich des Kindes zu beseitigen. Das wäre auch gar nicht richtig. Die Herdplatte kann nicht kalt bleiben; auch im Bad gibt es heißes Wasser. *Das Kind muß lernen, eine Gefahr zu erkennen und zu bewältigen oder zu meiden.* Die Schwierigkeit liegt darin, das Kind über Gefahren richtig aufzuklären, ohne ihm Angst einzuflößen. Am besten, die Erzieher versuchen soweit wie möglich, diese Gefahren mit dem Kind gemeinsam aufzusuchen, sie ihm zu zeigen und gemeinsam zu bestehen. Vater oder Mutter können dem Kind zeigen, daß die Herdplatte heiß sein kann. Ebenso können sie ihm heißes Wasser vorführen. Für Steckdosen gibt es Kindersicherungen. Medikamente, Rasierklingen, Reinigungsmittel, usw. müssen verschlossen sein. Der Schlüssel muß so aufbewahrt werden, daß das Kind keinesfalls herankommen kann. Manches Bedürfnis läßt sich stillen, wenn man dem Kind einen entsprechenden Gegenstand zum Spielen gibt. Es gibt abgerundete Scheren (Kinderscheren) und ungefährliches Spielzeug, abwaschbare Farben oder ein stumpfes Plastikmesser. Das Kind muß aber auch lernen, auf das Wort "nein" oder "nicht" in seiner Tätigkeit sofort innezuhalten, ohne zu erschrecken. Der Erwachsene ist dafür verantwortlich, daß dem Kind nichts geschieht, und er haftet für alle Schäden. Diese Verantwortung kann er nicht auf das Kind abwälzen. Wenn das Kind aber bestraft oder bedroht wird, dann wird es für etwas verantwortlich gemacht, dessen Tragweite es gar nicht erkennen kann.

Mit der neuen Bewegungsfähigkeit melden sich neue Bedürfnisse. Das zweijährige Kleinkind kann so gut laufen, daß ihm Ziele außerhalb der Wohnung erreichbar scheinen. Es möchte sehen, was sich hinter der nächsten Mauer, hinter dem nächsten Busch und hinter der nächsten Biegung verbirgt. So verläßt es den Hof oder - auf einem Spaziergang - die Mutter. Dieser neuen Möglichkeit entspricht das Streben, sich von der mütterlichen Allmacht etwas zu lösen und einen eigenen Daseinsraum zu erobern. Es entfernt sich, doch gleichzeitig benötigt das Kleinkind den mütterlichen Schutz. Denn ganz geheuer ist ihm die Entfernung von der Mutter nicht. Bei drohender Gefahr sucht es die Hilfe der Mutter und ihre tröstende Zuwendung. *Das Kleinkind befindet sich in einem ständi-gen Widerstreit zwischen dem Streben nach Bewegungsfreiheit und Un-abhängigkeit einerseits und der Furcht vor der Trennung von der Mutter andererseits.* Aber eines ist zu beachten: Die zunehmende Selbständig-keit ist nicht gleichbedeutend mit Abnahme von Bindung! Vielmehr ist es umgekehrt: Sichere Bindung an die Eltern ermöglicht und fördert das Selbständigwerden; geschwächte oder fehlende Bindung verzögert oder verhindert es. Wenn ein kleines Kind die Umgegend erkunden, spiele-risch erforschen und erklettern will, dann entfernt es sich räumlich mehr und mehr von der Mutter. Trotzdem bleibt die Nähe und Erreichbar-keit der Mutter oder des Vaters die Voraussetzung dafür, daß das Kind überhaupt erkundet, herumläuft, klettert und spielt. Später versichert es sich immer wieder der Anwesenheit von Vater oder Mutter. Es schaut her oder es kehrt für einen Augenblick zurück. Sind aber die Eltern wi-der Erwarten doch nicht in der Nähe, hört sofort jedes Spielen auf. Das Kind setzt alles daran, die Eltern sofort wieder zu finden.

Der 2 1/2 jährige Herbert befindet sich mit seiner Mutter in einem Park. Rasenflächen und Gebüsch wechseln sich in lockerer Folge ab. Herbert ist aus seinem Sportwagen gestiegen und läuft alleine über den Rasen. Das Laufen macht ihm offenbar Spaß und beflügelt ihn sichtlich. Juchzend läuft er seiner Mutter davon. Er läuft vielleicht 20 Meter weit, ohne sich umzuschauen und verschwindet hinter einem Gebüsch. Als er stehenbleibt und sich umschaut, hat er seine Mutter aus den Augen verloren. Plötzlich beginnt er fürchterlich zu schreien.

Sein Triumphgefühl über die erlangte Selbständigkeit ist in Furcht vor Trennung umgeschlagen. In einer solchen Situation ist es wichtig, daß die Erwachsenen zum Kind eilen. Es wäre falsch, es dem Kind "zu zeigen", wie es ist, wenn es sich von den Eltern entfernt. Das Kind muß unbedingt das Vertrauen zu den Eltern behalten. Sichere Bindung hält die Angst fern und fördert die Selbständigkeit und das Selbständigkeitsstreben. Angst hemmt das Selbständigwerden des Kindes.

Der Fortschritt in der Entwicklung der Beweglichkeit hängt wegen des hohen Anteils an Lernprozessen ganz entscheidend vom *Verhalten der Erwachsenen* ab, von ihrem *Erziehungsstil*. Beim Üben z.B. des aufrech-ten Gehens fällt das Kind oft hin und tut sich weh. Da kann der Erzieher bereits die ersten Gehversuche durch ängstliches Zurückhalten hemmen. Oder er möchte dem Kind stets helfen. Damit hemmt er es, selbständig zu werden und auf das eigene Können zu vertrauen. Es ist auch falsch, dem Kind auf Schritt und Tritt zu folgen. Das führt zu Ängstlichkeit, später zu Ablehnung und zu Haß gegen die einengenden Eltern und die Erwachsenen und ihre Autorität. Andere Erwachsene neigen dazu, viel zu früh Bewegungsleistungen zu erwarten, wenn das Kind wegen des angeborenen Zeitplanes dazu noch gar nicht in der Lage sein kann. So können bereits sehr früh falsche Erziehungsstile angewandt werden, und zwar (1) der ängstliche, bewahrende Stil, (2) der überfordernde Stil und (3) der unkontrollierte Stil. Die Erziehungsstile haben eine lebenslange Wirkung. Das ängstlich behütete Kind wird auch später kein Wagnis eingehen. Das überforderte Kind wird stets unter dem inneren Druck des Leistungsanspruchs leiden. Das unkontrolliert erzogene Kind wird später keine klaren Vorstellungen und Gefühle dafür entwickeln können, was richtig und was falsch ist. Die Fehlentwicklungen können oft erst im Erwachsenenalter berichtigt werden.

Zusammenfassung

Mit dem 2. und 3. Lebensjahr erschließt sich das Kind neue *Tätigkeitsbereiche* (Treppensteigen, Ankleiden, Spiel im Freien). Durch *Nachahmung und Gewöhnung* übernimmt das Kind erste *Pflichten* (Kleidung an Kleiderhaken hängen, Schuhe säubern, Haustier füttern). Ohne Anregung zu regelmäßigen Alltagstätigkeiten werden diese Pflichten später oft innerlich abgelehnt. Erwachsene vergessen manchmal, daß Kinder auch unerwünschtes Verhalten nachahmen. Deshalb und wegen mangelnder Vorsorge können sich Unfälle ereignen. Die Vorsorge besteht hauptsächlich in 2 Maßnahmen: (a) Entfernen der Gefahrenquellen soweit wie möglich, (b) Aufsuchen der nicht meidbaren Gefahrenquellen gemeinsam mit dem Kind, um sie zu bewältigen. *Sichere Gefühlsbindung* an die Eltern fördert Selbständigkeit, ängstliche Überbehütung hemmt das Selbständigwerden.

Fragen: (1) Schreiben Sie nieder, was Sie tun und was Sie sagen (wörtlich), um ein zweijähriges Kind zum Aufräumen zu bewegen. (2) Wie erklären Sie einem zweijährigen Kind, daß das Anfassen der Herdplatte gefährlich ist? (3) Wie bereiten Sie ein 2–3jähriges Kind auf eine ärztliche Untersuchung und auf eine kurze Trennung vor? (4) Wie machen Sie einem 2–3jährigem Kind klar, daß es nicht über die Straße laufen darf? Damit Sie sich selbst über Ihr Verhalten Klarheit verschaffen können, müssen Sie unbedingt die wörtliche Rede schriftlich niederlegen!

5.2 Willensstarke Persönlichkeit oder trotziges Kind?

Der Engländer John Locke, der als Philosoph bekannt ist und auch ein berühmter Pädagoge gewesen sein soll, hielt es für richtig, ein Kind so oft zu verprügeln, "bis der Sinn des Kindes gebeugt und sein Wille schmiegsam gemacht" sei. - Was ist Ihre Meinung dazu?

Im Laufe seines dritten Lebensjahres macht das Kind einen entscheidenden Schritt in seiner Entwicklung zur Persönlichkeit: Langsam entdeckt und begreift es, daß es ein eigener Mensch ist, daß es anders ist als Mutter oder Vater und daß es einen eigenen Willen hat. Diese Entdeckung wird gern mit den Ausdrücken Ichfindung oder Selbstfindung umschrieben. Zunächst hat es sich selbst mit dem eigenen Namen benannt: "Andi essen", "Andi (will) haben" - eines Tages sagt es "Ich".

Das Kind möchte die sprachliche Entdeckung der Aussage "Ich will" und "Ich will nicht" erproben. Dabei stößt es natürlich auch an die Grenzen dessen, was die Eltern ihm erlauben wollen. Hier zeigt sich die erzieherische Fähigkeit der Erwachsenen. Wenn sie sich vom Kind eingeschränkt fühlen und mit Verboten und Schimpfen reagieren, kann sich das Kind im Trotz verhärten. Manche Erwachsene sind offenbar der Meinung, daß Kindern kein eigener Wille zusteht. Die Folgen sind Verhalten wie Schreien, Um-sich-Schlagen, Auf-den-Boden-Werfen. Deshalb wurde dieser Entwicklungsschritt auch das "Trotzalter" genannt. Trotz hängt allein von der Erziehungshaltung der Eltern ab. Einengung und übermäßige Fürsorge können Trotz bedingen. Oft werden Forderungen an das Kind gestellt: Halt die Beine still - beeil dich - sag "guten Tag" - sei ruhig - erzähl mal - wasch dir die Hände - du hast deine Hände schon wieder nicht abgetrocknet. Das Kind möchte selbständig essen, sich selbst ankleiden und selbst die Hände waschen. Aber leider geht es dem Erwachsenen oft nicht schnell genug. Er bringt die Geduld nicht auf, um abwarten zu können, bis das Kind selbst etwas gemacht hat. So widersetzt es sich. Wenn dagegen der Erwachsene die innere Sicherheit besitzt, auf den Willen des Kindes einzugehen, seinem Willen spielerisch nachzugeben, um es so die Folgen seiner Absicht entdecken zu lassen, dann lernt das Kind wie von selbst die Einsicht in die Notwendigkeit. In diesem Fall ist eine Trotzphase überflüssig. Allerdings sind die Kinder in ihrem Temperament verschieden. "Nein" sagen zu können ist eine neue Entdeckung, die erst einmal geübt werden will. So geht es manchen Kindern nicht um die Sache, vielmehr um das Neinsagen. Es sagt "Nein" zu Tätigkeiten, nur weil es übt, nein zu sagen.

Mutter und Klaus haben beschlossen, auf den Spielplatz zu gehen. Sie gehen zum Kleiderständer. Plötzlich will Klaus seinen Mantel nicht anziehen. Die Mutter ist überrascht. Das war noch nie da. "Aber Klaus, du mußt doch deinen Mantel anziehen". - "Nein, will nicht". Die Mutter lenkt ein: "Vielleicht willst Du deine schöne neue Jacke anziehen?" Gutmütig holt sie die Jacke. Klaus: "Nein, will nicht". Die Mutter: "Aber Klaus, wir müssen doch etwas anziehen. Draußen ist es kalt". - "Nein, will nicht". - "Willst Du denn daheim bleiben?" Da brüllt Klaus los und weint: "Will nicht - will nicht heim bleiben". Die Mutter ist ratlos.

Was würden Sie tun? Eltern werden damit überrascht, daß ihre Kinder plötzlich etwas ablehnen, was sie sonst bevorzugt hatten, sogar das Plantschen in der Badewanne. Wenn die Erwachsenen nun darauf bestehen, ihr Kind müsse sich wenigstens logisch verhalten ("wenn du hinauswillst, mußt du etwas anziehen, weil es draußen kalt ist"), dann wird die Auseinandersetzung schnell auf die Spitze getrieben. Das Kind schreit, weint und erregt sich furchtbar. Manche Kinder werfen sich auf den Boden und schlagen um sich. Die meisten Kinder werden sich aber nach kurzer Ablenkung beruhigen. Manche Pädagogen halten den "Trotz" für eine naturgegebene Erscheinung, so daß sie eine "Trotzphase" annehmen. Sie glauben, daß das Trotzen zum Zeitplan der Entwicklung gehört. Das ist ein Irrtum!

Wenn ein Kind auf wirklich kindgemäße Weise aufwachsen kann, benötigt es keinerlei Trotzverhalten. Jedes Kind übt zwar, "nein" zu sagen; das alleine ist entwicklungsbedingt; dagegen ist der Trotz die hilflose Reaktion des Kindes auf den einengenden oder überfordernden Erziehungsstil. Manche Erwachsene wollen ihr Kind er-ziehen anstatt ihm Anregungen zur *Entfaltung* zu geben.

Trotz ist immer eine Reaktion auf eine Versagung (Frustration). Einige Beispiele:

- Ein Kind ist in sein Spiel vertieft. Der Vater meint, es spielt nicht "richtig" und greift ein. Da fühlt sich das Kind gestört.

- Die Bewegungsfähigkeit des Kleinkindes und die Unabhängigkeit, die gelegentlich zur Gefährdung werden kann, ist manchen Erwachsenen unheimlich. Das Kind verstößt gegen ihren Beschützer-Instinkt.

- Das Kind will die neue sprachliche Errungenschaft "nein" sagen zu können, erproben.

- Das Kind entdeckt, daß es einen eigenen Willen hat. Es will erproben, wie weit es ihn durchsetzen kann. Es stellt Forderungen und diese sind natürlich Probleme für die Eltern.

- Den Bewegungsanforderungen sind unsere Wohnverhältnisse, die Spielplätze und die Auslaufmöglichkeiten nicht im entferntesten angemessen. So müssen die Kinder dauernd eingeschränkt werden.

Die Einschränkungen, Mahnungen und Forderungen stellen für unsere Kinder dauernde Belastungen dar. Eine Belastung ist ein seelischer Druck. Dagegen kann sich das Kleinkind nicht wehren. Es kann nicht protestieren und diskutieren. Es kann einzig durch Wut kundtun, daß die Erwachsenen etwas falsch machen.

Wie kann ein Konflikt gelöst werden? Ein Beispiel: Wenn das Kind weder die braunen noch die roten Schuhe anziehen will, dann muß es warten, bis es sich entschieden hat. Die Alternative "die braunen oder die roten" stellt eine vermeidbare Einschränkung dar. Bei der Aufforderung: "Geh zum Schuhschrank und such dir die Schuhe raus, die du haben willst", wird kein Konflikt zwischen Kind und Erwachsenem konstruiert. Vielmehr verlangt diese Situation eine sinnvolle Auseinandersetzung des Kindes mit den objektiven Gegebenheiten ohne Zwang durch eine Person. Soziale Konflikte bestehen immer zwischen Personen. Durch richtiges Verhalten sind sie vermeidbar.

Es gibt nur ganz wenige Situationen, wo der Erwachsene nicht ohne Strenge auskommt. Das Kind will sich auf der Straße losreißen, es stößt mit den Füßen gegen ein Möbel, es zerkratzt die Tapete. Bei den meisten Kindern hilft ein strenges "Nein". Es kann aber sein, daß es die Grenzen des Erlaubten ausloten will. Dann muß auf das Nein eine Konsequenz folgen. Am besten ist es, das Kind wird wortlos an die Hand genommen und aus dem Zimmer geführt. Damit hat sich die Situation geändert und das Kind kann nun abgelenkt werden. Ein vorausschauender Erzieher kann sein Kind ohne einen einzigen Klaps aufziehen. Es kann sein, daß ein Kind sich unwohl fühlt. Vielleicht sagt sich eine Krankheit an. Oder das Kind leidet unter einer Spannung und wird deshalb aggressiv. Dann sollte man es am besten ablenken. Ein warmes Getränk und ein warmes Bad haben eine beruhigende Wirkung.

Für das Kleinkind darf kein Tag ohne ein Gespräch mit den Eltern enden. Eine Erinnerung an die schönen Erlebnisse macht das Kind glücklich. Niemals darf das Kind im Zorn zu Bett gebracht werden. Zuerst kommt die Mutter, spricht ein paar Worte, schmust und wünscht eine gute Nacht. Dann kommt der Vater, schmust ebenfalls und erzählt eine kurze und lustige Geschichte. So kann das Kind fröhlich einschlafen. Etwas Lustiges vor dem Einschlafen ist die beste Vorbeugung gegen Angst und Angstträume.

Zusammenfassung

Im Laufe des 3. Lebensjahres macht das Kind einen entscheidenen Schritt in der Entwicklung seiner *Persönlichkeit*. Es entdeckt seinen *eigenen Willen*, sein Ich. Sichere Anzeichen dafür sind die Worte "Ich" und "Nein". Weil das Kind diese Erfahrung erproben will, kommt es zu Mißverständnissen zwischen ihm und den Erwachsenen. Einschränkungen lösen Trotzreaktionen aus, denn *Versagung* (Frustration) führt zu Wut. Um eine seelische Erkrankung zu vermeiden, müssen Verbote auf das Notwendigste eingeschränkt bleiben.

Fragen: (1) Beschreiben Sie ein Beispiel aus eigener Beobachtung, wie ein Kleinkind sein Ich-Gefühl einübt. (2) Wie wird Trotzverhalten des Kleinkindes durch Erwachsene eingeleitet? (3) Welche Unterschiede sehen Sie zwischen Willensstärke und Trotz? (4) Schreiben Sie einen Dialog mit einem Kind 5 Minuten mit. Wie oft wurde das Kind gemahnt, gefordert usw., wie oft erhielt es Zuwendung?

5.3 Die geistige Entwicklung

Der erwachsene Mensch kann nicht nur sprechen, lesen und schreiben, sondern Computer konstruieren, Dome bauen und ins Weltall starten, kurz: der Mensch kann denken.

Mit Hilfe seiner Intelligenz kann der Mensch Erstaunliches leisten. Erinnern wir uns, wie der Mensch geboren wurde. Der Säugling, so hatten wir gesagt, ist ein Reflexwesen. In etwa 25 Jaren schafft dieses hilflose Wesen den Weg zum Handwerker, Konstrukteur, Künstler. Ist das nicht ein erstaunlicher Weg? Wie fängt das Ganze an? Wo liegen die Wurzeln des Denkens? Wie beginnt das Reflexwesen Mensch intelligent zu handeln?

5.3.1 Vom Reflexverhalten zur Vorstellung

Den Beginn der geistigen Entwicklung des Menschen nennen wir die Stufe der *sensumotorischen Intelligenz*. In diesem Abschnitt entwickeln sich sie Vorformen des Denkens aus den angeborenen Reflexen. Ein Reflex ist eine bestimmte Bewegung, die durch die Reizung eines Sinnes (sensus) ausgelöst wird. Deshalb ist der Ausdruck "sensumotorische Intelligenz" gebräuchlich. Der 2. Abschnitt der geistigen Entwicklung ist die Stufe des anschaulichen Denkens. Die Entwicklung vom Reflexverhalten zum anschaulichen Denken dauert 1 1/2 bis 2 Jahre. Sie vollzieht sich in 6 Schritten:

Schritt 1: Das neugeborene Kind ist mit drei angeborenen Reaktionsweisen ausgerüstet:

- Sinnestätigkeit des Sehens und Tastens (neben den anderen Sinnen)

- Reflexverhalten

- Hinwendungsverhalten (Orientierungsreaktion).

Am Anfang erschöpft sich das Verhalten des Säuglings in der Betätigung seiner angeborenen Reflexe. Das sind angeborene Verhaltensweisen wie z. B. der Saugreflex und das Schlucken. Die Reflexe dienen der Erhaltung des Lebens. So verhilft der Saugreflex dem Kind zur Nahrung. Am Anfang steht also nichts weiter als die *Übung* der Reflexe. Die Betätigung der Reflexe wird häufig wiederholt.

Schritt 2: Die häufige Wiederholung der Auslösung und Betätigung des Reflexverhaltens führt dazu, daß das Reflexverhalten, z. B. das reflexive Saugen, auf neue Reize (Situationen) erweitert wird. So saugt der Säugling nicht mehr ausschließlich zur Nahrungsaufnahme, sondern auch zum Spielen mit den Lippen und zum Lutschen. So wird die starre Beziehung von Reiz und angeborenem Reflexverhalten durchbrochen. Mit dem Durchbruch der starren Reiz-Reaktions-Beziehung wird das ursprüngliche Reflexverhalten vom natürlichen Auslösereiz losgelöst. Es wird ein frei verfügbares Verhalten. Bei diesem Schritt spielt eine wichtige Lernart eine Rolle, das Lernen durch Verstärkung. Dazu ein Beispiel: Der Säugling kann die Lippen mit der eigenen Zunge berühren. Dabei wird die Zunge ähnlich wie beim Saugreflex bewegt, jedoch ohne Hungerbedürfnis. Da die Lippen und der Mundraum des Säuglings sehr empfindlich sind, verspürt das Kind bei der Berührung mit der Zunge vermutlich ein Lustgefühl. Deshalb wird das Berühren mit der Zunge wiederholt. Offenbar wird das Berühren der Lippen lustvoll empfunden. Ein Verhalten, das Lust und Freude bereitet, zeigt die Tendenz, künftig wiederholt zu werden. Dieser einfache Zusammenhang stellt ein Lerngesetz dar, nach welchem viele Verhaltensweisen erworben werden. Wir nennen es das *Gesetz der Verstärkung.*

Schritt 3: Dasselbe wiederholt sich auf einer höheren Ebene.

Andi war dreieinhalb Monate alt und strampelte gern. Nun war an seinem Kinderbett ein Glöckchen angebracht, das beim Strampeln läutete. Das Läuten machte ihm Spaß, er lächelte. Andi hielt inne und lauschte. Doch das Glöckchen verstummte. Bald hatte er heraus, daß durch sein Strampeln das Glöckchen zum Läuten gebracht werden konnte. So entdeckte er den *Zusammenhang von Mittel und Zweck,* das heißt von Strampeln und Läuten. Er strampelte nicht mehr nur aus Freude am Strampeln, sondern er strampelte aus Freude am Glockenklang.

Anfangs ist der Glockenklang lediglich Verstärker des Strampelns. Nach häufigen Wiederholungen wird der Glockenklang zum Ziel und das Verhalten Strampeln zum Mittel, dieses Ziel zu erreichen. Erst dann kann man sagen, das Kind strampelt, um eine Wirkung zu erreichen. Aus der bloßen Ereignisfolge von Strampeln und Glockenklang wird ein Mittel-Zweck-Zusammenhang. Die Entdeckung von Mittel-Zweck-Zusammenhängen stellt eine gewaltige Erweiterung des kindlichen Erfahrungsbereichs dar. Im 4. bis 5. Monat lernt das Kind, die Glocke mal kräftig und mal sachte zu läuten. In dieser Zeit klappt auch das Zusammenspiel von Greifen und Sehen, so daß es beginnt, die Glocke gezielt anzustoßen. Außerdem betätigt es die Hände und untersucht sie mit seinem Mund. Das bedeutet, daß nun das Sehschema und das Greifschema miteinander verknüpft sind.

Schritt 4: Die weitere Entwicklung zeigt folgender Versuch mit einem acht Monate alten Mädchen.

Ein Kinderpsychologe befestigt eine Rassel an einer Schnur. Das Mädchen greift nach der Rassel und kann sie nicht erreichen. Nach einigen Versuchen zieht es an der Schnur, die in seiner Reichweite liegt. Die Rassel kommt heran und das Mädchen kann sie ergreifen. Beim nächsten Versuch bemüht sich das Mädchen gar nicht weiter, die Rassel direkt zu erlangen. Es greift gleich nach der Schnur und zieht die Rassel zu sich heran. Hier lernt das Kind, zuerst ein *Zwischenziel* zu setzen, um danach an das eigentliche Ziel zu gelangen. Über den Umweg des Zwischenziels wird das eigentliche Ziel erreicht. Das bedeutet, daß das Kind Teilziele in die richtige Reihenfolge bringen kann. Auf dieser Stufe haben die Kinder zwei Dinge gelernt:

- Mit einem bestimmten Mittel läßt sich ein Zweck erreichen. So kann man mit einem Löffel auf einen Topf schlagen, um so Lärm zu erzeugen. Der Lärm wirkt verstärkend.

- Durch den Umweg über ein Zwischenziel läßt sich das angestrebte Ziel oft leichter erreichen als auf direktem Weg.

Beide Lernvorgänge sind jedoch nur in einer bestehenden Situation möglich. Abstrakte Vorstellungen hat das Kind von diesen Lernvorgängen noch nicht.

Schritt 5: Nun versuchen die Kinder immer wieder, neue Zusammenhänge zu entdecken und zu erproben. Immer wieder wird der Ball fallen gelassen, um beobachten zu können, was weiter geschieht. Immer wieder wird an der Tischdecke gezogen, um zu erkunden, was sich noch alles auf dem Tisch verbirgt. Mit diesem Erkundungsdrang geht das Kind in das zweite Lebensjahr. Sobald es stehen und laufen kann, hat es noch viel mehr Möglichkeiten, seine Umgebung zu erkunden.

Der kleine Laurent ist zehn Monate neunundzwanzig Tage alt. Der Psychologe Piaget bietet ihm seine Uhrkette an, die er von seiner Hand baumeln läßt. Laurent bewegt erst die Uhrkette vorsichtig. Dann greift er sie mit der rechten Hand und versetzt sie mit der linken in Schwingungen. Nun hält er das Ende der Kette fest und läßt sie langsam zwischen den Fingern der anderen Hand hindurchgleiten; er untersucht jetzt den Augenblick, wo die Kette von seiner Hand herunterfällt. Das wiederholt er etwa zehnmal. Nun hält er die Uhrkette in der rechten Hand und schüttelt sie heftig; so zeichnet er Bahnen und Linien in der Luft. Dann läßt er die Kette über die Bettdecke kriechen, indem er einfach daran zieht. Und jetzt läßt er sie von verschiedenen Höhen herunterfallen. So untersucht das Kind durch aktives Erproben immer neue Möglichkeiten.

Das Kind erprobt nacheinander verschiedene Möglichkeiten. Es untersucht, was man alles mit einem Gegenstand machen kann. So entdeckt es, daß man einen Ball mit zwei Händen werfen kann oder mit einer, daß man ihn durch Anstossen zum Rollen bringt. Es läßt den Ball fallen aus geringer Höhe, aus großer Höhe, und es verfolgt dabei mit den Augen, wohin der Ball rollt. Immer wieder setzt es den Deckel auf die Milchkanne, einmal leise, einmal lärmend, einmal fest und einmal locker. Es versucht dasselbe mit anderen Gegenständen und entdeckt, daß diese nicht auf die Kanne passen. Durch *aktives Erproben* versucht das Kind, eine Vorstellung von den Gegenständen und den Mittel-Zweck-Zusammenhängen zu erlangen. Langsam entsteht das Bewußtsein für die *Regel*, daß man mit bestimmten Gegenständen (Mittel) oder durch bestimmte Handlungen (Mittel) einen bestimmten Zweck erreichen kann.

Schritt 6: Spätestens in der Mitte des zweiten Lebensjahres kann das Kind offensichtlich während des Erprobens das Ergebnis seiner Handlung in der *Vorstellung* vorwegnehmen. Manchmal kann es sogar das Ergebnis einer Erprobung geistig erkennen, ohne sie vorher ausprobiert zu haben. Bisher konnte es neue Spielmöglichkeiten mit einem Gegenstand nur durch aktives Erproben entdecken. Jetzt gelingt ihm das durch *Überlegung*.

Andreas, 1;4, sitzt am Küchentisch. Vor ihm stehen ein leerer Teller und ein Löffel. Er wartet auf das Essen. Dabei sieht er einen Keks, den er allerdings mit der bloßen Hand nicht erreichen kann. Er könnte sich vielleicht auf den Stuhl stellen. Doch da fällt sein Blick auf den Löffel. Nun nimmt er den Löffel, um damit den Keks an sich zu ziehen. Mit sichtlichem Vergnügen nimmt er den Keks in die Hand und beißt hinein.

Wenn wir ein Kind in diesem Alter während des Denkens beobachten, können wir oft sehen, wie sich plötzlich sein Gesicht erhellt. Es schaut den Gegenstand an, plötzlich lächelt es. Offenbar hat es durch Nachdenken eine Lösung gefunden. Dieses plötzliche Verstehen hat der Psychologe Karl Bühler als *Aha-Erlebnis* bezeichnet. Die geistige Fähigkeit, sich Mittel-Zweck-Zusammenhänge vorstellen zu können, hat eine kleine Vorgeschichte. Etwa zwischen dem sechsten und achten Lebensmonat entdecken die Kinder nämlich, daß ein Gegenstand auch dann noch vorhanden ist, wenn man ihn nicht mehr sieht. Sie suchen danach, wenn er versteckt wurde. Jüngere Kinder zeigen keinerlei Beachtung, sobald sie einen vorher interessanten Gegenstand aus den Augen verlieren. Jetzt dagegen behalten sie den Gegenstand im Sinn und versuchen, ihn wieder zu erlangen. Das bedeutet, daß sie eine innere Vorstellung von dem Gegenstand haben. Diese Fähigkeit, die Vorstellung eines Gegenstandes zur Verfügung zu haben, wird auch Objektpermanenz genannt. Allerdings ist diese Vorstellung noch an die gegebene Situation gebunden. Die Fähigkeit, eine geistige Vorstellung von Dingen und Personen zu haben bildet die Voraussetzung für:

- die Bildung von *Begriffen*

- die *Vorstellung* von Mittel-Zweck-Zusammenhängen

im Bezug auf ein Handlungsergebnis.

Zusammenfassung

Wie baut sich das intelligente Verhalten auf? Die *übende Betätigung* der Reflexe, z.B. des Saugens, führt dazu, daß das Reflexverhalten auf neue Situationen erweitert wird. Das ist der Durchbruch der starren Reiz-Reaktions-Beziehung. An ihre Stelle tritt das Verstärkungslernen. Zufällig gelangt der Säugling an neue Verhaltensweisen und entdeckt erste *Mittel-Zweck-Zusammenhänge*, durch Strampeln (Mittel) kann ein Glöckchen zum Läuten (Zweck) gebracht werden. Dieses Verhalten wird wegen der erzielten Wirkung verstärkt. Dann lernt das Kind, ein *Zwischenziel* zu setzen und zwei Teilhandlungen in der richtigen Reihenfolge durchzuführen. Durch aktives Erproben und durch geistiges Vorstellen werden immer wieder neue Mittel-Zweck-Zusammenhänge gefunden. Die Gegenstände müssen im Blickfeld liegen.

Fragen: (1) Mit welchen angeborenen Reaktionsweisen beginnt die geistige Entwicklung des Menschen und was geschieht zu Beginn? (2) Schildern Sie ein Beispiel für die Entdeckung eines Mittel-Zweck-Zusammenhangs. (3) Wie kann ein Mittel-Zweck-Spiel verstärkend wirken? Schildern Sie ein Beispiel. (4) Beobachten Sie ein Kind bei einem der Entwicklungsschritte innerhalb der Stufe der sensumotorischen Intelligenz.

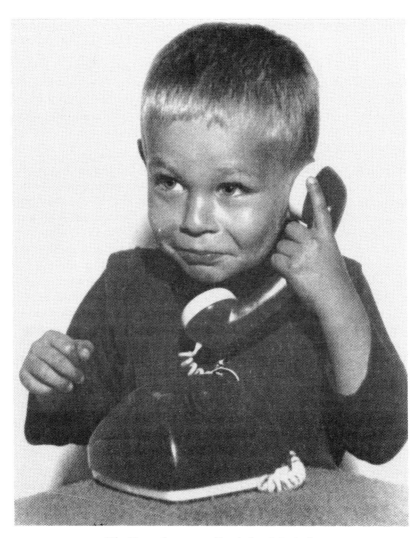

Die Erwachsenenwelt wird spielerisch
durch Nachahmung erkundet. (Andreas, 3 Jahre)

5.3.2 Vorstellen und Nachahmen

Im Alter von 1;6 bis 2;0 Jahren setzt die 2. Hauptstufe der geistigen Entwicklung des Kindes ein: das anschauliche Denken. Dieser Abschnitt dauert etwa bis zum vierten Lebensjahr. Die Fähigkeit, sich einen Handlungsablauf und sein Ergebnis geistig *vorstellen* zu können, eröffnet völlig neue Lernmöglichkeiten. Mit zwei typischen Entwicklungen wollen wir uns beschäftigen:

Die *ersten Handlungsvorstellungen* sind einfach. Sie bestehen aus zwei Schritten oder Teilhandlungen: ein Spielzeug soll herangeholt werden (Ziel). Da ein Stock im Blickfeld liegt, nimmt das Kind zuerst den Stock (erste Teilhandlung) und angelt nach dem Spielzeug (zweite Teilhandlung). Voraussetzung ist die Kenntnis des Mittel-Zweck-Zusammenhangs: Mit einem Stock (Mittel) läßt sich ein Ding heranholen (Zweck). Außerdem muß die richtige Reihenfolge der beiden Teilhandlungen klar sein. Nach und nach kann sich das Kind längere Handlungsreihen vorstellen. Allerdings müssen die Dinge, die zu den einzelnen Teilhandlungen nötig sind, in der Nähe sein. Die Teilhandlungen ergeben sich dann jeweils Stück für Stück. Dies gelingt sogar, wenn das Kind die eine oder andere Teilhandlung noch gar nicht selbst ausführen kann. So kann es sich z.B. vorstellen, daß vor Verlassen der Wohnung Schuhe und Jacke angezogen werden sollen. Es holt also die Schuhe und setzt sich auf einen Hocker, um auf die Hilfe der Mutter zu warten. Mit ihrer Unterstützung schlüpft es dann in die Schuhe. Anschließend wartet es wieder, bis die Mutter die Schnürsenkel gebunden hat. Dann steht es alleine auf und geht zur Garderobe, um auf das Anziehen der Jacke zu warten. Diese ziemlich lange Reihe von Teilhandlungen gelingt anfangs nur im Rahmen der ganzen Handlung. Die Mutter fragt oft: "Was kommt jetzt?". Bis zum Beginn des Kindergartenalters mit drei Jahren kann das Kleinkind ganz gut auf Befragen die richtige Reihenfolge erzählen. Wenn es in den Kindergarten geht, ist ihm eine solche Reihe von Teilhandlungen selbstverständlich verfügbar. *Es ist wichtig zu erkennen, daß ein Kleinkind etwa zwischen zwei und vier Jahren fähig wird, Reihen von Teilhandlungen und ihr Ergebnis geistig vorwegzunehmen und zielgerichtet auszuführen.*

Die *zweite bedeutende Lernmöglichkeit* tut sich durch die Fähigkeit des Vorstellens auf: Bisher hatte das Kleinkind auf der Stufe des aktiven Erprobens durch Zufall irgendeine Wirkung entdeckt. Wenn es diese Wirkung erstrebenswert fand, wurde das Verhalten wiederholt. Das ist Lernen durch *Verstärkung* der durchgeführten Handlung. Jetzt eröffnet sich eine völlig neue Lernmöglichkeit: Das Kind *beobachtet* ein Verhalten, das es vorher nicht kannte und merkt sich den Ablauf. Etwas später ahmt es dieses Verhalten nach. Diesen Vorgang nennen wir *Lernen durch Nach-ahmung* oder Lernen am Vorbild. *Das Lernen durch Nachahmung ist erst möglich, wenn dem Kind die geistige Vorstellung gelingt.* Das ist ab 1 1/2 bis 2 Jahren der Fall.

Wenn zum Beispiel die ältere Schwester etwas vortanzt, versucht das jüngere Kind die Bewegungen nachzuahmen. Gelegentlich wird sogar versucht, eine Tänzerin im Fernsehen nachzumachen. Der zweijährige Stefan sieht, wie sein Vater irgend etwas hämmert. Er geht und reicht ihm die Nägel, einen nach dem anderen. Stefan findet das wunderbar. Am nächsten Tag wird beobachtet, wie Stefan selbst mit einem geeigneten Gegenstand als Hammer spielt. Er klopft an einem Spielzeugauto und "repariert" es.

Später werden besonders gern die *Tätigkeiten der Eltern* spielerisch nach-geahmt, etwa wenn die Kinder Mutter und Kind oder Kaufmann spielen.

Verhalten wird auch durch Tiere nachgeahmt. Eine Katzenmutter veranstaltet mit den Jungen Fangenspielen. Dabei lernen sie durch Nachahmung das Anschleichen, das Abwarten und das plötzliche Springen. Viele Tiere können Gehörtes mit der eigenen Stimme nachahmen, wie z. B. der Papagei und der Beo. Schimpansen haben eine besondere Freude am Nachahmen von Gesten und Grimassen.

Es ist völlig falsch, Kindern das Nachahmen zu verbieten. "Affen machen alles nach" ist eine dumme Redensart. Weil Kinder gern und alles nach-ahmen, dürfen Erwachsene sich nicht wundern, wenn auch ihre schlechten Gewohnheiten nachgeahmt werden. In diesem Lebensalter werden sogar Gefühle nachempfunden. Wenn der Erwachsene beim Anblick eines Hun-des Angst zeigt, wird das Kind, das gewöhnlich keine Angst vor Tieren hat, ebenfalls beim Anblick eines Hundes ängstlich reagieren. Vielfach wird auch unabsichtlich nachgeahmt. Das Kind ist sich seines Nachah-mens oft gar nicht bewußt. Aber auch Erwachsene neigen zu unabsicht-lichem Nachahmen. Man braucht ihr Verhalten nur an einer Verkehrs-ampel zu beobachten oder ihr Verhalten beim Kauf neuer Kleidung oder eines Autos. Was gerade "Mode" ist, finden viele besonders schön, ohne eine Begründung dafür abgeben zu können. *Das offensichtliche Bedürf-nis nach Nachahmung oder nach Vorbildern können Erwachsene in der Erziehung ihrer Kinder geschickt nutzen.* Sie müssen die Kinder mög-lichst oft an Unternehmungen teilnehmen lassen, z.B. beim Kochen und Backen, beim Säubern und Aufräumen, bei der Pflege jüngerer Geschwi-ster, bei der Pflege von Haustieren, beim Basteln, Malen und Musizieren.

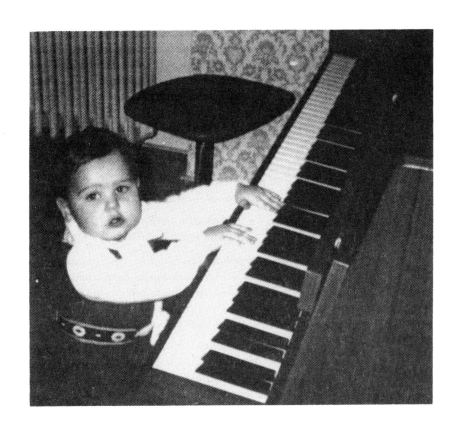

"Früh übt sich....!"

Die *Art der Vorstellungen* ändert sich. Am Anfang sind die Vorstellungen recht einfach. Nach und nach werden Handlungen, Teilhandlungen und die Ergebnisse von Handlungen, die sich Kinder vorstellen können, immer komplizierter. Schließlich kann sich das Kleinkind so komplizierte Vorgänge vorstellen wie: mit einem Auto in die Stadt fahren oder zum Einkaufen gehen. Dazu braucht es allerdings rund zwei Jahre, etwa 2;0 bis 4;0.

In seiner Vorstellung versucht das Kind, die Dinge und Tätigkeiten, die es in seiner Umgebung sieht, nachzumachen. Es spielt fliegen, einkaufen und vieles mehr. Wenn das Kleinkind einen Radiergummi in die Hand nimmt, wie ein Motor brummt und ihn von der Tischplatte abhebt, spielt es Flugzeug. Hier wird der Radiergummi nicht wie ein Abbild behandelt, sondern wie der Gegenstand selbst, d. h. als *Symbol.*

Der dreijährige Andreas geht zum Bäcker und verlangt eine Schnecke. Zum Zahlen öffnet er seine Ledertasche, kramt einige Steine heraus und legt sie der verdutzten Verkäuferin auf den Ladentisch. Er behandelt die Steine wie den gemeinten Gegenstand selbst, nämlich als *Symbol.*

In der Regel können Erwachsene zwischen dem eigentlichen Gegenstand und dem Symbol unterscheiden. Allerdings gilt etwa das Beschmutzen einer Nationalflagge als Verunglimpfung und wird strafrechtlich geahndet. Ähnliches gilt für religiöse Handlungen. *Kinder vollziehen die Trennung zwischen Symbol und wirklichem Gegenstand anscheinend nicht immer deutlich.*

Für die kleine Heike, drei Jahre alt, war Papas Füllfederhalter ein Vogel. Er wurde gefüttert, mußte im Vogelnapf trinken und kam zum Schlafen in den Käfig. Als der Papa ohne etwas zu ahnen den Füller in die Schreibtischschublade legte, weinte sie sehr. Sie behauptete, ihr kleiner Vogel müsse nun ersticken und bestand darauf, daß Papa den Füller in den Vogelkäfig legte. Einige Tage darauf behandelte Heike den Füller wieder wie einen Füller. Inzwischen beschäftigte sie sich mit einem anderen Spiel.

Durch die Symbolhandlungen lernt das Kind im Spiel, was der Erwachsene mit den Dingen macht. Es lernt die Funktion im eigenen Nachahmen. Im Flugzeugspiel wird ihm langsam deutlich, was das Fliegen eigentlich ist. Während es sich aus Stühlen ein Auto baut und damit "fährt", macht es sich die Funktionen eines Autos klar. Wenn es einen Gegenstand als Hammer benutzt und an seinem Spielauto hantiert, erfaßt es die Funktion des Werkzeugs Hammer und es arbeitet daran, was es bedeutet, ein Auto in die Werkstatt zu bringen. So lassen sich die Symbolhandlungen im Rahmen des Nachahmungslernens auffassen.

Zusammenfassung

Bis etwa 1 1/2 oder 2 Jahren gelingt es dem Kind, das Ergebnis von Mittel-Zweck-Spielen geistig vorwegzunehmen. Dabei lernte es auch, Zwischenziele zu setzen und etwa Teilhandlungen in der richtigen Reihenfolge durchzuführen. Allerdings mußten alle nötigen Gegenstände *in seinem Blickfeld* liegen. Jetzt lernt das Kind (a) mehr als Teilhandlungen in die richtige Reihenfolge zu bringen, falls ihm das Ziel der Gesamthandlung (z.B. Ausgehen) klar ist und falls die Gegenstände in der Nähe sind. Und es lernt (b) nach *Beobachtung* eines *Vorbilds*, eine Handlung *nachzuahmen*. Voraussetzung ist die Fähigkeit, sich etwas *vorstellen* zu können. Tätigkeiten von Erwachsenen können symbolisch nachgeahmt werden. Mit Beginn des Kindergartenalters ist das Kind fähig, den Zusammenhang von Mittel und Zweck als *Regel* zu erkennen und das Ergebnis einer Handlung in der Vorstellung geistig vorwegzunehmen. Die vorherrschenden Lernarten sind das *Verstärkungslernen, Erproben und das Nachahmungslernen.*

Fragen: (1) Was heißt Lernen durch Nachahmung? (2) Was ist die geistige Voraussetzung des Nachahmungslernens? (3) Was ist neu in der geistigen Voraussetzung des Nachahmungslernens? (3) Was ist neu in der geistigen Fähigkeit des Zwei- bis Dreijährigen? (4) Beobachten Sie ein Symbolspiel und beschreiben Sie es.

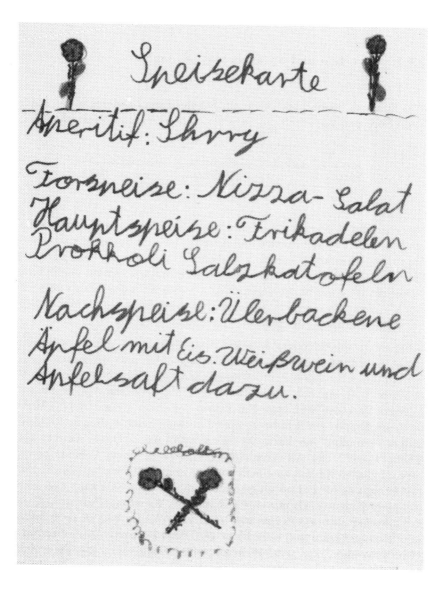

Ein neun Jahre alter Junge übernimmt
die Sprechsprache als Schriftsprache.

5.4 Spracherwerb und Sprachentwicklung

5.4.1 Sprechen und Sprache, was ist das?

Was läßt sich beobachten, wenn ein Schüler einem anderen etwas sagt? Beim Sprechen vermittelt ein *Sprecher* dem *Hörer* eine *Nachricht*.

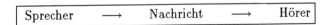

| Sprecher | ⟶ | Nachricht | ⟶ | Hörer |

Sprecher und Hörer tun etwas gemeinsam. Sie könnten miteinander spielen oder arbeiten. Wie Spielen und Arbeiten ist auch Sprechen eine *Handlung*. Um miteinander sprechen zu können, benutzen wir eine *Sprache*. Sie ist das *Mittel*, womit eine Nachricht vermittelt werden kann. Eine Nachricht ist etwa die Aussage: "Heute regnet es" oder "Helga liest ein Buch". Wenn wir sprechen, verfolgen wir meist einen *Zweck*. Wir wollen beim Hörer etwas bezwecken. Wir haben eine *Absicht*.

Schauen wir uns folgenden Satz an: "Helga liest jeden Monat ein Buch". Dieser Satz kann ganz einfach eine *Aussage* über einen wirklichen Sachverhalt darstellen. Er kann aber auch einen *Zweck* oder eine *Absicht* ausdrücken, z. B. ein Lob, einen Tadel, eine Lüge. Welche Absicht mögen folgende Personen verfolgen: Ein Lehrer vor seiner Klasse, Helgas Mutter beim Lehrer, ein Schüler zu einem anderen Schüler, Helgas Rivalen, Helgas Freundin? *Wer* bezweckt *was* mit dem Satz: "Dieses Auto kostet 4000.– Mark"? Der Altwarenhändler sagt es zu einem Freund, zu einem möglichen Käufer, zu einem Journalisten, zur Gewerbeaufsicht. Ein Käufer sagt es zur Polizei, zu einem Freund usw. Ein Satz kann also sehr viel mehr bedeuten als nur eine Feststellung. *Es ist ein Unterschied, ob der Sprecher ein Auto kaufen will, ob er es verkaufen will, ob er es loben oder damit angeben will oder ob er den Preis kritisieren will. Der Satz kann auch eine Lüge sein.* Vielleicht will der Sprecher bezwecken, daß der Hörer meint, das Auto sei billig, obwohl es wegen seines schlechten Zustandes viel zu teuer ist.

Der Sinn eines Satzes kann also erst richtig gedeutet werden, wenn wir wissen, wer der Sprecher ist und was er gerade bezweckt. Die volle Deutung gelingt uns erst, wenn wir den Sinn der Handlung verstehen. So ist das Sprechen meist Teil einer Handlung mit Sinn und Zweck innerhalb einer Situation. Da es Handlungen ohne Anwendung von Sprache gibt, könnten wir beim Sprechen von einer Sprechhandlung reden.

Der Begriff Handeln ist vom Begriff des Verhaltens zu unterscheiden. Ein Verhalten kann zweck- und sinnfrei sein. Eine Handlung ist stets auf ein Ziel gerichtet und mit einem Zweck verbunden, während ein Verhalten spontan auftreten kann.

Mit einer Handlung bezweckt man etwas, vielleicht will man einen Nachbarn erheitern, einen Lehrer nervös machen, etwas einkaufen oder eine Auskunft einholen. *Die Sprache ist lediglich das Mittel, das wir benutzen, um den Zweck der Handlung zu erreichen.* Wenn wir eine Sprache lernen, müssen wir mehr lernen als nur Wörter. Wir müssen Sätze bilden können. Dazu müssen die Wörter in die richtige Reihe gebracht und entsprechend verändert werden. Schon ein einziger Laut kann den Sinn eines ganzen Satzes verändern (z. B. er lacht, lacht er). Wir alle wenden beim Sprechen viele grammatische Regeln an, ohne uns dessen stets bewußt zu sein. Manch einer wendet die Regeln an, ohne die Grammatik überhaupt zu beherrschen. Eine Sprache besteht also aus Wörtern, die miteinander in einer bestimmten Beziehung stehen. Wörter sind Träger von Bedeutungen. Sie bezeichnen Dinge, Personen und Ereignisse. Die Sprache ist ein System von Zeichen, das zwecks Vermittlung von Nachrichten benutzt wird.

Zusammenfassung

Ein Gespräch miteinander führen ist - wie Spielen oder Arbeiten - *Handeln.* Sätze haben meist einen *Zweck.* Sinn und Zweck von Sätzen können oft erst richtig verstanden werden, wenn der Sprecher und die Begleitumstände, in denen er spricht, bekannt sind. Die Sprache ist ein *Zeichensystem.* Dieses Zeichensystem wird zur Vermittlung von Nachrichten meist mit einem bestimmten Zweck benutzt.

Fragen: (1) Erklären Sie, warum Sprechen zweckgerichtetes Handeln ist. (2) Erläutern Sie, warum wir den Sprecher und die Begleitumstände oft kennen müssen, um das Gesprochene richtig deuten zu können. (3) Manche Tierarten können sich verständigen. Können sie auch lügen? Begründen Sie, warum (nicht). (4) Warum nennen wir eine Sprache ein Zeichensystem?

5.4.2 Die Entwicklung des Sprechens

Die Stimme eines Menschen ertönt erstmals bei seinem Geburtsschrei. Von da bis zum ersten Wort ist ein langer Weg, dessen Ziel nach etwa einem Jahr erreicht wird. Mit diesem ersten Wort beginnt der eigentliche Erwerb der Sprache und ihre Entwicklung.

Die folgende Tabelle zeigt, wieviele von 46 Kindern in welchem Lebensmonat ihr erstes "Wort" äußern. Deutlich ist die weite Streuung zu erkennen: Während einige Kinder bereits mit 8 Monaten ihr erstes Wort äußern, sind andere erst mit 14 Monaten und später so weit:

Tabelle: In welchem Alter tritt das erste "Wort" auf? (nach Charlotte Bühler)

Monate	Anzahl der Kinder, die das erste Wort sprechen
8	6
9	3
10	7
11	13
12	6
13	5
14	5
14	5
15	4
16	1
17	1
18	1

Welches Wort als erstes erscheint, ist sehr unterschiedlich. Gewöhnlich ist es "Mama" oder "hamham" oder "brumm" für Auto oder der Name eines Geschwisters. In jedem Fall ist der Umfang der Bedeutung sehr weit. Die Kinder wissen viel mehr, als sie sprachlich ausdrücken können. Das erste "Wort" bezeichnet eine Handlung oder ein Bedürfnis. "Hamham" heißt etwa: "Da ist das Essen" oder "Ich habe Hunger". *Die ersten Wörter werden wie ganze Sätze gebraucht.* Der deutsche Psychologe

William Stern führte 1907 dafür den Ausdruck *"Ein-Wort-Satz"* ein. Ein *Ein-Wort-Satz bezeichnet stets eine ganze Handlung.*

Mit 1 1/2 Jahren beherrscht das Kleinkind um die fünfzig Wörter oder Ein-Wort-Sätze. Bald benutzt das Kind zwei Ein-Wort-Sätze in loser Verbindung: Es sagt "Mama", um auszudrücken, das Kind will etwas haben. Dann nennt es den Gegenstand seines Wunsches "Ball", greift danach und stößt ihn an. Schließlich spricht es *Zwei-Wort-Sätze:* "Mama Ball" - "Papa Hut". *Auch die Zwei-Wort-Sätze bezeichnen ganze Handlungen.* Das Kind versteht wesentlich mehr als es spricht.

Mit etwa 2 1/2 Jahren werden Wörter und Wortfolgen, also *Mehr-Wort-Sätze ganz bewußt als Verständigungsmittel eingesetzt.* Allerdings ist das Verständnis für Außenstehende schwer. Das hat mehrere Gründe: Manche Laute kann das Kind noch nicht aussprechen. Es neigt dazu, die Aussprache zu vereinfachen. Ein weiterer Grund: Es kann die Wörter noch nicht immer richtig beugen. Vielfach verwendet es das Denkprinzip der Analogie. So bildet es die Formen "Ich habe geeßt" oder "Ich habe getrinkt", weil es ja auch heißt "Ich habe gesucht" oder "geträumt".

Oft betätigt es sich als Wortschöpfer. Der vierjährige Hartmut wollte ein Paddel benennen, ohne das Wort zu kennen. Er kombinierte passende Wörter, die ihm geläufig waren: Boot und Schippe (Schaufel) und sagte "Bootsschippe".

Mit der Sprachentwicklung verläuft auch die Entwicklung des Fragens. Am Anfang wird nach den Namen der Dinge und Personen gefragt: *"Was ist das?".* Dann werden die *Wo-Fragen* und schließlich die *Warum-Fragen* gestellt. Der Ausdruck *Fragealter* wird meist nur auf diese letzte Frage-Gruppe bezogen, die hauptsächlich im Alter von 4 und 5 Jahren auftritt. Tatsächlich beginnt das Kind aber schon früher Fragen zu stellen.

Die Sprachentwicklung ist - streng genommen - im Kindergartenalter nicht beendet. Auch später auf der Schule und in der Lehre lernt der Mensch immer wieder neue Wörter, seien es Mode-Wörter, die bald wieder verschwinden, seien es Fach-Wörter, die er sich im Rahmen einer Fortbildung aneignet.

Die Entwicklung des Sprechens

Alter	sprachliche Äußerungen
1 Jahr	mehrere sinnvolle Silben ("Wörter" in Kindersprache), z.b. "hamham" als "Ein-Wort-Satz" für Eßtätigkeiten oder zur Benennung von Eßbarem, Mama und Papa zur Benennung von Mutter und Vater; Nachahmung von Lautfolgen; versteht einige kleine Aufforderungen
1 1/2 Jahre	Kind versteht, daß alle Dinge einen Namen haben; Wortschatz nimmt rasch zu, bis zu 50 Wörtern; fragt nach Namen der Dinge, erste Zwei-Wort-Sätze wie "Papa Ball"; Kauderwelsch und Plappern (Babbeln) herrschen vor
2 Jahre	Drei-Wort-Sätze, später Mehr-Wort-Sätze; Wortschatz wächst schnell, etwa 50 bis 100 Wörter, Was- und Wo-Fragen; Kauderwelsch wird weniger; kommunikatives Verhalten steigt
2 1/2 Jahre	Sprache wird bewußt als Verständigungsmittel benutzt, 300 bis über 400 Wörter, Verneinungssätze, Fragesätze, Wörter werden gebeugt; Formen wie ich, mich, du; kein Kauderwelsch mehr, Sätze bestehen aus 2 bis 5 Wörtern
3 Jahre	Kind spricht richtige Sätze fließend, Wortschatz wächst schnell, 800 bis 1000 Wörter und mehr
4 Jahre	Sprache ist gut entwickelt, spricht gern und viel, Warum–Fragen
5 Jahre	Gebrauch der Grammatik im wesentlichen richtig, Interesse an neuen Wörtern, stellt viele Fragen
10 Jahre	beherrscht eine ausgefeilte Sprache

Zusammenfassung

In welchem Alter ein Kind das erste Wort spricht, ist sehr unterschiedlich. Die meisten Kinder sind 10 Monate alt. Das erste Wort hat eine sehr weite Bedeutung. Es steht meist für einen ganzen Satz. Dieser *Ein-Wort-Satz* bezeichnet eine Handlung. Mit 1 1/2 Jahren treten *Zwei-Wort-Sätze* auf. Mit 2 1/2 Jahren werden Wörter und Mehr-Wort-Sätze *bewußt als Mittel zur Verständigung* benutzt. Auch die Fragen haben eine typische Entwicklung: *Was, Wo, Warum?* Im Kindergartenalter kann sich das Kind gut verständigen.

Fragen: (1) Schreiben Sie auf, was die Ein–Wort–Sätze "mama" und "brumbrum" bedeuten können. (2) Geben Sie an, mit wieviel Monaten ein Kind das erste Wort sprechen kann. (3) Kinder sind Wortschöpfer. Geben Sie dazu ein Beispiel aus eigener Beobachtung oder nach Befragen.

5.4.3 Wie lernt das Kind sprechen?

Eine Fremdsprache lernen wir durch Vokabelpauken, d.h. durch häufiges Wiederholen von Wörtern und Sätzen. Doch unsere Muttersprache haben wir anders gelernt. Kinder haben eine Phase von mehreren Monaten, in der sie verschiedene Silben in "Kindersprache" plappern oder babbeln, ohne damit einen Sinn zu verbinden. Auch die ersten Wörter sagt das Kind, weil sie von der Mutter immer wieder vorgesagt werden. Dabei werden die Wörter von der Mutter nur bei bestimmten Gelegenheiten gesagt. Das Wort "hamham" erscheint nur im Zusammenhang mit Essen, das Wort "Papa" nur in Verbindung mit dem Vater. Im Lauf einiger Wochen nach dem ersten Geburtstag macht das Kind zwei Entdeckungen:

Zuerst lernt das Kind, daß Teilhandlungen und Handlungen sowie Gegenstände durch bestimmte Lautfolgen benannt werden. Es entdeckt, daß Dinge einen Namen haben. Ein Kind erwirbt die *Einsicht, daß Dinge einen Namen haben, ebenso wie Personen, Tätigkeiten und Ereignisse.* Ferner erkennt es, daß *bestimmten Lautmustern eine bestimmte Bedeutung zukommt.* Das ist anfangs ein *Unterscheidungslernen durch Verstärkung,* später ein *Lernen durch Einsicht.* So benutzt das Kind die Ein-Wort-Sätze zur Bezeichnung der Tätigkeiten und Personen.

Die vorherrschende Lernart ist die Nachahmung. Im Zusammenhang mit der Zubereitung des Essens und mit dem Füttern sagt die Mutter wiederholt "hamham". Das Kind ahmt dieses Wort nach und benutzt es zur Bezeichnug derselben Tätigkeit. Für den Erwerb der Zwei-Wort-Sätze ist es hilfreich, daß die handelnde Person im Satzbau stets an erster Stelle steht, die Handlung an zweiter. Sobald das Kind diese feste Ordnung aufgefaßt hat, ist es fähig, Zwei-Wort-Sätze zu formulieren, die es vorher nie gehört hatte. Nun kann es zur Bildung von Mehr-Wort-Sätzen übergehen. Dabei gewinnen mehr und mehr die Denkprozesse, und zwar die kindlichen Schlußfolgerungen, an Bedeutung. So bemerkt es u.a. die Beugung eines Tunworts zum Ausdruck der Vergangenheit und wendet sie an. Dabei könnten Fehler auftreten: "trinkte". Durch weiteres Unterscheidungslernen werden solche Fehler nach und nach vermieden, bis das Kind das gesamte Sprachsystem beherrscht.

Zusammenfassung

Wir lernten unsere Muttersprache nicht durch Pauken von Vokabeln. Weil die Mutter bei bestimmten Gelegenheiten stets dieselben Wörter wiederholt, gelingen dem Kind zwei Entdeckungen: (1) Dinge, Personen und Handlungen haben einen *Namen*. (2) Bestimmten Lautmustern kommt eine bestimmte *Bedeutung* zu. Neben dieser Einsicht ist die vorherrschende Lernart das *Lernen durch Nachahmung*. Mehr und mehr gewinnen *kindliche Schlußfolgerungen* an Bedeutung.

Fragen: (1) Worin unterscheidet sich das Erlernen der Muttersprache vom Erlernen einer Fremdsprache in der Schule? (2) Welche Entdeckungen macht das Kind zu Beginn des Spracherwerbs? (3) Beschreiben Sie drei Lernarten beim Spracherwerb.

5.4.4 Störungen der Sprachentwicklung

Durch *Verletzungen oder Erkrankungen im Gehirn* kann eine Sprech- oder Verständnisstörung entstehen. Bei der Sprechstörung versteht der Kranke, was andere sagen und erkennt alle Wörter, aber er kann sie nicht aussprechen (motorische Aphasie). Bei einer Verständnisstörung kann der Kranke Wörter und Sätze richtig nachsprechen, aber er versteht nicht, was er sagt (sensorische Aphasie).

Die Aussprache kann durch *Störungen im Lippen- und Gaumenbereich* (Hasenscharte, Wolfsrachen) behindert werden. Eine Sprechstörung ist auch das *Stottern.* Es kommt bei Knaben häufiger vor als bei Mädchen und tritt vorwiegend im 3. bis 5. Lebensjahr auf. Es gibt verschiedene Arten des Stottern und unterschiedliche Ursachen. Häufigste Ursache ist ein Eltern-Kind-Konflikt. Die *Umgebung* eines stotternden Kindes ist maßgeblich dafür verantwortlich, ob das Stottern lediglich eine vorübergehende Erscheinung bleibt oder ob es sich verfestigt. Denn das stotternde Kind fürchtet die Reaktion der Umgebung. Der Erzieher muß dafür sorgen, daß das Kind locker ist, lachen und singen kann, und daß es zu einer Gruppe gleichaltriger Spielgefährten gehört.

Der *Mutismus* ist eine Störung der mitmenschlichen Beziehung. Das Kind spricht nicht. Es könnte oder kann alles verstehen und sagen, aber es spricht nicht. Diese Störung ist keine Böswilligkeit oder Unart. Vielmehr ist das Kind seelisch gehindert zu sprechen.

Die vierjährige Renate mußte wieder, wie schon vorher für längere Zeit, in ein Krankenhaus. Es war vorauszusehen, daß sie sich weigern würde. Deshalb sagte man ihr, daß sie zu einer kurzen Untersuchung zum Arzt muß, während die Eltern draußen auf sie warteten. Aber die Eltern entfernten sich und das Kind mußte im Krankenhaus bleiben. Als die Eltern nach wenigen Tagen das Kind besuchten, sprach es mit ihnen kein Wort. Renate sprach mit Erwachsenen überhaupt nicht mehr. Mit Kindern sprach und spielte sie. Auch später daheim blieb dieses Verhalten bestehen. Die einzige Ausnahme machte Renate bei der Großmutter, die im Elternhaus lebte. Nun ergab das Gespräch mit dem Diplompsychologen, daß es eine Vorgeschichte gab: Die Mutter war berufstätig, obwohl der Vater genug verdiente. Aus beruflichen Gründen, sie war Pressefotografin, mußte sie häufig plötzlich die Familie verlassen, auch abends. Renate weinte jedes Mal. Deshalb schwindelte sich die Mutter meist heimlich aus dem Haus. (aus Schraml, 1980).

Zusammenfassung

Wir unterscheiden *Störungen des Sprechens* von *Störungen des Verständnisses.* Beide entstehen durch *Verletzung oder Erkrankung des Gehirns.* Die Aussprache kann durch eine Störung im Lippen- und Gaumenbereich behindert sein. *Stottern* ist oft durch einen Eltern-Kind-Konflikt verursacht und wird durch die Umgebung aufrechterhalten. *Mutismus* ist eine zwischenmenschliche Störung.

Fragen: (1) Wie unterscheiden Sie Sprech- und Verständnisstörungen? (2) Wie wird das Stottern aufrechterhalten? (3) Erläutern Sie den Mutismus an einem Beispiel.

5.5 Die Entwicklung des Spielens

5.5.1 Die Anfänge: Übungsspiele

Am Anfang ist nur der Erwachsene aktiv, der Säugling reaktiv. Die Mutter nimmt den Säugling auf, schaut ihm ins Gesicht, lächelt ihn an und spricht zu ihm. In ersten Mutter-Kind-Spielen stiftet die Mutter den Kontakt. Der Säugling reagiert schon nach wenigen Wochen. Im Alter von 2 Monaten wird der Säugling aktiv: Seine ersten Spiele sind Übungsspiele (Funktionsspiele). Er beschäftigt sich mit seinen Händen und Füßen, schaut sie lange an (Wahrnehmungsübung). Er steckt die Händchen in den Mund; sie lösen den Saugreflex aus. Das wird häufig wiederholt. Es ist ein *Übungsspiel der Reflexe.* Sobald die starre Reiz-Reaktions-Verbindung aufgelöst ist, kann das erste aktive Spiel entstehen. Nachdem er die Fähigkeit erreicht hat, *Auge, Hand und Mund zu koordinieren*, d.h. einen Gegenstand anzuschauen, zu greifen und in den Mund zu nehmen, beschäftigt er sich mit allen Dingen, die in seiner Reichweite liegen. Er steckt sie in den Mund, bewegt sie hin und her, betastet und untersucht sie mit Lippen und Händchen, knabbert daran und läßt sie fallen. Die Funktion dieses Übungsspieles besteht darin, die feine Bewegungsfähigkeit der Händchen zu üben, die Sinne zu schulen und zu koordinieren. Deshalb wird das erste Spiel des Säuglings auch das sensumotorische Übungsspiel genannt. Eines Tages geschieht etwas verblüffendes: Die Hinwendungsreaktion lenkt den Blick auf einen Gegenstand. Nachdem der Säugling ihn lange genug angeschaut hat, erkennt er ihn wieder. Der Gegenstand kommt ihm bekannt vor. Dieses *Wiedererkennen* muß ein überraschendes und lustvolles Erlebnis sein. Deshalb hat es eine *verstärkende Wirkung.* Immer wieder sucht der Säugling nach neuen Gegenständen. Hat er einen Gegenstand erkannt, freut er sich sichtlich. Schließlich kann er sich daran erinnern, ohne daß der Gegenstand in seinem Blickfeld liegt. Dieses Erinnern ist ein wirklich geistiger Vorgang, allerdings noch kein Denken.

Der Säugling macht eine weitere Entdeckung: Auf Strampeln im Kinderwagen ertönt eine Glocke. Durch dieses Ereignis wird das Strampeln verstärkt. Infolge der verstärkenden Wirkung wird das Verhalten "Strampeln" wiederholt. Später erfaßt das Kind auch geistig diesen Wenn-Dann-Zusammenhang. Es hat die erste *Mittel-Zweck-Beziehung* entdeckt. Damit tun sich völlig *neue Spielmöglichkeiten* auf. Am Ende des ersten Lebensjahres werden immer wieder neue Möglichkeiten erkundet und erprobt. Mit der Erweiterung der Bewegungsfähigkeit durch Krabbeln, Stehen und Laufen kann das Kind immer wieder neue, herrliche Spielsachen entdecken. Im Küchenschrank findet es Topf und Deckel. Der Deckel paßt. Das ist verblüffend. Immer wieder muß diese Entdeckung bestätigt werden. Außerdem läßt sich mit beiden Sachen wunderschön klingender Lärm erzeugen. Das Kind klatscht vor Begeisterung in die Hände, weil es selbst Geräusche machen kann. Die Übungsspiele auf den weiteren Entwicklungsstufen sind in anderen Spielarten integriert.

Zusammenfassung

Der etwa 2 Monate alte Säugling beginnt aktiv zu spielen. Das erste Spiel ist ein *Übungsspiel* (das sensumotorische Funktionsspiel). Das Wiedererkennen und die Entdeckung von *Mittel–Zweck–Zusammenhängen* sind zwei Ergebnisse der Übungsspiele. Gleichzeitig eröffnen diese Fähigkeiten völlig neue Spielmöglichkeiten.

Fragen: (1) Belegen Sie, daß Übungsspiele zu neuen Fertigkeiten führen, während neue Fertigkeiten neue Spielmöglichkeiten eröffnen. (2) Welche Spiele werden durch die Entdeckung der Mittel-Zweck-Beziehung ermöglicht?

5.5.2 Nachahmungs- und Symbolspiele

Das Kleinkind hat die Fähigkeit, Handlungsabläufe zu verinnerlichen. Es kann die Erfahrungen im Gedächtnis speichern und *Vorstellungen* von einzelnen Handlungsabläufen abrufen. Gleichzeitig verbessert sich ständig die Beweglichkeit. *In der Vorstellung können Kinder mit den Dingen hantieren und handeln.* Sie verstehen mit etwa zwei Jahren, daß die Vorstellungsbilder ebenso Gegenstände darstellen wie Wörter. So lassen sie die Puppe ein Stück Pappe als Brot essen, füttern sie aus dem leeren Teller mit Brei und legen sie schlafen. In solchen Als-Ob-Spielen oder *Symbolspielen* sind Kinder sehr erfinderisch. Ein Stück Papier ist ein Flugzeug, ein Stück Holz fährt als Auto durch einen Wald, der aus den Tisch- und Stuhlbeinen der Eßecke besteht. Bei diesen Symbolspielen kommt es dem Kleinkind nicht auf wirklichkeitsgemäße Nachbildung der Spielsachen an, vielmehr genügt es, wenn einige für das Kind wesentliche Merkmale vorhanden sind. Erst gegen Ende des Kleinkindalters legt es auf wirklichkeitsgetreues Spielzeug Wert.

Nach Besuch eines Flugplatzes nimmt Andi einen Radiergummi, brummt wie ein Motor und läßt ihn wie ein Flugzeug von der Tischplatte abheben. Stefan staubt einen Stuhl mit einem Stück Papier ab. Gertrud setzt ihre Puppe auf einen Stuhl am Küchentisch. Einige Kissen werden als Unterlage benutzt, damit die Puppe auf den Teller schauen kann. Sie wird gefüttert. Der Teller ist leer, aber Gertrud löffelt, als wäre wirklich Brei im Teller. Sie spricht mit der Puppe, füttert sie, wiegt sie dann im Arm und bringt sie schließlich im Kinderzimmer zu Bett. Das Licht wird ausgemacht und niemand darf hinein, um die Puppe nicht beim Schlafen zu stören. Wehe, wenn jemand unbedacht ins Kinderzimmer eilt!

Die bestimmende Lernart in dieser Phase ist das *Nachahmungslernen*. Dabei kommt es auf den Verstärker an. Dieser wird meist - bewußt oder nicht völlig bewußt - selbst gewählt. So werden Handlungen von bewunderten Personen nachgeahmt, interessante Handlungen und erfreuliche Ereignisse. In den Symbolspielen werden Tätigkeiten, die an arbeitenden Erwachsenen beobachtet wurden, nachgeahmt. *Durch dieses symbolische Nachahmen versucht das Kind, ein Verständnis von der Tätigkeit der Erwachsenen zu erlangen.*

Zusammenfassung

Sobald das Kind die geistige Fähigkeit zur inneren *Vorstellung* erlangt hat, kann es mit *Symbolspielen* die Tätigkeit der Erwachsenen nachahmen. Ein Symbolspiel ist ein Als-Ob-Spiel. Die bestimmende Lernart dieser Spiele ist das *Lernen* durch *Nachahmen*. Durch das symbolische Nachahmen versucht das Kind, Tätigkeiten der Erwachsenen zu verstehen, und Einsicht zu gewinnen.

Fragen: (1) Begründen Sie, daß die Fähigkeit des geistigen Vorstellens eine Voraussetzung für Nachahmungslernen und für Symbolspiele ist. (2) Symbolspiele haben zweifellos auch Übungsfunktionen. Welcher Unterschied besteht dennoch zu den bloßen Übungsspielen des Säuglings? (3) Erklären Sie die Funktion des nachahmenden Symbolspiels.

5.5.3 Gestaltungsspiele

Das Kleinkind spielt keineswegs nur in einer vorgestellten Welt. In vielen Spielen setzt es sich "handgreiflich" mit den Gegenständen auseinander. Die Kinder erkunden (explorieren) und erproben (experimentieren) die Dinge. Sie untersuchen deren Beschaffenheit, ihre Eigenschaften und schaffen etwas Neues. Das Kleinstkind hat z.b. mit einem Malstift bloß gekritzelt; manchmal hat es ein Blatt nach dem anderen vollgekritzelt (Übungs- und Funktionsspiele). Das Kleinkind dagegen *gestaltet*. Es malt Kringel, Kreise und Brezen und Würste. Es entdeckt sein eigenes Werk. Wenn es Klötze aufeinanderstellt, steht schließlich ein Turm vor ihm. Nun kann es ein Gebilde betrachten, das es selbst geschaffen hat. Damit verlagert sich das Gewicht im Spiel vom Tun auf das Ergebnis. Stolz zeigt es anderen, was es gestaltet und geschaffen hat. *Spiele erhalten ein Ziel. Das Kind plant absichtlich einen Erfolg.*

Damit erhalten Spiele eine völlig neue Eigenschaft und ähneln schon etwas der Arbeit des Erwachsenen. *Spiele werden zu absichtlich gesteuerten Handlungen.* Dieses Merkmal tritt im Kindergartenalter immer mehr in den Vordergrund. Typische Gestaltungsspiele sind Malen, Kneten und Bauen. Das dreijährige Kind versucht bereits, einen Menschen zu malen. Es malt den sog. Kopffüßler. An dieser Art der Darstellung des Menschen befinden sich die Arme und Beine am Kopf. Der Rumpf fehlt noch. Ebenso versucht es, mit Knetgummi Würste, Semmeln (Brötchen) und Tiere darzustellen. Anfangs entdeckt das Kind während des Gestaltens, daß das entstandene Gebilde etwas darstellt.

Später steht bereits zu Beginn das Ziel des Spieles fest. Dabei lernt es, wie man mit dem Material umgehen kann. Wenn man Knetgummi mit der flachen Hand auf einer Unterlage rollt, entsteht eine Wurst. Duch blosses Kneten kann diese ebenmäßige Form nicht erreicht werden. Wenn man die Bauklötze nicht genau aufeinanderstellt, kippt der Turm um. Auch das Handhaben einer Schere ist ziemlich schwierig und muß lange geübt werden. So verfeinert das Kind während des Gestaltungsspiels mehr und mehr seine motorischen Fähigkeiten. Gleichzeitig entdeckt es immer mehr Zusammenhänge. Es entdeckt, ohne daß dies ausdrücklich gesagt werden muß, nach und nach die physikalischen Zusammenhänge in seiner Umwelt. Dieses Entdecken kommt der Entdeckung von Naturgesetzen gleich.

Marion hat beide lieb:
den Kuschelteddy und den Clown.

Zusammenfassung

Im Unterschied zu den früheren Spielen will das Kleinkind etwas *gezielt gestalten* , mit einem Ergebnis. Somit kann es im Spiel *Erfolg oder Mißerfolg* haben. Auch das Gestaltungsspiel enthält - wie die früheren Spiele - Übungen.

Fragen: (1) Beobachten Sie ein Kind beim Gestaltungsspiel. Schreiben Sie ein Protokoll. (2) Was sind die wichtigsten Unterschiede zwischen Gestaltungsspiel und den früheren Spielen? (3) Was kann im Gestaltungsspiel geübt werden?

5.5.4 Spielzeug

Die Anforderungen an das Spielzeug verändern sich mit dem Alter. Der Säugling benötigt Anregungen zur Wahrnehmung und Gegenstände, die er mit seinen kleinen Händen und Füßen greifen und mit dem Mund untersuchen kann. Sein Spielzeug muß groß genug sein, um nicht verschluckt zu werden, und es darf keine spitzen Ecken haben, damit er sich nicht verletzt. Farben und Formen regen sein Sehvermögen an, Geräusche sein Gehör. Die Funktion dieses Spielzeuges liegt hauptsächlich in der *Übung der Sinne und der Beweglichkeit.*

Für das 1 1/2 bis 3jährige Kind eignet sich alles, womit es handgreiflich umgehen kann. Das Kind will etwas auseinandernehmen, zusammensetzen, aufreihen, nach Farben oder nach Formen ordnen, aufeinanderstellen, umwerfen und Geräusche erzeugen. Da das Kleinkind manchmal etwas tollpatschig ist und Bewegungsspiele liebt, eignet sich zierliches und zerbrechliches Spielzeug überhaupt nicht. So kann ein Plüschtier, dessen Augen nicht absolut fest eigenäht sind, äußerst gefährlich werden, weil das Kind sie abreißen und verschlucken kann. Wegen der Lust an der Bewegung eignen sich ab etwa 2;0 Schaukelpferd, Schubkarre, Kinderspaten, Eimer sowie stabiles Sandspielzeug, ein stabiles Dreirad oder Kinderauto und ein Handwagen.

Oft wird vergessen, daß ein Kleinkind Spielzeug für Bewegungsspiele unbedingt braucht. Verbote und Versagung des Dranges nach Bewegung führen zu Unlust und Niedergeschlagenheit. Natürlich ist Spielzeug beliebt, das Geräusche erzeugt, deshalb sollte man sich überlegen, ob man einem Kind in diesem Alter in einem Mietshaus eine Trompete schenkt. Unter Aufsicht kritzelt es gern mit Fingerfarben und mit stabilen bunten Stiften. Mit Knetgummi werden die Phantasie angeregt und ein Lustbedürfnis nach Kneten mit den Fingern gestillt. Jedes Kleinkind braucht

101

ein bewegliches *Kuscheltier* zum Liebhaben. Es schläft mit ihm in seinem Bett, es ist sein Freund, wenn es sich alleine fühlt. Ab zwei Jahren soll ein Kind unbedingt die Gelegenheit zu regelmäßigem Kontakt mit einem lebenden Tier haben.

Wenn das in der eigenen Wohnung nicht möglich ist, dann vielleicht in der Nachbarschaft. Ein Kaninchen oder ein Hund eignen sich, weil sie sauber sind, soziale Bedürfnisse haben und gerne schmusen. Das erste Bilderbuch kann angeschafft werden, sobald das Kind die ersten "Worte" redet. Es soll die Gegenstände aus seinem Lebensraum abbilden. Die Abbildungen müssen klar sein und die wesentlichen Merkmale der Gegenstände wiedergeben. Gegenstände wiederzuerkennen und zu lernen macht den Kindern großes Vergnügen.

Zusammenfassung

Der Säugling benötigt Spielzeug, das seine *Sinne* anregt. Er muß darauf beißen können, ohne sich zu verletzen. Das 1 1/2 bis 3jährige Kind benötigt Spielzeug, das es untersuchen, auseinandernehmen und umwerfen kann. Zerbrechliche Sachen sind gefährlich. Für seine ganz persönlichen Gefühle braucht das Kleinkind ein *Kuscheltier.* Ab zwei Jahren ist der Umgang mit einem *Tier* erforderlich. Oft wird vergessen, daß das Kleinkind Spielzeug für *Bewegungsspiele* braucht.

Fragen: (1) Gehen Sie in ein Fachgeschäft für Spielzeug und prüfen Sie, ob das Angebot für Zweijährige ungefährlich ist. (2) Geben Sie einen Überblick über typisches Spielzeug in verschiedenen Altersabschnitten bis zum 3. Geburtstag.

5.5.5 Das Spiel mit Gleichaltrigen

Gelegentliche Beachtung eines anderen Säuglings kann man schon im Alter von einem halben Jahr beobachten. Ein Jahr alte Kinder berühren sich gegenseitig, überlassen dem anderen kurzzeitig ein Spielzeug oder schreien, wenn ihm ein anderes gleichaltriges Kind ein Spielzeug weggenommen hat. Mit zunehmendem Alter nimmt das *Nachahmen des Verhaltens Gleichaltriger* zu. Die Nachahmung von Gesten, Mimik und Bewegungen soll schon im 3. Lebensmonat beobachtet worden sein. Mit 6. Monaten findet man Versuche, das Händeklatschen, Kopfschütteln oder Winken nachzuahmen. Im 2. Lebensjahr versuchen Kinder vielfach, das Verhalten der Erwachsenen nachzumachen; sie "telephonieren", "lesen", schlüpfen in die Schuhe des Vaters. Im Kleinkindalter werden die Gefühle anderer Kinder, mit denen sie zusammen sind, nachvollzogen. Weint ein Kind, tun sie es auch, ist es zornig, werden sie es ebenfalls, lacht ein anderes Kind, werden sie selbst lustig. Manche Kinder übernehmen sogar die Aussprache, Mundart oder die Sprachfehler eines Spielkameraden. Das Lernen durch Nachahmen von Gleichaltrigen hat bis ans Ende des Kleinkindalters einen hohen Stellenwert, es ist aber auch später noch bedeutsam.

Geschwister werden die besten Spielkameraden, wenn sie zur Gemeinschaft und nicht zur Konkurrenz erzogen werden. Wenn ein Kleinkind in einer Gruppe von Kindern aufwachsen kann, erlangt es schon mit zweieinhalb Jahren die Gruppenfähigkeit.

Zusammenfassung

Mit 6 Monaten ist die *Nachahmung Gleichaltriger* gut beobachtbar. Ab 2;0 wird von Gleichaltrigen vielerlei nachgeahmt, z.B. Mundart, Sprachfehler und Gefühle. Das gemeinsame Spiel mit Gleichaltrigen ist ab 2;6 bis 3;0 möglich.

Fragen: (1) Welche Lernart hat die größte Bedeutung im Umgang mit Gleichaltrigen? Geben Sie Beispiele. (2) Ab wann können Kinder gemeinsam spielen? (3) Wodurch kann die Fähigkeit zum gemeinsamen Spiel gefördert oder gehemmt werden?

5.5.6   Worauf müssen Erwachsene achten?

Der Erwachsene ist als *Anreger* des kindlichen Spiels unerläßlich. Er muß für ausreichenden Lebensraum, für Spielmöglichkeiten und Spielzeug sorgen. Das Kind benötigt unstrukturiertes Material, das es selbst gestalten kann (Sand, Bauklötze, Pappe und Knetgummi). Ebenso braucht es strukturiertes Material, das sich dazu eignet, die Tätigkeiten der Erwachsenen schöpferisch nachzuahmen. Es ist falsch, Kinder nur mit unstrukturiertem Material spielen zu lassen. Das Kind braucht Spielmaterial, um in die Welt der Erwachsenen hineinwachsen zu können.

Allerdings muß sich der Erwachsene auf die Funktion des Anbietens und des Anregens beschränken. Spiele dürfen nicht erzwungen werden. Umgekehrt bleiben Kinder ohne Angebot und Anregung in ihrer gesamten Entwicklung zurück. Das Kind und sein Spiel sollen nicht zwecks Lernarbeit verplant werden. Kinder lernen am besten, wenn sie, angeregt durch bestimmte Bedingungen, sich selbstbestimmend einer Sache zuwenden oder sich wieder abwenden, um andere Erfahrungen aufzunehmen. In diesem scheinbaren Mangel an Systematik liegt eine nicht leicht erkennbare, individuelle Systematik eingeschlossen. Die Befürchtung, daß Kinder ihre Zeit mit Spielen vertrödeln, ist unberechtigt. Kinder leisten während des Spiels eine ungeheuere Lernarbeit, ohne Zweck, Absicht oder Richtung angeben zu können. *Anregung* - nicht Aufforderung zum Spiel, Ermunterung zur Leistung, Hilfe bei der Durchführung und *Lob* durch den Erwachsenen sind unerläßlich.

Beschränkung des Erkundungsstrebens im Spiel, aus Angst vor Nachbarn oder vor Beschädigung von Gegenständen führen dazu, daß das Kind die Lust am Forschen und Untersuchen verliert. Ausreichende Möglichkeiten gehören zu den notwendigen Bedingungen für eine gesunde Entwicklung. Wo diese Bedingungen fehlen, entwickeln sich seelisch kranke Menschen.

- Kinder brauchen im Freien Raum, wo sie sich regelmäßig in einer überschaubaren Gruppe treffen. Das Kleinkind, das noch nicht in Gruppen spielt, benötigt diese Möglichkeit, um in eine ständige Kindergruppe hineinwachsen zu können. Dieser Platz muß zur Straße, wegen der damit verbundenen Gefahren, abgeschlossen sein. Auf diesem Platz haben sie die Erlaubnis, zu toben und zu schreien, damit sie ihren natürlichen Bewegungsdrang abreagieren können. Die üblichen Sandkästen in öffentlichen Anlagen sind völlig unzureichend.

- Ein Kleinkind benötigt in der Wohnung ein eigenes Zimmer oder zumindest eine eigene Ecke, wo es nach Lust spielen kann. Auch Freunde dürfen dort mitspielen.

- Kinder benötigen Zeit zum Spielen. Das Kleinkind spielt 6–7 Stunden am Tag.

- Das Kleinkind benötigt den Blickkontakt zur Mutter. Nachbarn und Hausverwalter verstehen oft nicht, daß ein Kind immer wieder die Mutter sucht. Es braucht die ständige Vergewisserung, daß die Mutter in der Nähe ist. Dieses Bedürfnis bleibt bis ins Kindergartenalter bestehen.

- Die Gesellschaft der Erwachsenen - nicht nur die Eltern - ist verpflichtet, Kindern die nötigen Spielbedingungen zu verschaffen. Andernfalls trägt sie die Verantwortung für Entwicklungsstörungen. Typische Folgen der Einschränkung von Kindern (und Jugendlichen) sind Unlust, Unruhe bis Aggressivität oder Kopfweh, Hemmung und Schüchternheit.

Zusammenfassung

Die Gesellschaft der Erwachsenen ist *verpflichtet*, für gute Spielbedingungen der Kinder zu sorgen (Raum, Zeit, Spielzeug). Der Erwachsene darf oder soll Spiele *anregen*, aber *nicht* eingreifen. Das Spiel soll nicht zwecks Lernarbeit verplant werden. Das Kinderspiel enthält eine *persönliche Systematik*. Wenn Kindern die nötigen Spielbedingungen fehlen, werden sie seelisch krank.

Fragen: (1) Diskutieren Sie, welche Folgen der Gesellschaft entstehen, wenn den Kindern die nötigen Entwicklungsbedingungen fehlen. (2) Wann müssen Kinder die Möglichkeit haben, mit Gleichaltrigen zu spielen? (3) Begründen Sie, warum ein Kind, das in seinem Bewegungsdrang oft eingeschränkt wird, unruhig bis aggressiv wird. (4) Strenge, Verbote und Schläge führen zu Schüchternheit und Hemmung. Warum?

5.6 Sauberkeitserziehung

Sauberkeits- oder Reinlichkeitserziehung bedeutet Erziehung zur Fähigkeit regelmäßiger Entleerung in die Toilette oder ins Töpfchen. Die Sauberkeit im weiteren Sinne wie Händewaschen, Zähneputzen usw. gehören wie das Ankleiden, Aufräumen etc. in den Bereich der Selbständigkeit. Die Reinlichkeit muß gänzlich gelernt werden. Was muß das Kind bei der Sauberkeitserziehung lernen? Das Kind muß die Kontrolle über die Ausscheidungsorgane, das sind die Schließmuskeln für Blase und Darm, lernen. Voraussetzung dafür ist die Fähigkeit, diese Schließmuskeln überhaupt wahrnehmen zu können. Außerdem muß das Kind geistig erkannt haben, daß seine Ausscheidung in die Toilette bzw. ins Töpfchen gehört.

Vorausetzungen für eine Reinlichkeitserziehung:
Damit eine Reinlichkeitserziehung eingeleitet werden kann, müssen verschiedene Voraussetzungen gegeben sein:

- Das Kind muß körperlich fähig sein, seine Blasen- und Darmschließmuskeln zu betätigen.

- Diese Muskeln müssen genügend weit entwickelt sein. Um sie willkürlich kontrollieren zu können, müssen die Nervenbahnen der Willkürmotorik für die Schließmuskeln voll ausgereift sein.

- Das Kind muß die Anleitungen, Ermutigungen und Forderungen der Mutter verstehen können. Dazu ist es kaum vor dem 18. Lebensmonat fähig (vgl. Sprachentwicklung).

- Das Kind muß einige Zeit sitzen können. Dazu gehören die entsprechenden körperlichen Voraussetzungen.

- Das Kind sollte die Gelegenheit haben, das Toilettenverhalten anderer Personen beobachten zu können. So ist ihm das Topfsitzen nicht mehr neu. Vielleicht kommt es sogar von sich aus mit dem Wunsch, auf dem Topf sitzen zu wollen.

Wenn alle vorgenannten Voraussetzungen erfüllt sind, kann die Reinlichkeitserziehung einsetzen. Bevor das Kind 18 Monate alt ist, sind die Voraussetzungen, Kontrolle über die Schließmuskeln zu haben, nicht gegeben. *Das Alter zwischen 1 1/2 und 2 Jahren ist die günstigste Zeit für eine Reinlichkeitserziehung.* Zurückgebliebene Kinder müssen ein entsprechendes Entwicklungsalter erreicht haben.

Die Fähigkeit zur Kontrolle der Schließmuskeln bei gesunden Kindern streut über einen Zeitraum von etwa 1/2 Jahr. Wird die Sauberkeitserziehung zu früh begonnen, dann zieht sie sich gewöhnlich über eine Zeitdauer von einigen Monaten hin. Wer schon im 1. Lebensjahr des

Kindes damit begonnen hat, laboriert meist noch im 3. und 4. Lebensjahr daran herum. Oft gibt es Rückfälle, und viele Kinder tragen die ersten psychischen Schäden davon.

Vorgehen: Eine Sauberkeitserziehung verlangt Geduld bei den Erwachsenen. Wenn der Erzieher die Reifung der körperlichen Voraussetzungen seines Kindes abwartet, wird die Sauberkeitserziehung in kurzer Zeit abgeschlossen sein. Zunächst muß dafür gesorgt werden, daß die Verdauungstätigkeit des Kindes einen regelmäßigen Rhythmus hat. Voraussetzung dafür ist eine ausgeglichene und gut gemischte Nahrung. Der Rhythmus der Entleerung muß durch Beobachtung bekannt sein. Es ist am sichersten, wenn der Erzieher die Ausscheidungszeiten etwa acht Tage beobachtet und notiert. Die weitere Erziehung läßt sich in drei Lernschritte einteilen.

Schritt (1): Der Erwachsene soll lernen, gut zu beobachten und sich richtig zu verhalten. Meist ist am Verhalten des Kindes beobachtbar, daß es sich entleeren möchte. Genau zu diesem Zeitpunkt soll es auf den Topf gesetzt werden. Meist folgt gleich anschließend reflexartig die Entleerung. Auf jeden Fall soll der Erzieher in unmittelbarer Nähe des Kindes bleiben, um mit ihm zu reden, es zu ermutigen und mit ihm zu scherzen. Kein Kind mag gerne allein bleiben. Die Abwendung wirkt wie eine Strafe. Deshalb darf man sich nicht wundern, wenn das alleingelassene Kind seinen Topf verläßt. Das Topfsitzen sollte von Anfang an mit einem sprachlichen Signal verknüpft sein. Während das Kind auf den Topf gesetzt wird, sagt der Erzieher zum Kind: "Peter, geh auf den Topf." So lernt das Kind nebenbei die sprachliche Aufforderung zu verstehen. Falls das Entleerungsverhalten gut beobachtet worden ist, können mehrere Topfsitzungen gelingen, ohne daß dem Kind die willentliche Kontrolle überhaupt möglich ist. Deshalb glauben manche Eltern, ihr Kind sei schon mit 12 oder 14 Monaten sauber. Das ist aber biologisch gar nicht möglich. Aus Unwissen werden sie ärgerlich, wenn ihr Kind "rückfällig" wird und strafen es. Sobald das Kind sich ins Töpfchen entleert hat, wird es gelobt. Nun kann zum nächsten Schritt übergegangen werden.

Schritt (2): Das Kind soll lernen, nur noch in den Topf bzw. in die Toilette auszuscheiden und nicht mehr in die Windeln. Sobald sich das Kind in den Topf entleert hat, *soll es gelobt werden*. Danach darf es die Spülung betätigen. Wenn das Kind sich regelmäßig in den Topf entleeren kann, geht man weiter zu:

Schritt (3): Das Kind soll lernen, sich bemerkbar zu machen, wenn es auf die Toilette oder aufs Töpfchen muß. Schon vorher hatte das Kind ja gelernt, "Peter, geh auf den Topf". Jetzt wird es mehrmals am Tag, am besten zu den üblichen Sitzungszeiten gefragt, ob es aufs Töpfchen muß, etwa: "Peter, mußt du auf's Töpchen?". Nach einigen Versuchen wird es von selbst sein Bedürfnis anmelden. Damit wäre die Sauberkeitserziehung im wesentlichen abgeschlossen. Falls diese Erziehung jedoch überhaupt nicht gelingen will, muß man sich mit einem Psychologen in Verbindung setzen.

Welche Auswirkungen hat die Reinlichkeitserziehung auf die weitere Entwicklung? Die *Reinlichkeitserziehung betrifft mehr als andere Erziehungsmaßnahmen den Körper des Kindes und seine Einstellung zu sich selbst.* Beim Topfsitzen "produziert" das Kind erstmals etwas aus sich heraus. Wird nun die Leistung des Kindes mit Ekel und Abscheu behandelt, dann wird es entsprechende Schlüsse für sich selbst ziehen. Wird die Reinlichkeitserziehung mit Strafe und Strafdrohung verbunden, dann kann die Erwartung von Strafe wegen der ganzheitlichen Selbstauffassung des Kindes auf die Geschlechtsorgane und nicht nur auf die Ausscheidung übertragen werden und später zur Hemmung seiner Sexualität führen. Eine strenge Reinlichkeitserziehung ist meist ein Hinweis auf eine insgesamt strenge und autoritäre Erziehung zu Sauberkeit und Ordnung.

Zusammenfassung

Die Erziehung zur Reinlichkeit auf der Toilette ist nur dann einfach, wenn die *Voraussetzungen* beachtet werden, das sind z.B. *Darm- und Blasenkontrolle und Sprachverständnis. Der Beginn ist erst mit 1 1/2 bis 2 Jahren sinnvoll.* Ein Vorgehen in Schritten hat sich bewährt. Irgendeine Strafe oder auch nur Strafandrohung kann böse Folgen haben. Sie betrifft das Selbstbild des Kindes und die Einstellung zum eigenen Körper.

Fragen: (1) Welche Voraussetzungen müssen vor Beginn einer Sauberkeitserziehung erfüllt sein? (2) Warum ist es ein schwerer Fehler, die Sauberkeitserziehung vor 1 1/2 Jahren zu beginnen? (3) Welche Spätfolgen wird eine falsche Sauberkeitserziehung vermutlich haben? (4) Lassen Sie sich von einer erfolgreichen Sauberkeitserziehung berichten. Hören Sie kritisch zu, denn dieser Punkt ist für viele Eltern mit Prestige geladen. (5) Geben Sie das hier geschilderte Vorgehen zur Sauberkeitserziehung genau wieder.

5.7 Frühkindliche "Sexualität" und Geschlechtserziehung

5.7.1 Entwicklung der Wahrnehmung des Geschlechts

Manche Kinder bringen sich durch Berührung ihrer Geschlechtsorgane oder durch Schaukelbewegungen in einen Zustand der Erregung. Falls das Kind oft an seine Geschlechtsteile greift, sollte geprüft werden, ob eine Entzündung vorliegt. Andere Maßnahmen der Erwachsenen sind nicht sinnvoll. Nur diejenigen Kinder, die sich oft selbst überlassen bleiben, sind gefährdet, sich an geschlechtliche Selbstreizung zu gewöhnen. Es kann dann vorkommen, daß sie später, etwa im Kindergarten, auch im Beisein anderer die Selbstreizung ausführen. Dieses Verhalten kann dann nicht einfach übersehen werden. Aber es wäre unsinnig, etwa mit Schimpfen, Reden und Strafandrohungen zu reagieren. Eine vorbeugende Ablenkung durch gemeinsame Tätigkeit mit dem Kind ist am wirksamsten. Für liebevolle Zuwendung muß gesorgt sein. Auf jeden Fall muß streng darauf geachtet werden, daß eine Koppelung von geschlechtlichem Verhalten und Angst zu vermeiden ist.

Im Alter zwischen 2;0 und 4;0 lernen die Kinder zunächst, zwischen Mann und Frau zu unterscheiden. Sie können dies anhand der unterschiedlichen Stimme, der Haartracht und Kleidung. Mit Hilfe von vorgelegten Bildern und Figuren läßt sich überprüfen, ob den Kindern diese Unterscheidung möglich ist. In dieser Zeit lernen sie auch, sich als Mädchen bzw. als Jungen zu bezeichnen. Erst jetzt haben die Kinder dazu die geistigen Voraussetzungen, weil sie begriffen haben, daß die Dinge der Welt sich gleich bleiben (Objektpermanenz). Sie interessieren sich auch mehr und mehr für ihren Körper. Sie schauen ihn an, betrachten und untersuchen ihn, zwicken, kitzeln, ziehen und stecken die Finger in die verschiedenen Körperteile. Nun vergleichen sie ihren Körper mit dem der Geschwister oder der Eltern.

Meist stellen sie ganz sachlich die Unterschiede zum gegengeschlechtlichen Elternteil fest. Vierjährige Kinder zeigen dieses Interesse vielleicht auch in ihren Malereien. Der vierjährige Michael malte einige Tage lang nur Frauen mit langen Haaren und deutlichen Brüsten sowie Männer mit Penis. *Nachdem ein Junge gelernt hat, daß er ein Junge ist und ein Mädchen das Entsprechende, bewerten sie alle Handlungen nach dem Schema männlich/weiblich:* "Das macht ein Junge - das macht ein Junge nicht; dieses tut man als Mädchen - jenes hat ein Mädchen zu unterlassen". So bevorzugen schon etwa 3–4 Jahre alte Jungen als Spielzeug Autos, Lastwagen, Pistolen und Gewehre, Cowboyhüte und mit 5–6 Jahren Flugzeug, Werkzeugkiste, Baukasten und Fußball. Mädchen bevorzugen mit 3–4 Jahren Kinderwagen, Puppe, Handtasche, Geschirr und mit 5–6 Jahren Puppenstube, Puppenkleider, Haushaltsgegenstände, Kosmetik usw. Es läßt sich beobachten, wie das Mädchen versucht, sich mit dem Vater zu verbünden und die Mutter auszuspielen. Manche vierjährige Mädchen spielen die weibliche Rolle ganz verblüffend. Die kleinen Jungen fühlen sich umgekehrt beim Schmusen ziemlich offen zur Mutter hingezogen, während sie gleichzeitig das männliche Verhalten am Vater nachahmen.

Im Kindergartenalter spielen die Kinder gerne "Vater und Mutter" oder Doktorspiele. Sie kleiden sich an und aus, untersuchen gegenseitig ihren Körper und mitunter auch ihre Geschlechtsorgane und betasten sich. Vor allem Einzelkinder, die keine Gelegenheit haben, ihre geschlechtliche Neugier an Geschwistern zu stillen, holen das in der Kindergruppe nach. Sobald sie festgestellt haben, daß auch die anderen Jungen wie Jungen aussehen, und die Mädchen ebenso, verlieren sich diese Spiele wieder. *Mit 6 Jahren setzen sich Jungen und Mädchen gegenseitig am deutlichsten ab.* Erst mit 15 Jahren werden die starren Rollenklischees durchbrochen.

Zusammenfassung

Mit 2 bis 4 Jahren lernen Kinder, Mann und Frau zu unterscheiden. Unterscheidungsmerkmale sind meist die Stimme, die Haartracht und die Kleidung. Anschließend erkennen sie sich als *Jungen und Mädchen*. Von da an bewerten sie Handlungen, Kleidung und Spielzeug nach dem *Schema "männlich/weiblich"*, sie spielen in gemischten Gruppen. Mit 6 Jahren setzen sich Mädchen und Jungen gegenseitig am deutlichsten ab. Erst mit 15 werden Klischees in Teilbereichen durchbrochen.

Fragen: (1) Wiederholen Sie die Entwicklung der Wahrnehmung der Geschlechter. (2) Diskutieren Sie, welche Merkmale (Kleidung, Schmuck, Verhalten) Sie als geschlechtstypisch betrachten und welche nicht. (3) Was würden Sie tun, wenn ihr eigenes Kind durch geschlechtliche Selbstreizung auffällt?

5.7.2 Ist "richtige" geschlechtliche Erziehung möglich?

Ist es richtig, die Fortpflanzung bildhaft zu erklären? Oder ist es besser, wie manche "modernen" Ratgeber meinen, die nackten Tatsachen zu zeigen und betasten zu lassen, die Scheide der Mutter und den Penis des Vaters? Ist geschlechtliche Aufklärung vielleicht sehr viel mehr als bloß die Vermittlung von Tatsachen? Erwachsene haben vielfach eine gebrochene Einstellung zu ihrem Körper. Das Geschlechtliche ist angeblich schmutzig und wird tabuisiert. Aufgrund einer in Bild und Schrift betriebenen Lockerung ist bei manchen Erwachsenen gegen ihre frühere Einstellung eine Gegenreaktion beobachtbar: Sie reagieren herausfordernd bis aggressiv mit Nacktheit. In Schwimmbädern, in öffentlichen Parks und anderswo stellen sie ihre Nacktheit herausfordernd dar. *Das Ziel einer Erziehung sollte die Fähigkeit sein, sich unbefangen mit dem eigenen und mit dem gegengeschlechtlichen Körper auseinandersetzen zu können, und Erfahrungen von Schmerz, von Lust und Liebe machen zu können.* Das Kind bringt dazu von sich aus die besten Voraussetzungen mit, wenn sie nur nicht vom Erwachsenen verdorben werden. Im Unterschied zum Erwachsenen hat das Kleinkind noch eine natürliche Einstellung zur Nacktheit. Es muß sie weder besonders betonen noch verstecken. Es ist dort nackt, wo es die Situation verlangt und zeigt ansonsten eine vorsichtige Zurückhaltung, eben eine natürliche Scheu.

So beschäftigt sich das Kleinkind mit seinem Geschlechtsteil genauso unbefangen wie mit anderen Körperteilen. Sein Erkundungsdrang richtet sich auf alle Körperstellen. Dabei entdeckt es vielleicht, daß das Berühren der Geschlechtsteile ihm Freude macht. Oder wenn zum Beispiel der dreijährige Achim im Kindergarten mit Staunen beobachtet, wie kleine Mädchen urinieren, dann ist das normal für sein Alter. Ebenso unbefangen richtet das Kind seine Aufmerksamkeit auf die Körperteile seiner Eltern, wenn es die Situation mit sich bringt. Diese natürliche Auseinandersetzung mit dem eigenen Körper verhilft dem Kind dazu, seinen Körper kennenzulernen und richtig zu benennen sowie angenehme Gefühle mit dem eigenen Körper zu verbinden.

Das Erziehungsziel, dem Kind die Unbefangenheit zu erhalten, erreichen die Eltern am besten damit, daß sie sich ebenfalls unbefangen verhalten. Wenn Vater oder Mutter mit dem zweijährigem Kind lustig in der Badewanne plantschen, erfaßt das Kind ganz nebenbei die Aufklärung, die für seine Entwicklungsstufe angemessen ist. Das ist ein vorbewußtes Vorbildlernen. Die Eltern sollten allerdings bedenken, daß sich die Einstellung ihrer Kinder mit fortschreitendem Alter ändert.

Beobachtungen an Kindern, die schonungslos aufgeklärt wurden, haben gezeigt, daß diese Kinder ähnliche Störungen haben wie diejenigen, die streng eingeschränkt werden, nämlich Angst und Schuldgefühle. *Die Goldene Regel lautet: Gib einem Kind Auskunt in der Form, die es versteht. Dazu muß man die geschlechtliche "Theorie" des Kindes kennen. Und beantworte nichts, was das Kind nicht gefragt hat!* Dazu muß der Erwachsene die Entwicklungsstufe seines Denkens begriffen haben. Die Aufklärung ist nicht leicht. Wohlgemeinte Ratschläge haben immer wieder zu Mißverständnissen bei den Kindern geführt. So hat die Auskunft "Der Vater pflanzt einen Samen in die Mutter" manch kluges Kind zu einer Art landwirtschaftlicher Theorie angeregt. Der fünfjährige Timm kaufte Samen und fragte die Mutter, wie nun daraus der kleine Bruder wachsen soll. Bei der Auskunft, daß das Kind im "Bauch" der Mutter wachse, denken die Kinder an den Magen. Wie kommt etwas da hinein? Natürlich durch Essen. Und wie hinaus? Natürlich durch die Ausscheidung. Diese Theorie des fragenden Kindes muß man kennen. Wenn als ein Kind fragt "Woher kommen die Kinder" sollte man wissen, welche Vorstellung das Kind schon hat. Die freundliche Frage "Was glaubst Du, woher die Kinder kommen?" wird uns darüber aufklären.

Der sechsjährige Klaus glaubt, daß der Vater operiert wird, um an den Samen heranzukommen, der dann bei der Mutter "an der richtigen Stelle eingepflanzt wird. - "Und wo ist das? - " Das ist die Frage" sagt Klaus. Ankes Theorie ist einfacher: "Zuerst holt der Arzt den Samen aus dem Vater heraus". - "Wie tut er das?" - "Woher soll ich das wissen! Dann macht er daraus eine Pille und die Mutter schluckt sie". Sie besitzt einen Kater und eine Katze mit drei Jungen. "Wie haben die Katzen ihre Jungen bekommen?" - "Die paaren sich einfach, das weiß man doch - aber Menschen tun das nicht".

Viele Kinder können nicht verstehen, daß ihre Eltern ein Geschlechtsleben haben. Dieses Unverständnis ist eine Folge schamhafter Erziehung. Schamhaftes Verhalten wird von Kindern durch Nachahmungslernen erworben. *Die wichtigste Erfahrung des Kindes für seine spätere Liebesfähigkeit ist die Erfahrung, selbst geliebt zu werden.* Diese Erfahrung kann nicht über Worte und Vorbildlernen gemacht werden. Daß ein Kind geliebt wird, erlebt es beim zärtlichen Streicheln durch Mutter und Vater, beim Schmusen und bei den vielen alltäglichen Liebesbeweisen, die es in einer Familie gibt.

Untersuchungen an Affen ergaben, daß Affenkinder, die von ihren Müttern nicht durch Zärtlichkeit auf ihr späteres Geschlechtsleben vorbereitet worden sind, im geschlechtsreifen Alter kein Interesse am anderen Geschlecht zeigen. Sie entwickeln sich zu mürrischen Junggesellen.

So geht also geschlechtliche Erziehung weit über die bloße Vermittlung von Tatsachenwissen hinaus. Das Mädchen, das als Mädchen geliebt wird und der Junge, der als Junge geliebt wird, sie können später als Frau und als Mann lieben.

Zusammenfassung

Die Fragen der Kinder sollten wahrheitsgetreu beantwortet werden. Sie müssen aber dem geistigen Entwicklungsstand des Kindes angemessen sein. Grundregel: Eine Frage soll stets auf der Ebene beantwortet werden, auf der sie gestellt ist. Durch die Art der Frage verrät das Kind, was es schon weiß oder ahnt und was es noch gar nicht begreifen kann. Der Erwachsene muß nicht von sich aus ein Aufklärungsgespräch anfangen. Es genügt, wenn er die Fragen des Kindes abwartet. Doch dann soll er sie ohne Zögern und unbefangen beantworten.

Fragen: (1) Geben Sie die Zusammenfassung mit eigenen Worten wider! (2) Wie lautet die Goldene Regel der geschlechtlichen Erziehung? (3) Wie können Sie sich über die Vorstellung eines Kindes zur Zeugung und Geburt Klarheit verschaffen? (4) Legen Sie dar, wie Sie Ihr eigenes Kind von zwei bis sechs Jahren langsam fortschreitend aufklären würden? (5) Welche Nachteile können aggressive Nacktheit und technische Aufklärung für ein Kind haben?

6 Entwicklung im Vorschulalter

6.1 Körper und Bewegung

Das typische Merkmal dieses Alters ist die *Gruppenfähigkeit* (3;0–3;6). Die meisten Kinder werden in einem Kindergarten aufgenommen und bleiben dort bis zum Schulbeginn.

Einige Tage vor ihrem dritten Geburtstag sagt Elfriede zu ihrer Mama: " Ich bin bald soo groß, dann nuckel' ich nie mehr am Daumen." An ihrem Geburtstag steigt sie in aller Frühe aus ihrem Bett und rennt zum Spiegel. Dort stellt sie sich erst auf das eine Bein, dann auf das andere und schaut sich prüfend an. Plötzlich saust sie ins Schlafzimmer und schreit ihren schlafenden Eltern ins Ohr: "Mami, Papi, ich bin drei, ich bin drei - aber ich sehe noch genauso aus wie gestern."

Das Kind ist jetzt zwischen 1 und 1,30 m groß. Der Körper ist typisch kleinkindhaft. Bis zu Beginn des Schulalters nähert sich die Körperform eines Teils der Kinder den Verhältnissen der Erwachsenen. Das Vorschulkind hat einen großen Kopf. Die Stirn ist im Verhältnis zum Untergesicht groß und meist steil. Der Rumpf ist rund und ohne Taille, so daß es keinen Gürtel tragen kann. Arme und Beine erscheinen im Verhältnis zum Rumpf kurz und zart. Die Muskulatur ist noch schwach ausgebildet. Gegen Ende der Vorschulzeit werden Arme und Beine länger, so daß die *Körperverhältnisse* sich deutlich verschieben und mehr und mehr dem erwachsenen Körper ähneln. Die Muskulatur wird stärker, die Taille bildet sich aus. Das Vorschulkind erweitert seinen Bewegungsraum. Es will ins Freie und scheut daher kein Wetter. Die Wohnung ist ihm zu eng. Der *Bewegungsdrang* in diesem Alter ist erstaunlich. Erwachsene können oft gar nicht glauben, daß ein Kind so viel Bewegung braucht. Die *Bewegungsfähigkeit* macht gewaltige Fortschritte.

Wir beobachten drei- und vierjährige Kinder und staunen, was sie alles tun. Hans zieht seine Schuhe aus und läuft barfuß auf und ab. In der nächsten Minute schlüpft er in seine Spielschuhe, setzt sich aufs Dreirad und fährt rufend und schreiend durch die Wohnung. Nun wirft er es um, stellt es auf den Kopf und holt einen Hammer. Er "richtet" das Rad. Dann stellt er es wieder auf und legt sich auf den Rücken darunter. Das hat er vom "Autorichter", dem Automechaniker nebenan, abgeschaut.

Der rasche Fortschritt ist an der Entwicklung der Sprungkraft im Schlußweitsprung und an den Leistungen im 30-m-Lauf gut erkennbar.

Vorschulkinder haben eine Vorliebe für Bewegungsspiele. Die dauernde Übung ist eine Ursache der raschen Entwicklung der Bewegungsfertigkeit. Wenn die Kinder die geeigneten Bedingungen erhalten, lernen sie in diesem Alter schwimmen. Andere zeigen erstaunliche Fertigkeiten im Eislaufen, sogar im Eiskunstlauf oder im Kinderballett. Die meisten Jungen beginnen Fußball zu spielen. Auch hier erfolgt die Entwicklung nach dem *Prinzip zunehmender Differenzierung und Zentralisierung.*

Beispiel: Die Entwicklung des Werfens

(1) Anfangs, mit zwei bis drei Jahren, bewegen sich Wurfarm und Körper einfach von hinten nach vorn. Dabei kann es geschehen, daß der Ball zu spät losgelassen wird und schon nach zwei bis drei Metern auf den Boden fällt.

(2) Etwa ab drei bis dreieinhalb Jahren wird zunehmend die waagerechte Richtung bedeutsam: Wenn mit der rechten Hand geworfen wird, dreht sich der Oberkörper beim Ausholen nach rechts und gleich anschließend beim Wurf nach links. Auch die Fußstellung ändert sich. Anfangs bleiben die Füße geschlossen. Später folgt der Fuß dem Wurfarm.

(3) Die Erwachsenenform des Werfens wird in der Regel mit sechs bis sieben Jahren beherrscht.

Entwicklung des Werfens (nach Cratty, 1970, S.56)

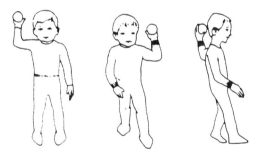

Mit zunehmender Bewegungsfähigkeit können die Kinder mehr und mehr selbständig handeln. So beginnen sie, sich selbständig an- oder auszukleiden. Ihre Fertigkeiten ermöglichen ihnen anspruchsvolle Spiele: Puppen an- und auskleiden, Bauen mit Klötzen, Malen, Montieren mit Baukästen und Stabilbaukästen, Werfen und Fangen.

Durch geeignete Übungen lernen sie rasch, geschickt mit Malstift, Schere, Pinsel und Knetmasse umzugehen. Spätestens im Kindergartenalter muß sich der Erzieher darüber klar sein, ob sein Kind *Links- oder Rechtshänder* ist. Durch geduldiges Gewöhnen kann ein linkshändiges Kind soweit gebracht werden, daß es zum Malen und Schreiben die rechte Hand benutzt, während es bei allen anderen Verrichtungen in seiner Linkshändigkeit belassen bleiben sollte. Eine Umgewöhnung in der Schule ist viel zu spät und für das Kind viel schwieriger zu bewältigen als jetzt, weil in der Schule von vornherein ein Lernrückstand entstehen muß. Eine Umgewöhnung ist auch nur dann sinnvoll, wenn die Linkshändigkeit nicht zu stark ausgeprägt ist und das Kind sich zur Umgewöhnung motivieren läßt.

Zusammenfassung

Im Vorschulalter verändern sich die *Körperverhältnisse* von der kleinkindhaften Form mit großem Kopf und rundem Rumpf zur *Erwachsenenform*. Sein Bewegungsdrang wird meist unterschätzt. Die *Bewegungsfähigkeit* entwickelt sich rasch. So kann das Vorschulkind mehr und mehr Alltagsaufgaben, wie Ankleiden, selbständig bewältigen. Manche Linkshänder können an rechtshändiges Malen gewöhnt werden.

Fragen: (1) Beobachten Sie zwei oder drei Kinder im Vorschulalter 15 Minuten lang. Schreiben Sie genau auf, was sie tun. (2) Überlegen Sie, welche Folgen die Einengung des Bewegungsraumes für Vorschulkinder haben kann. (3) Beschreiben Sie die Verbesserung der Bewegungsfähigkeit an einem Beispiel. (4) Wägen Sie kritisch die Vor- und Nachteile der Gewöhnung eines Linkshänders an rechtshändiges Malen. (5) Unter welchen Bedingungen würden Sie eine Gewöhnung Ihres Kindes an rechtshändiges Malen auf keinen Fall erlauben oder durchführen?

6.2 Entwicklung des Denkens

Stellen Sie sich Ihr Zimmer (a) von der Tür, (b) vom Fenster aus vor! Stellen Sie sich Ihren Weg morgens vom Aufstehen bis zum Frühstück vor. Achten Sie darauf, daß die Vorstellung so klar wie ein gemaltes Bild ist. Wissen Sie nun, was ein Abbild in der Vorstellung ist?

Schon als Kleinkind (im 3. und 4. Lebensjahr) lernten wir, Gegenstände, Personen und Handlungsverläufe geistig abzubilden. In diesem neuen Abschnitt der geistigen Entwicklung, das ist die *Stufe des anschaulichen Denkens,* unterscheidet *das Kind klar* zwischen Vorstellung oder Gedanken einerseits und den Gegenständen, Personen und Ereignissen andererseits. *Das Kind unterscheidet zwischen gedanklicher Innenwelt und gegenständlicher Außenwelt.* Ferner beginnt es jetzt nach ersten *Erklärungen* für Dinge und Ereignisse zu suchen. Es will wissen, welche *Ursachen* hinter den Dingen und Ereignissen stehen. Für alle Beobachtungen möchte das Kind eine Erklärung der Ursachen wissen. Deshalb fragt es so viel. Die Was-ist-das-Fragen werden durch Warum-Fragen abgelöst. Vierjährige können manchmal die Erwachsenen ganz schön in Verlegenheit bringen, wenn sie etwa fragen: " Warum hat der Mann eine Warze auf der Nase" - "Warum hat die Frau so viele Falten im Gesicht" usw. Hinter diesen Fragen steht nicht nur der Wille, etwas wissen zu wollen, sondern auch der erste Ansatz zur Kritik. Allerdings gibt sich das Kind mit anschaulichen, bildhaften Erklärungen zufrieden. Dabei verwendet es Bilder, die es bereits kennt. So sagte die 4;6 alte Ingrid: "Die Wolken gehen sehr langsam, weil sie keine Füße und Beine haben. Sie machen sich lang wie Regenwürmer, daher gehen sie so langsam". Wofür wollte Ingrid eine Erklärung haben? Welches Bild benutzte sie als Ursachenerklärung?

Noch mit 6;5 sagte Ingrid, als die Tür des Hühnerstalls vom Wind zugeschlagen wird und sie sich erschreckt: "Er ist böse, der Wind, er macht uns Angst, absichtlich! Er ist böse." - "Aber weiß der Wind, was er tut?" - "Er weiß, daß er bläst." Wie bei manchen Naturvölkern werden Naturereignisse personalisiert, so wird der Wind wie eine Person behandelt (die "liebe" Sonne). Obwohl die Kinder sich mit anschaulichen Antworten zufrieden geben, müssen sie *wahr* sein, denn die Kinder arbeiten an der Antwort weiter. So fragt die 3;6 jährige Janina ihre Großmutter, indem sie ihr Gesicht abtastet: "Wie wird das gemacht, die Großmutter? Hast du dich selbst gemacht?". Einige Tage später: "Wie haben sich die Babies gemacht?"

Später: "Wie werden die Kinder gemacht?" Im Alter von 3 1/2 Jahren geben sich Kinder mit märchenhaften Antworten zufrieden: "Die Kinder bringt der Klapperstorch." Bei unseren Ahnen galt der Storch als heiliges Tier. Religiös erzogenen Kindern wird gelegentlich gesagt: "Die Kinder macht der liebe Gott." Beide Antwortarten sind konfliktträchtig, weil die unmittelbare Antwort nicht gegeben wurde. Heute ist es besser, wenn man dem Kind sagt, daß die Kinder im Bauch der Mutter wachsen. Diese Antwort wirkt ungleich beruhigender, und sie kann durch *wirkliche Beobachtung bestätigt* werden. Damit wird auch das Vertrauen zu den Eltern immer wieder bestätigt und nicht, wie bei den anderen Antworten, in Zweifel gezogen. Diese Beispiele zeigen, daß das kindliche Denken dieses Alters an die *unmittelbare Anschauung* gebunden ist.

Ein Mädchen sitzt an einem Tisch vor einer aufgebauten Landschaft mit drei Bergen. Es wird eine Puppe so vor das Mädchen gestellt, daß sie die Landschaft aus derselben Richtung sieht wie das Mädchen. Die Frage, welchen Berg die Puppe wohl als ersten sieht, kann das Kind richtig beantworten. Es schaut ja in die gleiche Richtung. Jetzt wird die Puppe auf die gegenüberliegende Seite des Tisches gestellt. Von dort aus sieht die Landschaft anders aus. Ein anderer Berg ist der Puppe am nächsten. Nun kann das Kind nicht sagen, welchen Berg die Puppe zuerst sieht, den niedrigeren, mittleren oder den hohen Berg, obwohl es alle drei Berge gut sieht.

Auf der Stufe des anschaulichen Denkens ist das Kind an die unmittelbare Anschauung gebunden. Es kann sich nicht in einen anderen Standort hineinversetzen.

Zusammenfassung

Im Kleinkindalter hatte das Kind begonnen, Handlungen und Gegenstände *geistig abzubilden.* Dabei konnte es nicht immer zwischen *Innenwelt und Außenwelt* unterscheiden. Diese Unterscheidung gelingt auf der Stufe des *anschaulichen Denkens.* Nun sucht es nach *Erklärungen und Ursachen durch Warum-Fragen.* Die Antworten sollen anschaulich und wahr sein. Das Vorschulkind kann nicht das geistige Abbild in der Vorstellung verändern. Es kann sich auch nicht geistig in einen anderen Standort versetzen.

Fragen: (1) Was kann das Kind auf dieser Stufe des Denkens klar unterscheiden? Was gelingt ihm noch nicht? (2) Warum stellt das Kind "Warum-Fragen"? (3) Warum würden Sie Ihrem Kind nur wahre Antworten geben?

He, schau mal, was ich kann!!

6.3 Das Spiel im Vorschulalter

Beobachten Sie vierjährige Kinder (im Kindergarten) und zwei- bis dreijährige (in einem Sandkasten) jeweils 5 Minuten beim Spielen. Am besten, Sie fertigen zwei kurze Videofilme. Sie werden die Unterschiede im Spielverhalten sehen.

Nach wie vor ist das Spiel die vorherrschende Tätigkeit. Weil aber das Kind nun auf der Stufe des anschaulichen Denkens nach Ursachenerklärungen und nach der Wirklichkeit sucht, verändert sich das Spiel. Es wird immer mehr ein *gezieltes Handeln mit wirklichen Gegenständen.* Das Vorschulkind möchte sich an der Wirklichkeit orientieren. Es kommt von den Symbolspielen ganz ab.

Für das vierjährige Mädchen genügen zum Kuchenbacken nicht mehr Sand mit Formen und Schaufeln. Es möchte "richtig" kochen mit Herd und Topf, mit Schenkkelle, Messer und Gabel. Meist darf es nur kochen spielen mit nachgemachten Gegenständen aus der Puppenstube. Aber das wird nicht als voll befriedigend empfunden. Am liebsten möchte es mit echten Lebensmitteln richtig kochen, und dann gemeinsam mit den anderen essen.

Vorschulkinder versuchen, wirkliche Tätigkeiten nachzumachen. Die Jungen schaffen Kisten heran und bauen ein Auto, in das sie sich richtig hineinsetzen können. Wer Glück hat, bekommt ein großes Tretauto geschenkt. Am besten ist es, wenn ein Autowrack zum Spielen freigegeben ist. Da läßt sich mit echten Knöpfen hantieren, mit der Bremse und dem Gaspedal. Der fünfjährige Junge spielt Busfahrer, Kapitän oder er fährt einen Schwerlaster über Land. Dazu braucht er eine richtige Schirmmütze, einen Ledergürtel und am besten eine blaue Jacke mit blanken Knöpfen. So erhält das Spiel mehr und mehr *Merkmale des Lernens und der Arbeit.* Im Spiel lernt das Kind mitmenschliches Verhalten, es lernt sprachliche Unterscheidungen, und es lernt eine Anzahl von Tätigkeiten wie Malen, Ausschneiden und Basteln. Durch Nachahmen versucht es, Tätigkeiten der Erwachsenen zu verstehen. Das äußere Nachahmen ermöglicht die innere Verarbeitung. Wenn das vierjährige Kind kocht und bäckt, "arbeitet" es wie die Mutter, oder wenn es hämmert oder mit Schlamm eine schadhafte Mauer verputzt, "arbeitet" es wie der Vater oder wie der Nachbar.

Im Kindergartenalter ist der Höhepunkt des Gestaltungsspiels und des Nachahmungsspiels. Leider haben Kinder viel zu wenig Gelegenheit, Erwachsene bei ihrer beruflichen Tätigkeit zu beobachten. Es zeigt sich immer wieder, daß solche Beobachtungen einen oft bleibenden Eindruck auf ein Kind machen.

Klaus und Inka gingen schon in die Schule. Sandra war etwas jünger. Petra und Andreas waren seit einiger Zeit im Kindergarten. Klaus baute eine Feuerstätte. Das Gelände war durch Mauer und Gebüsch gut geschützt, so daß Erwachsene nicht gleich besorgt eingreifen mußten, als das Feuer brannte. Inka besorgte Topf, Wasser und Besteck. Eine Mutter stiftete Würstchen und Kartoffelsalat. Petra und Andreas hatten es am wichtigsten. Sie holten Teller und Senf und paßten auf, daß die Würstchen im heißen Wasser nicht platzten. So kamen die Kinder zu ihrem ersten selbstgemachten Essen. Die Würstchen hatten nie besser geschmeckt!

Auf der Stufe des anschaulichen Denkens ist das Kind besonders befähigt, sich in die Tätigkeiten und Rollen der Erwachsenen hineinzudenken. In der Anschauung versucht es, ihre Tätigkeit zu erleben. Durch nichts läßt sich besser lernen als durch eigenes Erleben im Selber-Tun. Im Rollenspiel können Tätigkeiten nachgeahmt werden, die das Kind wirklich erlebt oder in einem Film, etwa im Fernsehen, gesehen hat.

Manchmal werden auch *Rollen* gespielt, die es vom Vorlesen kennt. In der *Phantasie* übt es seine Anschauungsfähigkeit. In kaum einem Lebensalter kann der Mensch so viel Phantasie entwickeln wie im Vorschulalter, falls ihm die Möglichkeit dazu gegeben wird. Wenn ein Kind "König" oder "Zauberer" spielt, tut es dies im wesentlichen aus eigener Phantasie. Es versetzt sich in die Rolle eines Königs, den es aus einem Märchen, einem Kindertheater oder Film kennt.

Im phantastischen Rollenspiel versucht das Kind auch, *soziale Konflikte* zu durchspielen oder gar zu lösen und Wunschdenken zu verwirklichen. Ein Zauberer hat Macht über andere, eine Prinzessin ist von Bewunderern umgeben. Wegen der Wirklichkeitsferne sollten Kinder angeregt werden, diese Rolle als Kindertheater zu spielen. Dadurch wird die Trennung von Spiel und Wirklichkeit für die erlebte Wahrnehmungsauffassung des Kindes deutlich.

Durch die Figur des Kasperls erhält das Rollenspiel mehr Wirklichkeitsnähe, da der Kasper durch sein unverfrorenes Betragen gegenüber Figuren wie König, Prinzessin, Zauberer oder Teufel die Grenzen der Wirklichkeit markiert und Ansprüche von Autoritäten einschränkt. Gleichzeitig wird das Ganze lustig. So können Rollen und Theaterspiel eine befreiende und sogar therapeutische Wirkung auf Kinder ausüben.

Rollenspiel

Ein lustiges Rollenspiel teilt die Psychologin Charlotte Bühler mit: Die vierjährige Astrid geht mit ihrer Mutter spazieren. Bei jedem dritten oder vierten Baum bleibt sie stehen und hebt ein Bein. Auf die erstaunte und etwas ungehaltene Frage der Mutter, was sie denn da tue, sagte Astrid: "Ich bin doch ein Hund".

Ein typisches Rollenspiel teilt der Psychologe Walter Schraml mit: Im Hof einiger Großstadthäuser ist ein betonierter Weg, 12 m lang, 1 m breit. Dieser Weg stellt einen Zug dar. Einige Kinder und zufällig anwesende Erwachsene sind die Fahrgäste, die anderen sind Zugführer und Fahrkartenschaffner. Das Spiel wird so lebhaft erlebt, daß ein Hinaustreten auf den Kies oder Rasen als Absprung aus dem fahrenden Zug gewertet wird.

Rollenspiele können eine Art Erkundung sein. In den Vater- und Mutterspielen oder im Doktorspiel wird ein körperlicher oder vielleicht geschlechtlicher Erkundungsdrang sichtbar. Gleichzeitig hat das Kind Gelegenheit, die Rollenverteilung in der Familie einschließlich der eigenen Geschlechterrolle nachzuerleben. Diese Spiele helfen den Kindern, die *Strukturen* der Familie und der mitmenschlichen Beziehungen zu durchschauen. Das wird besonders bei der Geburt eines Geschwisters bedeutsam.

Doktorspiele bieten die Gelegenheit, den eigenen Körper und den des anderen Geschlechts zu erforschen sowie geschlechtstypisches Rollenverhalten nachzuahmen, außerdem können sie die Angst vor dem Arzt abbauen.

Zusammenfassung

Das Spiel im Vorschulalter wird zunehmend ein *gezieltes Handeln* mit wirklichen Gegenständen. Die Kinder wollen "richtig" kochen oder "richtig" mauern. Sie ahmen wirkliche Tätigkeiten nach. So erhält das Spiel mehr und mehr *Merkmale des Lernens und der Arbeit*. Durch nichts läßt sich besser lernen als durch Selber-Tun.

Fragen: (1) Was unterscheidet das Spiel des Vorschulkindes vom Spiel des Kleinkindes? (2) Welche Bedeutung hat das spielerische Nachahmen von Arbeitstätigkeit? (3) Wie läßt sich am besten lernen? (4) Was leistet das Rollenspiel für die Lösung von sozialen Konflikten? Haben Sie in der Klasse schon ein Rollenspiel durchgeführt? Warum nicht?

6.4 Sittliche und religiöse Einstellungen

6.4.1 Der Erwerb sittlicher Einstellungen

Heidrun, 9 Jahre alt, kommt zu spät zur Schule. Sie hat einer alten Frau, die gestürzt war, geholfen. Heidrun hat ihr alle Sachen aufgehoben, die auf den Bürgersteig gefallen waren, und nach Hause getragen.

Klaus, der Anführer, Inka und Sandra veranstalten ein Wettlaufen. Sie sind 8–10 Jahre alt. Andreas erst 4, will mitlaufen. Sie lassen ihm ein gutes Stück Vorsprung.

Anderen Menschen beistehen, helfen für andere, Verantwortung übernehmen - das nennen wir sittliches Verhalten. Wie kommt es, daß ein Kind einem anderen beisteht oder daß es einem älteren Menschen hilft? Was ist die Ursache für ein helfendes, fürsorgliches Verhalten? Untersuchungen haben gezeigt, daß es belanglos ist, ob seine Eltern arm oder reich sind, ob das Kind ein Junge oder ein Mädchen ist. Kleinkinder zeigen noch keine Fürsorge für andere. Zu Beginn des Kindergartenalters sind es die geistig regsamen Kinder. Warum? Die Fähigkeit eines Kindes, sich um andere zu kümmern und anderen zu helfen, wächst mit der Fähigkeit, sich an die Stelle anderer versetzen zu können. Diese Fähigkeit ist aber auf der Stufe des anschaulichen Denkens im Kindergartenalter noch nicht völlig ausgebildet. Folglich kann niemand von einem Kind im Vorschulalter erwarten, daß es von sich aus sittlich handelt. Trotzdem können auch jüngere Kinder sich fürsorglich verhalten. Wie haben sie das gelernt? Wir kennen im wesentlichen zwei Lernwege (a) den Weg über den *Erwerb von Regelwissen durch Gewöhnung* und (b) den Weg über das *Lernen am Vorbild.*

Das Erlernen von Regeln

Sittliche Einstellungen und Werthaltungen werden anfangs in der Praxis durch die *Gewöhnung an Regeln* erworben.

Ein Beispiel: Die Gewöhnung an die einfache Regel, sich sauber zu halten und zu waschen. Das Kleinstkind hat für eine solche Forderung überhaupt kein Verständnis. Auch die Kotausscheidung ist für das Kleinstkind nicht mit Ekel verbunden. Folglich muß das Kind langsam und behutsam an die Reinlichkeit gewöhnt werden. So wird ihm im Laufe der Zeit die Regel, sich nur ins Töpfchen entleeren zu sollen, zur Selbstverständlichkeit. Auf diese Leistung ist es stolz, wenn es von seiner Umgebung dafür gelobt wird.

123

Lernen am Vorbild

Durch die *Nachahmung des Vorbildes* der Eltern und durch ihre Anregung beginnt es, im 3. und 4. Lebensjahr sich selbst die Hände zu waschen. Es ist stolz darauf, dies ohne Hilfe tun zu können. Ebenso ist es über andere Tätigkeiten stolz, die es selbständig ausführen kann. Die Gefühle von Stolz und Freude werden zusätzlich durch das Lob der Erwachsenen gefördert. So lernt das Kind die ersten Verhaltensregeln im Handeln durch langsame Gewöhnung.

Mit Stolz und Freude verbinden sich *Werte.* Im Unterschied zum Kind lernt der Erwachsene etwa eine Verkehrsregel lange, bevor er selbst ein Auto fährt, etwa durch Lesen. Er erarbeitet eine Regel also zuerst geistig. Erst später wendet er sie an. Beim Kind ist der Sachverhalt genau umgekehrt: Zuerst lernt es das Verhalten, meist auch mit den zugehörigen Gefühlen, und später erkennt es erst die Regel. Sobald eine Regel ohne Einwirkung von außen befolgt wird, steuert sie das Verhalten.

Zusammenfassung

Kleinkinder zeigen noch keine Fürsorge für andere. Erst mit der Fähigkeit, sich an die Stelle anderer versetzen zu können, erlangen Kinder die Fähigkeit zur Fürsorge für andere. Sittliche Einstellungen und sittliches Verhalten werden auf zwei Wegen gelernt, durch *Gewöhnung an Regeln und durch Nachahmen von regelgeleitetem Vorbildverhalten.* Auf beiden Lernwegen hat die Verstärkung eine fördernde Wirkung.

Fragen: (1) Erörtern Sie am Beispiel die Lernwege für den Erwerb von sittlichen Einstellungen. (2) Wie lernen Kinder, Regeln zu beachten?

inschuldigung .das ich
Shuler ,gesagt habe.
Ich Sage es nicht
mehr Ich woLte es NIecht.

Ich habe es nicht gewolt
aber HaraLt hat es doch
gesat.
und warum mus ich einen
aufsaz schreben. enschuldigun
heige ich werde schön
braf sein. Mario

Das war die erste und die letzte Strafarbeit, die eine
junge Erzieherin ihrem achtjährigen Mario auferlegte...

6.4.2 Fehler der Erwachsenen

Leider glauben manche Erwachsene, daß Kinder ebenso wie sie selbst lernen. Sie geben folglich dem drei- oder vierjährigen Kind etwa die Regel: "Vor dem Essen mußt du immer die Hände waschen". Weil das Kind diese Regel natürlich ständig vergißt, wird ihm eingeredet, daß es böse sei. Oft wird es auch noch gestraft. Wenn das Kind nun tatsächlich lernt, diese Regel zu befolgen, dann aus Angst. So erwirbt schon das Kleinkind ein Grundmuster, das es nie wieder vergißt, nämlich die *Koppelung von Angst und Regel.* Auch später wird es Verhaltensregeln, etwa in der Schule mit unangenehmen Gefühlen, verbinden. *Im Gegensatz dazu wird bei der Gewöhnung mit zusätzlicher Verstärkung das Regelverhalten mit angenehmen Gefühlen verbunden.* Als Jugendlicher und Erwachsener wird dieser Mensch später in der Lage sein, aufgrund eigener Überlegung und Einsicht zu entscheiden, ob er eine Verhaltensregel annehmen oder ablehnen will. Seine Entscheidung wird frei sein von Gefühlen der Angst oder von Trotz (Trotz als Gegenreaktion auf Angst). Obwohl das Kind eine Regel gelernt hat, kann es diese noch nicht selbständig befolgen. Ist die Mutter nicht anwesend, dann tut das Kind etwas, was eigentlich verboten wäre, ohne selbst ein schlechtes Gewissen zu haben. Deshalb ist es nötig, gefährliche Dinge wie Streichhölzer, Feuerzeug usw. aus dem Gesichtsfeld des Kindes fernzuhalten.

Über das Lernen von Regeln durch Gewöhnung baut sich das menschliche Gewissen auf. So lernt das Kind die Regel: "Einem kleineren Kind sollst du helfen"; "Einem alten Menschen soll man Platz machen" usw. Entscheidend für das Begreifen von Verhaltensregeln und damit für die Bildung des kindlichen Gewissens ist das *Vorbild* der Eltern. Wenn das Kind wiederholt erlebt, daß die Eltern nicht aufrichtig zueinander sind ("Sag dem Papa/der Mama nichts davon"), dann muß es Unaufrichtigkeit für sich selbst übernehmen. Ein eigenes Urteil kann es sich im Kindergartenalter noch nicht bilden. Obwohl das Kindergartenkind durchaus fähig ist, Regeln wie Gebote und Verbote sprachlich zu verstehen, kann es doch ihren Wert geistig nicht erfassen. Es formt sie unter dem Eindruck der Situation um. Das Kind hat noch Schwierigkeiten einzusehen, daß eine Regel, z.B. eine Spielregel für ein Gemeinschaftsspiel, für alle Kinder die gleiche Gültigkeit hat. So kommt es immer wieder zu Konflikten im Gruppenspiel.

126

Eine moralische Verhaltensregel wie "Du sollst nicht stehlen" begreift ein Kind vor dem Schulalter überhaupt noch nicht. Es hat das Unrechtsbewußtsein noch nicht. So kann ein fünfjähriges Kind seelenruhig tagelang mit dem Fahrrad eines anderen Kindes spielen. Den Vorwurf: "Du hast gestohlen" versteht es nicht. Es hat sich das Rad doch nur "geliehen", weil es ihm gefällt. Ebenso überläßt es einem anderen Kind sein eigenes Fahrrad.

Bis in die Schulzeit hinein hat das Kind die naive Vorstellung von der Gleichheit aller. Es hat kein Bewußtsein von Unrecht, wenn es vom Mitschüler einen schönen Radiergummi für einige Tage "ausleiht". Da im Kaufhaus die Süßigkeiten in Augenhöhe des Kindes ausgelegt sind, nimmt es die Redensart "für Kinder" wörtlich. Erwachsene mißdeuten dieses Verhalten als Diebstahl, weil sie persönlichen Besitz überbewerten und den Sinn von Gemeingut oft nicht verstehen.

Zusammenfassung

Kinder lernen mit dem Geist und mit dem Gefühl. Bereits ein Tadel kann zur *Koppelung von Regel und Angst* führen. Dagegen wird bei Gewöhnung und Vorbildlernen mit zusätzlicher Verstärkung das Regelverhalten mit angenehmen Gefühlen (Lust, Freude) verbunden. Über das langsame Lernen durch Gewöhnung und Nachahmung von Vorbildern wird das menschliche Gewissen erwachen. Mit bloßen Regeln ist das Vorschulkind überfordert.

Fragen: (1) Erklären Sie die Koppelung von sittlichen Regeln mit Angst und Schuldgefühlen. (2) Skizzieren Sie an einem Beispiel die Erziehung zur Hilfsbereitschaft.

6.4.3 Kinderlügen

Kinder erzählen gelegentlich phantastische Erlebnisse. Darf man dies als "Lügen" bezeichnen? Manchmal hat das Kind tatsächlich ein unglaubliches Erlebnis - allerdings im Traum. Manchmal vermischt es einen Traum mit einem wirklichen Erlebnis, so daß eine unglaubliche Geschichte dabei herauskommt. Im Kleinkindalter können Träume, Einbildung und Wirklichkeit nicht klar voneinander getrennt werden. Der Grund liegt darin, daß *das Gehirn* von sich aus zwischen Wirklichem und Erdachtem oder Erträumtem *nicht unterscheiden* kann. Erst ab dem mittleren Schulalter lernt das Kind, die wirklichen Erlebnisse im Gedächtnis anders zu speichern als die unwirklichen Inhalte. Lügen ist eine absichtliche falsche Aussage. Mit Lügen ist meist der eigene Vorteil oder der Nachteil für einen anderen beabsichtigt. *"Kinderlügen" liegt keine böse Absicht zugrunde! Deshalb dürfen sie nicht bestraft werden!* Ein Erwachsener sollte nie zeigen, daß er ein Kind nicht ernst nimmt, das ihm eine Phantasiegeschichte erzählt. Er sollte vielmehr versuchen, herauszubekommen, ob sich hinter der Geschichte ein Wunsch oder Angst verbirgt.

Manche Kinder *lügen aus Angst*. Das Kind weiß, daß die Mutter Wert darauf legt, daß es in der Schulpause sein Frühstück ißt. Aber ein ungestümer Kamerad hat es ihm weggenommen. Es fühlt sich hilflos. Es sieht nur, daß es eine Regel nicht eingehalten hat und fürchtet die Strafe. Manche Eltern sind entsetzt, wenn sie ihr Kind bei einer "Lüge" ertappen. Vor allem fühlen sie sich persönlich gekränkt. Deshalb wird die "Kinderlüge" dramatisiert, anstatt zu versuchen, die Gründe herauszubekommen und dem Kind zu helfen.

Zusammenfassung

Das Kleinkind kann Träume, Einbildung und Wirklichkeit nicht immer voneinander unterscheiden. Der Grund liegt darin, daß das Gehirn von sich aus nicht zwischen Wirklichem und Erdachten unterscheiden kann. Erst ab dem mittleren Schulalter lernt das Kind, im Gedächtnis Wirkliches anders zu speichern als Unwirkliches. Deshalb sind "Kinderlügen" *keine* Lügen. Einer Lüge liegt eine Absicht zugrunde. Es ist zu beachten, daß Kinder manchmal aus Angst oder Hilflosigkeit lügen.

Fragen: (1) Erklären Sie, warum "Kinderlügen" keine Lügen sind. (2) Was ist zu tun, wenn ein Kind aus Angst lügt?

Religionslehrerin: "Jesus am Kreuz ist doch traurig."
Künstler (7 Jahre): "Aber er schaut mich doch an!"

6.4.4   Wie werden religiöse Einstellungen erworben?

Ob ein Mensch das Leben liebt oder eher verzagt, ob er die Welt eher optimistisch oder pessimistisch erlebt, hängt entscheidend von der Art der Zuneigung ab, die er in seinen ersten Lebensjahren erlebt. *Das frühkindliche Erleben von Wärme, Vertrauen und Zuneigung oder der Mangel an Liebe prägen die spätere Einstellung zur Welt und zum Leben.* Ebenso wird die religiöse Einstellung geprägt.

Einem glücklichem Menschen fällt das Vertrauen in die göttliche Zuneigung leichter als einem unglücklichen. Der optimistische Mensch kann eher an das Gute in der Welt und damit an den Sinn seines Lebens glauben, während der pessimistische Mensch eher an die Sinnlosigkeit seines Lebens glaubt und dadurch zur Ablehnung religiöser Einstellung gelangt. Vielfach sucht er sich seinen Sinn in Besitz, Geld und Macht.

Die beste religiöse Erziehung liegt daher in der Vermittlung der Liebe zum Leben und in der Vermittlung von Glück. Der Zwang, Gebote einhalten zu müssen, Verbote zu beachten und der Zwang zum Gehorsam bewirken eher die Abkehr vom religiösen Erziehungswillen. Diese Abkehr wird akut, sobald der junge Mensch geistige Unabhängigkeit erlangt, das beginnt meist im Jugendalter. Die religiöse Einstellung des Kleinstkindes hängt ganz wesentlich von dem Bild ab, das es von seinen Eltern hat. Begegnen ihm seine Eltern freundlich, mit Wärme und Zuneigung, wird es ein entsprechendes Gottesbild erwerben.

Zusammenfassung

Wer Zuneigung von seinen Eltern erfahren hat, wird an die göttliche Zuneigung leichter glauben können; wer sie nicht erlebt hat, wird eher am göttlichen Sinn seines Lebens zweifeln. Erzwungene Religiösität schlägt oft in Abkehr um, sobald der Mensch die innere Unabhängigkeit erlebt hat.

Fragen: Wie unterscheiden Sie den Erwerb sittlicher Einstellungen durch bloßes Regellernen vom Erwerb des Vertrauens in die göttliche Zuneigung?

6.5 Lernen der Geschlechtsrolle

6.5.1 Was sind Geschlechtsrollen?

Antworten Sie ganz schnell mit "ja", "teilsteils" oder "nein". Welche Begriffe gehören zum Begriff "Frau" ("Mann"), Anzug, Lippenstift, Lokführer, Kind trocken legen, Zähne putzen, Fußball, Schwangerschaft, Weinen, Kämpfen, Mutter, Vater,... Sammeln Sie alle Begriffe, die zu Ihrer Vorstellung von "Frau" ("Mann") gehören. Beschreiben Sie die *Rolle* von Frau und Mann.

Der Begriff der Rolle kommt vom Schauspiel. Ein Schauspieler spielt eine Rolle gemäß den Anweisungen im Drehbuch. In der Sozialpsychologie bezeichnet der Ausdruck Rolle alle Verhaltensweisen, die von Personen in einer bestimmten Stellung (Position) erwartet werden. Für ein Kind besitzt etwa der Vater eine andere Stellung als der Großvater oder der Lehrer; demgemäß werden jeweils andere Verhaltensweisen erwartet.

Die Geschlechterrolle spiegelt die typischen Verhaltenserwartungen wider, die in einer Gesellschaft an Mann und Frau herangetragen werden. Das Verhalten der Frau unterliegt vielfach anderen *Regeln* (Normen) als das des Mannes. Abweichungen davon werden von den Angehörigen der Gesellschaft nicht gerne gesehen. Manche *Verhaltenserwartungen* werden im Laufe der Zeit verändert, andere liegen fest. In unserer Kultur waren in früheren Zeiten beide Geschlechter bereits äußerlich deutlich in Kleidung, Haartracht und Verhalten unterschieden. Die unterschiedlichen *Verhaltenserwartungen* gehen von tatsächlichen *biologischen und seelischen Unterschieden zwischen Mann und Frau* aus, z.B. Unterschiede im Körperbau, in der Körpergröße, in der Zeitspanne der biologischen Reifung. *Diese angeborenen Unterschiede der Geschlechter bedingen verschiedene Verhaltenserwartungen.* Es gibt geschlechtstypische Unterschiede, die sich aus *biologischer Notwendigkeit* ergeben. Deshalb sind sie in allen Kulturen gleich: Es ist die Frau, die die Kinder zur Welt bringt und stillt und nicht der Mann. So war es in den alten Zeiten der Menschheit, etwa als sie noch als Jäger und Sammler umherstreiften, natürlich, daß die Frau sich um die Pflege von Säugling und Kleinkindern kümmerte, während der Mann nach Nahrung suchte, Wild jagte und sich um ihren Schutz sorgte. Es bildete sich also frühzeitig eine *Arbeitsteilung* zwischen Mann und Frau heraus. Mit dieser Arbeitsteilung waren typische Verhaltensmuster verknüpft.

In einer Bauernkultur versorgt die Frau alles, was sich im Haus und drumherum abspielt, während der Mann den Acker und das Großvieh versorgt und die schwere Arbeit verrichtet. Eine stillende Mutter müßte alle paar Stunden den Acker verlassen, um das Kind zu stillen. Bei schwerer Arbeit würde sie bald die Stillfähigkeit verlieren. Folglich bleibt sie daheim, um die Kinder zu versorgen. Eine umgekehrte Arbeitsteilung wäre in einer bäuerlichen Gesellschaft gar nicht möglich.

Diese biologischen Zwänge bestehen selbstverständlich auch in einer modernen städtischen und industrialisierten Kultur. Allerdings läßt sich nicht immer leicht unterscheiden, *was biologisch notwendig ist und was nicht*. Die geschlechtstypischen Rollenerwartungen entwickeln sich weit über das biologisch Notwendige hinaus. So entstanden unterschiedliche *Machtverhältnisse*, meist zuungunsten der Frau. Sie sind erkennbar am Namensrecht, am Besitzrecht, Erbrecht, an den Sexualnormen und am unterschiedlichen Lohn. Diese unterschiedlichen Machtverhältnisse haben mit den natürlichen, biologischen Zwängen nichts mehr zu tun.

In einer modernen Kultur sollte es keine geschlechtstypischen Vorrechte geben. Jeder Mensch, gleichgültig, ob Mann oder Frau und gleichgültig, in welcher Gesellschaft und Kultur er lebt, muß sich mit den biologisch bedingten geschlechtsspezifischen Notwendigkeiten auseinandersetzen. So muß es die junge Frau gelernt und bejaht haben, daß sie es ist, die die Kinder zur Welt zu bringen hat und nicht der Mann, während der junge Mann gelernt haben muß, für das Wohlergehen für Mutter und Kind die Verantwortung zu übernehmen und für ihre materielle Sicherheit und Geborgenheit zu sorgen. *Im richtigen Zusammenspiel der geschlechtstypischen Tätigkeiten kann sich eine Familie ungefährdet entwickeln.*

Eine Ablehnung dieses Rollenverständnisses führt nicht nur für den einzelnen zu seelischen Schwierigkeiten, sondern auch für die ganze Familie und seine Kultur. *Kinderfeindlichkeit und mangelnder Nachwuchs hängen mit einer Störung dieses Rollenverständnisses zusammen.* Heute wird gelegentlich behauptet, die Geschlechtsunterschiede zeigten sich nur (1) in der unterschiedlichen Funktion von Mann und Frau während der Zeugung und (2) in der Fähigkeit der Frau, Kinder zur Welt zu bringen. Alle weiteren Unterschiede, sogar die körperlichen, seien das Ergebnis jahrhundertelanger Erziehung. Diese Behauptung kann wissenschaftlich nicht belegt werden, auch wenn sie einleuchtend erscheinen mag.

Zusammenfassung

In manchen Situationen wird von einer Frau ein anderes Verhalten erwartet als vom Mann. Dann sagen wir, daß die Frau eine andere *Rolle* spielt als der Mann. Es gehört zur Rolle der Frau, daß sie die Kinder zur Welt bringt und pflegt, während der Mann für das Wohlergehen von Mutter und Kind zu sorgen hat. Im richtigen *Zusammenspiel* der geschlechtstypischen Tätigkeiten lebt die Familie ungefährdet. Die Geschlechter unterscheiden sich in vielen biologischen Merkmalen und in den biologisch bedingten Funktionen, etwa in der Kindererziehung. Ungleicher Lohn und unterschiedliches Namensrecht u.ä. haben jedoch mit den biologisch bedingten Unterschieden von Frau und Mann nichts zu tun.

Fragen: (1) Welches Verhalten ist für eine Frau typisch, welches für einen Mann? (2) Nennen Sie geschlechtstypische biologische Merkmale. (3) Nennen Sie Beispiele für ungleiche Rechte von Frau und Mann.

6.5.2 Wie werden geschlechtstypische Verhaltensweisen erworben?

Für die Übernahme von geschlechtstypischem Rollenverhalten sind drei Lernvorgänge wesentlich: *Verstärkungslernen, Nachahmungslernen und Lernen durch Einsicht.* Allerdings müssen weitere Gegebenheiten mitberücksichtigt werden. In der europäischen Kultur werden von Männern und Frauen bei ihren Kindern diejenigen Verhaltensweisen verstärkt, die sie als "richtig" erachten, während anderes Verhalten durch Nichtbeachtung ausgeschieden wird.

"Richtig" heißt für die Eltern, die Geschlechtsrolle so auszufüllen, wie sie in der Umwelt anerkannt wird. So belohnen die Eltern das kleine Mädchen mit Worten und Zuneigung für ihr Spiel mit Puppen, für Hilfen im Haushalt und für hausfrauliche Tätigkeiten. Ein Junge wird verstärkt, wenn er keine Angst zeigt, ein Draufgänger ist und sich bei anderen durchsetzt. Mit 3–4 Jahren beginnen die Kinder, *geschlechtstypisches Spielzeug zu bevorzugen.* Dreijährige wissen schon, ob sie Mädchen oder Junge sind, allerdings haben sie dieses Verhalten durch Anregung und Verstärkung gelernt ohne recht zu wissen, was es wirklich heißt, ein Junge oder ein Mädchen zu sein.

In einer Untersuchung des amerikanischen Psychologen Block (1973) wurden Mütter und Väter nach ihren Erziehungszielen für ihre dreijährigen Kinder gefragt. Die Eltern wollten, daß ihr Sohn sein Bestes gibt, sich an Wettkampfspielen beteiligt, nicht weint und auch sonst seine Gefühle beherrschen lernt. Dagegen legten sie bei kleinen Mädchen Wert darauf, enge persönliche Beziehungen zu fördern, über ihre Sorgen und Nöte zu sprechen und ihnen Zeit zum Nachsinnen und zu Müßiggang zu geben. Was, glauben Sie, würden deutsche Mütter und Väter antworten?

Die dauernde Verstärkung geschlechtstypischen Verhaltens führt dazu, daß sich das Kind in seiner Umgebung nach Geschlechtsvorbildern umsieht. Damit wird der zweite Lernvorgang bedeutsam: das *Nachahmungslernen*. Als Vorbilder bieten sich zumeist die Eltern an; aber auch Bekannte, ältere Geschwister und andere Erwachsene. Zunächst sind es Personen, die das Kind gerne mag und die schon vorher durch wohlwollendes und verstärkendes Verhalten aufgefallen sind. Später werden es auch Personen, die sie nur ungenau oder kaum kennen, etwa aus Filmen oder aus Büchern.

Das geschlechtstypische Rollenverhalten wird nicht nur infolge Verstärkung und Nachahmung übernommen. Das Kind muß auch *wahrnehmen, erkennen und einsehen*, wie sein "richtiges" Verhalten auszusehen hat. Das Kind muß verstanden haben, daß es zwei Geschlechter mit zumeist unterschiedlichen Aufgaben gibt, und daß es selbst zu einem der beiden Geschlechter gehört.

Die Schwierigkeit dieser Erkenntnis zeigt folgendes Gespräch zwischen Jimmy, soeben 4;0 und Jonny, viereinhalb Jahre alt:
Jonny: "Wenn ich groß bin, werde ich Flugzeugbauer." Jimmy: "Wenn ich groß bin, werde ich Mutti." Jonny: "Du kannst nicht eine Mutter sein. Du mußt ein Papi sein." Jimmy: "Nein, ich werde Mutti sein." Jonny: "Nein, du bist kein Mädchen, du kannst nicht Mutti sein." Jimmy: "Doch, ich kann."

Sobald das Kind ein Gefühl für die Beständigkeit der Dinge erworben hat, hat es die Voraussetzung für die Erkenntnis, daß auch sein Geschlecht erhalten bleibt und sich bis ins Erwachsenenalter und bis zum Alter nicht verändern wird. Das geschlechtliche Selbstverständnis festigt sich etwa mit fünf bis sechs Jahren. Zur Zeit der Einschulung gibt es unter normalen Verhältnissen keine Schwierigkeiten in der eigenen geschlechtlichen Zuordnung.

In einer Untersuchung erwies sich, daß fünfjährige Jungen, die sich besonders deutlich mit der männlichen Geschlechtsrolle identifizierten, ihre Väter als warmherzig, bekräftigend und unterstützend empfanden. Die wenig "männlichen" Fünfjährigen erlebten ihren Vater dagegen eher als strafend, einengend und wenig warmherzig. Bei Mädchen waren die Befunde entsprechend. Die Voraussetzungen für Nachahmungslernen sind an diesem Beispiel deutlich. Wie wirkt sich häufige Abwesenheit des Vaters auf das Nachahmungslernen aus? In mehreren Untersuchungen zeigte sich, daß Jungen aus Familien, in denen die Väter lange abwesend waren, weniger deutlich die männliche Rolle übernahmen als gewöhnlich.

Da im Normalfall die Kinder viel öfter mit der Mutter als mit dem Vater zusammen sind, haben Knaben größere Schwierigkeiten beim Erwerb der männlichen Geschlechtsrolle als Mädchen bei der weiblichen.

Zusammenfassung

Beim Erwerb geschlechtstypischen Verhaltens wirken angeborene *geschlechtliche Unterschiede und soziokulturelle Verhaltenserwartungen*. Der Erwerb vollzieht sich über die Lernvorgänge des *Verstärkungslernens und des Nachahmungslernens* sowie durch das *geistige Erkennen* dessen, was zum Verhalten des eigenen Geschlechts gehört und was nicht. Die soziokulturellen Verhaltenserwartungen sind Veränderungen in der Geschichte der Kultur ausgesetzt. Vielfach verselbständigen sich die geschlechtstypischen Rollenerwartungen und entwickeln sich über das biologisch Notwendige hinaus, so daß unterschiedliche *geschlechtstypische Machtverhältnisse* meist zuungunsten des weiblichen Geschlechts entstehen.

Fragen: (1) Wie entstehen geschlechtstypische Rollenerwartungen? (2) Was ist die Ursache für geschlechtstypische Machtverhältnisse? (3) Welche Lernvorgänge sind beim Erwerb geschlechtstypischen Verhaltens wichtig? (4) Welche geschlechtstypischen, angeborenen Unterschiede kennen Sie?

6.6 Erziehung und Umwelt am Beispiel des Kindergartens

6.6.1 Der Kindergarten

Heutzutage besuchen etwa 70–95% aller Kinder zwischen 4;0 und 6;0 Jahren einer Gemeinde den Kindergarten. Kaum jemand wird die Notwendigkeit einer pädagogischen Zuwendung der Kinder im Vorschulalter bezweifeln.

Die pädagogischen Ziele von Kindergärten sollten sein:

- Alle Kinder haben das Recht zur Entfaltung ihrer Fähigkeiten und Begabungen.

- Alle Kinder sollen Mut zur Verwirklichung ihrer selbst gewinnen, d.h. zur Verwirklichung ihrer Bedürfnisse, ihrer Wünsche und Vorstellungen im Rahmen der Gemeinschaft (Ich-Autonomie).

- Alle Kinder sollen fähig werden, sich zusammen mit anderen als handelnde Glieder einer Gemeinschaft zu erleben (Sozialkompetenz).

- Alle Kinder sollen fähig werden zur Begegnung und erfolgreichen Auseinandersetzung mit den Dingen ihrer Umwelt (Sachkompetenz).

Gemäß der verschiedenen pädagogischen Traditionen gibt es unterschiedliche Versuche, den günstigsten pädagogischen Weg für die Förderung der Kinder im Kindergarten zu finden. Der Kindergarten, wie er heute in der Regel besteht, ist eine Einrichtung für 4–6jährige Kinder. Je nach Entwicklungsstand können auch dreijährige aufgenommen werden. Die Gründung des ersten modernen Kindergartens geht auf den deutschen Erzieher Friedrich Fröbel 1840 zurück. Die Kindergartenbewegung wurde so erfolgreich, daß das Wort "Kindergarten" von mehreren Sprachen als Fremdwort angenommen wurde. Fröbel suchte die Schöpferkraft und das Tätigkeitsstreben der Kinder durch besonders entwickelte Spiele zu fördern.

Der Kindergarten

Gemeinnützige Einrichtung zur Betreuung der 3–6jährigen Kinder durch Spiel und Gemeinschaftspflege. Träger sind meist die Gemeinden, Kirchen und die Vereine der freien Wohlfahrtspflege. Die staatlichen Gesundheitsämter üben die gesundheitliche Überwachung aus. Die Landesjugendämter haben die Aufsicht über die räumlichen und hygienischen Einrichtungen sowie über die Ausgestaltung des Kindergartens. Für die besondere Förderung gibt es Sonderkindergärten. Für schulpflichtige Kinder, die jedoch die Schulreife nicht erlangt haben, gibt es Schulkindergärten. Neu ist die gemeinsame Betreuung von behinderten und gesunden Kindern.

Die herausragende Tätigkeit des Kindes im Kindergartenalter ist das Spielen. Im Spiel lernt das Kind, sich mit seiner Umwelt aktiv auseinanderzusetzen und sie zu verändern. Das gilt auch für den Kindergarten. Mehr und mehr lernt es seine eigenen Bedürfnisse und Wünsche kennen und seinen Willen durchzusetzen, mit den anderen in der Gemeinschaft zu handeln, und sich an die Gegebenheiten der Umwelt anzupassen.

Zusammenfassung

Die Tätigkeit des Kindes im Kindergartenalter ist das Spielen. Im Spiel lernt das Kind, seine Umwelt zu gestalten. Deshalb sollten die Ziele von Kindergärten sein:
- Entfaltung der Fähigkeiten des einzelnen Kindes
- Ermutigung zur Selbstverwirklichung
- Befähigung zur Gemeinschaft
- Befähigung zur Auseinandersetzung mit den Dingen der Umwelt.

Fragen: (1) Erklären Sie anhand der letzten Teilkapitel, was das Kindergartenkind in seiner alterstypischen Tätigkeit lernt. (2) Leiten Sie aus (1) die Ziele von Kindergärten ab.

6.6.2   Der erste Tag - die neue Umgebung

Sie betreten zum ersten Mal in Ihrem Leben einen neuen Lebensraum, etwa Ihre erste Arbeitsstelle. Was fühlen Sie dabei? Schreiben Sie alle Ihre Gefühle auf.

Das Kennenlernen der neuen Umgebung ist für die meisten 3–4jährigen Kinder schwer. Jedes Kind hat seine eigene Vorgeschichte. Da ist ein Einzelkind, das noch nie ohne die Mutter war. Da ist ein anderes Einzelkind, das daheim in einer Gruppe von Nachbarkindern großgeworden ist und sich schon auf den Kindergarten freut. Schließlich sind da die Kinder, die bereits ein Jahr im Kindergarten verbracht haben und nun als "Hausherren" die Neulinge empfangen. Die Kindergärtnerin weist erst einmal jedem Kind seinen künftigen eigenen Platz an: "Hier ist dein Kleiderhaken, dein Schuhfach und hier ist dein Platz im Schrank für deinen Mantel". Überall wird das vorbereitete Namensschild der Kinder angebracht. Nun weiß das Kind, daß es hierher gehört und daß man es erwartet hat. Zum Kennenlernen können Spiele durchgeführt werden. Den Namen des anderen, noch unbekannten Kindes zu rufen, erfordert Mut. Die Kindergärtnerin spielt mit ihren Kindern: "Ich suche einen Freund" - "Höfliche Chinesen" - "Wer fängt den Ball" - "Wer ist das?" u.a.

Für diese ersten Spiele ist es wichtig, daß Auseinandersetzungen zwischen einzelnen Kindern vermieden werden. Allein der Erzieher ist verantwortlich für die Entwicklung eines freundlichen Klimas. Er muß immer wieder Anlässe dafür schaffen, daß gute Beziehungen unter den Kindern und zwischen den Kindern und dem Erzieher entstehen können. Am ersten Tag ist die Lösung von der Mutter manchmal problematisch. Häufig wird versichert, daß die Kindertränen am schnellsten versiegen, wenn die Mutter nicht erreichbar sei. Ist das richtig? Wird dadurch nicht die Mutter zum Kristallisationspunkt der Problematik erhoben? Oder bedeutet das Fortschicken eines Beobachters Unsicherheit auf Seiten der Erzieher? Die Eltern fortzuschicken, bedeutet soviel wie sie vom Geschehen im Kindergarten auszuschließen.

Läßt man dagegen ganz zwanglos die Mutter im Kindergarten, so wird es sich bei den allermeisten Kindern zeigen, daß sie von sich aus die Mutter nach Hause schicken. Kinder wollen zeigen, daß sie bereits "selbständig" sind. Wesentlich ist, daß der Kindergarten Merkmale enthält, die eine Anziehungskraft auf den Neuling ausüben: Das sind Farben und Pinsel, lustige Spiele, ein anderes Kind, das zum Mitmachen auffordert oder irgendein unbekanntes Spielgerät.

Um den ersten Tag im Kindergarten für den Neuling so angenehm wie möglich zu gestalten, werden vorgeschlagen:

- Zunächst müssen die Eltern durch intensive Gespräche auf die Zielvorstellungen der Erzieher vorbereitet werden. Sobald das Kind angemeldet ist, auch wenn es den Kindergarten noch gar nicht besucht, werden die Eltern in die Aktivitäten wie Elterntreffen und Rundschreiben einbezogen.

- Die Kindergruppe ist grundsätzlich und so weit wie nur irgend möglich für den Besuch von Mutter und Kind offen. Dadurch kann der Neuling seinen künftigen "Wirkungsbereich" frühzeitig kennenlernen.

- Das Spielzeug des Gruppenraumes ist möglichst sichtbar und zugänglich gehalten. Die Spielsachen liegen nicht wohlgeordnet in einem Regal, sondern sind auf einem Spielteppich ausgebreitet und laden so zum Spielen ein.

- Die Eltern der Neulinge bleiben solange in der Gruppe, bis die Trennung ohne Schmerzen erfolgen kann und die Erzieherin einen festen Platz in dem Bedürfnissystem des Kindes einnimmt. Nur in denjenigen Ausnahmefällen, in denen z.B. das Kind schon einen Bezug zur Kindergärtnerin oder zu anderen Kindern hat oder zeigt, daß es sich wohl fühlt, darf die Mutter nach Hause gehen.

Zusammenfassung

Das erstmalige Betreten des neuen Lebensraumes Kindergarten ist für die meisten Kinder nicht leicht. Eine kluge Kindergärtnerin weist jedes Kind ein und führt lockere Spiele zum Kennenlernen durch. Die Trennung von der Mutter muß bei einigen Kindern behutsam in kleinen Schritten erfolgen. Mutter und Kind müssen gemeinsam auf die Trennung vorbereitet werden.

Fragen: (1) Welche unterschiedlichen Verhaltensweisen können am ersten Tag im Kindergarten auftreten? (2) Wie würden Sie die Trennung von Ihrem eigenen Kind (a) vorbereiten und (b) gestalten?

7 Die mittlere und späte Kindheit (Schulalter)

Die Zeit der mittleren und der späten Kindheit fällt im wesentlichen mit der Schulzeit zusammen. Deshalb bietet es sich als praktische Lösung an, diesen Lebensabschnitt einfach "das Schulalter" zu nennen. Dieses Lebensalter ist ruhig und stetig wie kaum ein anderes. Das ist bei Mädchen im Alter von 8 bis 11 Jahren, bei Jungen mit 8 bis 12 Jahren.

7.1 Die Entfaltung neuer Körperlichkeit

7.1.1 Körper und Bewegung

Im Schulalter sehen die Kinder anders aus als im Kindergartenalter. *Sie werden groß und schlank und ähneln in ihrer körperlichen Erscheinungsform mehr und mehr den Erwachsenen.* Dieser Gestaltwandel kündigt sich bei den fünf- und sechsjährigen an. Die äußere Erscheinung wirkt harmonisch, die Bewegungen sind flüssig. Der Rumpf streckt sich. Der Kopf sieht nicht mehr übergroß aus wie beim Kleinkind, so daß die Kinder über ihren Kopf ans Ohr fassen können. Der Bauch weicht zurück, die Taille wird erkennbar. Die eingeschulten Jungen können einen Gürtel tragen, das war im Kindergarten meist noch nicht möglich. Die Schultern werden breiter. Der Gesichtsausdruck wirkt wach und prüfend. Der Zahnwechsel beginnt mit dem Ausfall der Schneidezähne. Jungen und Mädchen unterscheiden sich in Länge und Gewicht zunächst kaum, Mädchen haben etwas mehr Fettgewebe als Jungen. Die Körperlänge nimmt langsam und stetig zu.

Die Beweglichkeit (Motorik) wie das Laufen und Werfen, die Kraft usw. entwickeln sich zwischen sechs und zwölf Jahren ziemlich gleichmäßig. Dabei fällt auf, daß in manchen Leistungen anfangs die Mädchen stärker waren als die Jungen. Ein Geschlechtsunterschied, der oft bis ins Erwachsenenalter bestehen bleibt, ist das Werfen. Während mit sechseinhalb Jahren fast alle Jungen die Erwachsenenform des Werfens beherrschen, zeigen wenige gleichaltrige Mädchen diese Bewegungsform. Unterschiede zugunsten der Mädchen lassen sich häufig bei denjenigen motorischen Leistungen zeigen, die enger mit Rhythmus und Bewegungsgenauigkeit zusammenhängen, bei gymnastischen Übungen, vielfach beim Bodenturnen und beim Tanzen. Mädchen sind in der Regel auch bei feinmotorischen Anforderungen geschickter als Jungen, das ist die Fertigkeit mit den Händen, etwa beim Malen, und, was oft für die Schullaufbahn in der Grundschule entscheidend ist, beim Schreiben. Ob Mädchen in diesen Fertigkeiten nicht stärker gefördert werden als Jungen? Während der Einschulung sind die Mädchen den Jungen bei denjenigen Körperfaktoren überlegen, die eine genaue *Selbstkontrolle und Ordnung* erfordern. Diese Überlegenheit beträgt im Schnitt ein Jahr.

Zusammenfassung

Mit 5 bis 6 Jahren werden die Kinder größer und schlanker, ihre körperliche Erscheinung ähnelt den Erwachsenen. Jungen und Mädchen *unterscheiden sich kaum*. Die Beweglichkeit (Motorik) nimmt im Schulalter stetig zu. Bei der Einschulung sind die Mädchen in Selbstkontrolle und Ordnung weiter als die Jungen.

Fragen: (1) Wie unterscheiden sich die Körperformen von Kindergartenkind und Schulkind? (2) Beschreiben Sie die körperliche Erscheinung des Schulkindes. (3) Wie unterscheidet sich die Körperform von Jungen und Mädchen im Schulalter? (4) Kann man vom körperlichen Gestaltwandel auf die geistige Entwicklung schließen? (5) Beschreiben Sie die Entwicklung der Beweglichkeit von Jungen und Mädchen im Schulalter.

7.1.2   Der Bewegungsdrang

Sechs- bis zwölfjährige Kinder brauchen viel Auslauf im Freien. Sie haben das Bedürfnis nach körperlicher Betätigung. Deshalb helfen sie gerne bei groben Arbeiten. Sie karren Schutt, schaufeln Sand und sie spielen gerne Handball, Fußball, Räuber und Schandi, Wettlaufen, Ringkämpfe und Rankeln. Viele klettern gerne. Im Winter geht es zum Schlittschuhlaufen, zum Skifahren und Schlittenfahren. Deshalb ist es besonders für Stadtkinder, die in der Mehrzahl unter völlig unzureichenden Bedingungen ihre Kindheit verbringen müssen, eine Hilfe, wenn sie in einen Schwimm- oder Sportverein oder in einer Fußballmannschaft eingegliedert werden.

Kinder sollen sich täglich wenigstens
einmal richtig austoben dürfen!

Das Schulkind muß seinen *Bewegungsdrang täglich mindestens zwei Stunden* lang abführen können. Dies wird ziemlich oft völlig verkannt. So ist die Anforderung, 4-5 Stunden in der Schule und 1-2 Stunden daheim bei Schulaufgaben sitzen zu müssen, für diese Altersgruppe eine *widernatürliche Überlastung und Überforderung*. Das Kind kann sich gegen diese Belastung und dauernde Versagung (Frustration) nicht wehren. Es stößt mit seinem Anspruch auf Bewegung auf das völlige *Unverständnis der Erwachsenen.*

Die Folgen des Bewegungsmangels sind für viele Kinder wirklich tragisch. Die Kinder suchen nach Bewegungsabfuhr. Dann heißt es, sie seien nervös und könnten sich nicht richtig konzentrieren. Andere reagieren mit Weinkrämpfen und Wutausbrüchen. Diese "Verhaltensstörungen" sollen dann behandelt werden. Wieder andere *flüchten in die Krankheit.* Sie haben Symptome wie Eßunlust, gedrückte Stimmung, Kopfweh, allgemeine Lustlosigkeit. Diese Krankheiten nehmen bei Schulkindern in den letzten Jahren deutlich zu. Da hilft es gar nichts, diese Kinder etwa mit Malstiften, Kinderbüchern und Bastelmaterial ablenken zu wollen, wie gelegentlich vorgeschlagen wird.

Was die Kinder wirklich nötig haben, ist Bewegung. Es gibt auch keinen Grund zu der Annahme, daß irgendwelche hormonellen Veränderungen im Zuge des ersten Gestaltwandels für die genannnten Stimmungen und Verhaltensweisen verantwortlich sind. Die psychotherapeutische Erfahrung mit vielen Kindern zeigt, daß viele Verhaltensstörungen eine Reaktion auf die Blockade des Bewegungsbedürfnisses sind. Immer wieder zeigt es sich: Sobald ein verhaltensgestörtes 6- bis 12jähriges Kind regelmäßig die Möglichkeit erhält, sich austoben zu können, verschwinden die angebliche Nervosität, Aggressivität und Konzentrationsstörung.

Für das Ansehen in der Klasse sind für die Jungen Kraft und Geschicklichkeit wichtiger als gute Schulleistungen. Das Ansehen stärkt das Selbstgefühl. Während der Jahre der Grundschule verhalten sich die Mädchen oft wie die Jungen. Auch sie können mit zerrissener Kleidung und zerschundenen Knien heimkommen. Sie klettern ebenso auf die Bäume oder in Nachbars Garten wie die Jungen. Die *Spielgruppen* der Schulanfänger sind noch gemischt. Mit 10-11 Jahren beginnen die Mädchen, sich von den gemischten Gruppen abzusetzen. Dann beginnt ihr Bewegungsdrang abzuflauen, während die Jungen Betätigung in einem Sportverein suchen.

Zusammenfassung

Schulkinder haben ein starkes Bedürfnis nach Bewegung, das meist unterschätzt wird. Sie brauchen *täglich mindestens 2 Stunden lang Bewegungsspiele*. Das Abblocken des Bewegungsdranges führt zu Nervosität, Konzentrationsschwäche, Kopfweh, allgemeiner Unlust und Wutausbrüchen. Der Mangel an Bewegung ist eine schwere Belastung, die notwendigerweise zu Verhaltensstörungen führt. Die Belastungserscheinungen werden durch Bewegungsspiele abgebaut, die Spaß machen.

Fragen: (1) Erklären Sie den Zusammenhang von Bewegungsmangel und Konzentrationsschwäche. (2) Diskutieren Sie die Menge und die Durchführung des Schulsports.

7.1.3 Körperliche Mängel und Verhaltensstörungen

Im Schulalter geraten manche Kinder in Schwierigkeiten. Das sind die tollpatschigen und ungeschickten Kinder, die überernährten ebenso wie die kleinen und körperlich schwachen Kinder und die behinderten. Dafür gibt es im wesentlichen zwei Klassen von Gründen.

(a) Im Vergleich zu ihren Mitschülern fühlen sie sich im Nachteil. Immer wieder müssen sie feststellen daß sie weniger gut abschneiden als die anderen. Diese abfällige Selbstbewertung wirkt sich auf das Selbstgefühl aus.

(b) Von den Mitschülern werden sie im glücklichen Fall nicht sonderlich beachtet, im unglücklichen Fall verspottet. Beim Wählen etwa der Mannschaften im Sport werden zum Schluß die schwachen Schüler aufgeteilt. Manchmal haben sie Glück, daß sie überhaupt mitspielen dürfen. So finden sie wenig Anerkennung. Diese abfällige Fremdbewertung wirkt sich ebenfalls auf das Selbstgefühl aus.

Von diesem Stand aus können sich nun verschiedene Entwicklungsverläufe auftun. Manche Kinder versuchen durch vermehrte Anstrengung bei körperlichen Leistungen und im Sport ihre Mängel auszugleichen. Das kann gelingen. Andere versuchen durch vermehrte Anstrengung in schulischen Leistungen und auf anderen geschätzten Gebieten zu sozialer Anerkennung zu gelangen. Dabei bieten sich etwa geschicktes Theaterspielen an, Kartentricks, besondere Kenntnisse in der Popmusik u.ä. Eine dritte Gruppe versucht durch Stören im Unterricht, durch Prahlen oder sonstwie aufzufallen. Ein besonders tragisches Schicksal haben die überernährten Kinder. Die Überernährung ist mit einigen krankhaften Ausnahmen die Folge einer verwöhnenden Erziehung. In der Schule finden sie wegen ihres Aussehens keine Anerkennung. So suchen sie nach andersgearteter Verstärkung. Diese finden sie in gewohnter Weise durch das Essen. So werden sie noch dicker. Manche Kinder geben es ganz auf, um Anerkennung zu ringen. Sie ziehen sich von den anderen zurück und werden Eigenbrötler.

Zusammenfassung

Körperliche Mängel stellen eine *schwere Belastung* dar. Dafür gibt es zwei Arten von Gründen: eine *abfällige Selbstbewertung* und eine *abfällige Fremdbewertung*. Betroffene reagieren durch vermehrte Anstrengung auf unterschiedlichen Gebieten, oder geben es auf, um Anerkennung zu ringen.

Fragen: (1) Aus welchen Gründen stellen körperliche Mängel gerade im Schulalter eine schwere Belastung dar? (2) Schildern Sie eine eigene Beobachtung, wie ein körperbehindertes Kind (a) auf seine Mängel bzw. (b) auf das Verhalten der anderen reagiert. (3) Glauben Sie, daß gesunde Kinder zur Eingliederung und Anerkennung von behinderten Kindern angeregt werden können? (4) Sollten behinderte Kinder in die normale Schule eingegliedert werden oder sollten sie in eigenen Anstalten abgesondert werden?

Andreas, Klasse 1c.

7.2 Fähig für die Schule?

Macht es einen Unterschied, von Schulreife oder von Schulfähigkeit zu reden? Läßt sich genau angeben, wann ein Kind "schulreif" ist? Der Ausdruck "Schulreife" legt die Annahme nahe, daß am Kind biologische Merkmale erkennbar sind, die seine "Reife" anzeigen. Der Ausdruck "Reife" kommt aus der Biologie und der Gartenwirtschaft. Die Reife von Birnen und Äpfeln können wir erkennen. Tatsächlich wurde gelegentlich angenommen, daß es eine körperliche Schulreife gäbe. Das sei die Zeit des ersten Gestaltwandels. Seine Kennzeichen sind Streckung des Rumpfes, Annäherung der Körperformen an die Form der Erwachsenen, Ausfall der Schneidezähne. Aber die körperlichen Veränderungen haben mit der seelischen und geistigen Entwicklung wenig zu tun. Körperform und gutes Wachstum sind nicht einmal Voraussetzung für die Schulfähigkeit.

Kräftige Kinder können allerdings die vielfältigen Anforderungen in der Schule leichter bewältigen als körperlich schwächere Kinder, weil der Schulweg, das Tragen der Schultasche und die gesamte Umstellung eine körperliche Belastung darstellen.

Bei aller Freude über den Schulbeginn strengt die Einschulung Kinder so stark an, daß sie im Durchschnitt zwischen 0,5 bis 1,5 kg an Körpergewicht verlieren (wieviel Prozent des gesamten Körpergewichtes sind das?). Wegen dieser Belastung und um späteren Schwierigkeiten mit der Wirbelsäule vorzubeugen, soll das Gewicht der Schultasche nicht mehr betragen als 10% des gesamten Körpergewichts. Wird diese Regel beachtet?

Wichtig ist, wie weit die Feinmotorik der Hand ausgebildet ist. Oft sind es die körperlich kräftigen Kinder die bei den Anforderungen an die Beweglichkeit der Hände, etwa beim Schreiben, versagen. Aus diesen Gründen ist die *Bestimmung der Schulfähigkeit allein über das Wachstum und die Körperform nicht möglich.* Vielmehr kommt es auf die Bestimmung der feinmotorischen, der geistigen, seelischen und sozialen Fähigkeiten an. Diplom-Psychologen und Lehrer können gemeinsam heute sehr genau prüfen, ob ein Kind schulfähig ist. Kann das Kind Aufgaben lösen, versteht es sie überhaupt? Wie ist sein Gedächtnis? Welchen Denkstil bevorzugt es? Kann es Wesentliches von Unwesentlichem trennen? Wird es Schwierigkeiten beim Schreibenlernen haben?

Der Schulanfänger sollte nicht nur Aufgaben zu Ende führen können, er soll auch eine gewisse Bereitschaft haben, *Aufgaben zu übernehmen.* Diese Aufgabenbereitschaft ist meist vorhanden. Erstklässler sind oft begeistert, wenn sie eine Aufgabe übernehmen dürfen. Leider kann nicht jede

Aufgabe zu Begeisterungsstürmen hinreißen. *Während die hauptsächliche Tätigkeit im Kindergarten das gemeinschaftliche Spiel war, ist in der Schule das Lernen auf Anordnung die vorrangige Tätigkeit.* Obwohl das Wort von der "Klassengemeinschaft" oft benutzt wird, werden doch die wenigsten Lehrvorgänge gemeinschaftlich gestaltet. Vielmehr muß bei genauer Betrachtung jedes Kind für sich lernen. Es wird einzeln abgefragt und erhält als einzelnes seine Beurteilung. So findet sich das Kind in der Schule in einer völlig neuen Situation.

Vielfach beziehen sich bis heute die Verhaltensregeln auf Pünktlichkeit, Ordnung und, mehr oder weniger deutlich, Anpassung. Um diese Anforderungen über längere Zeitstrecken bewältigen zu können, muß das Kind eine außerordentlich positive Einstellung zur Schule bereits mitbringen. Tatsächlich sind fast alle Schulanfänger vom ersten Schultag begeistert. Wie lange?

Zusammenfassung

Die Bestimmung einer "Schulreife" anhand von Körpermaßen ist unmöglich. Die *Schulfähigkeit* kann vom Psychologen durch Testen der seelischen und geistigen Fähigkeiten ziemlich genau bestimmt werden. Das schulfähige Kind strebt Ziele an. Es ist bereit und fähig, Aufgaben zu übernehmen und selbständig zur Lösung zu bringen. Über eine erfolgreiche Lösung empfindet es Befriedigung.

Fragen: (1) Begründen Sie, warum der noch heute häufig gebrauchte Begriff "Schulreife" falsch ist. (2) Welche Merkmale hat ein schulfähiges Kind? (3) Wiegen Sie einen Erstkläßler und seine Schultasche. Vergleichen Sie die Daten. (4) Fragen Sie eine Lehrkraft für Erstkläßler: "Welche Verhaltensregel sollen Schulanfänger als erste lernen?"

7.3 Die geistige Entwicklung

7.3.1 Entwicklung der Wahrnehmung

Wieviele Schneearten kennen Sie? Wieviel Grüntöne können Sie benennen? Falls Sie eine Farbskala für Grüntöne zur Hand haben, werden Sie erkennen, daß Ihr Auge viel mehr unterscheiden kann, als Sie benennen können. Warum Sie so wenige Farbnuancen kennen? Ganz einfach, weil Sie keinen Bedarf daran haben. Auch sechsjährige Kinder können oft Unterschiede nicht benennen, die sie vermutlich wahrnehmen. So können sie zum Beispiel nicht in einem gesprochenen Satz die Laute benennen. Warum? Weil (a) die Lautnamen a e x willkürliche Festlegungen sind, die sie noch gar nicht kennen, und weil (b) die Sprache sehr viel mehr Laute enthält als das ABC Lautnamen. Sechsjährige haben oft noch eine andere Schwierigkeit. Nicht jedem Kind gelingt das beidseitige Sehen, weil das Auge noch nicht reif ist. Die Seh- und Hörschärfe nimmt zwischen 6–14 Jahren beträchtlich zu. Zwölfjährige können Tonhöhen wesentlich genauer unterscheiden als sechsjährige. Entsprechendes gilt für die Unterscheidung von Helligkeit und Farbnuancen.

Der Grund liegt in der *Reifung* der Sinnesorgane. *Es hängen also Wahrnehmung, Reifung der Sinnesorgane und Bedarf zusammen.* Jede Wahrnehmung ist meist auch eine Vereinfachung. Das kommt daher, daß das menschliche Hirn bestrebt ist, sich Arbeit zu sparen. Deshalb werden bei der Einspeicherung ins Gedächtnis zunächst ähnliche Formen gemeinsam in die gleiche Kategorie gelangen. Hinzu kommt, daß jüngere Schüler noch nicht planmäßig beobachten. Aus diesen Gründen neben anderen fällt es Kindern schwer, die nach der sog. Ganzwortmethode im Lesen und Schreiben ausgebildet wurden, die ähnlichen Buchstaben auseinander zu halten. Auch bei der Wiedergabe des Wahrgenommenen gibt es Unterschiede zu den älteren. Sechs- bis achtjährige Kinder malen, was sie wissen. Erst später malen die Kinder, was sie wirklich sehen.

Ähnliche Formen werden zwecks Arbeitserleichterung bei der Einspeicherung im Gedächtnis in dieselbe Schublade (Kategorie) gepackt. Deshalb ist es nicht verwunderlich, daß Formen wie "a" und "o" nicht unterschieden oder zumindest oft verwechselt werden. Die Erklärung allein, daß "a" und "o" unterschiedliche Bedeutungen haben, hilft dem Kind nicht. Was muß ein Lehrer tun, damit beide Buchstaben für das Kind stets unverwechselbar verfügbar sind?

Kinder lassen sich oft von solchen Einzelheiten ablenken, die sie vom *Gefühl* her ansprechen. Das kann der Lehrer ausnutzen. Er muß nur versuchen, diejenigen Merkmale, auf die es ankommt, im Gefühl zu verankern. *Wahrnehmen, Handeln und geistige Entwicklung bedingen sich gegenseitig.* Die Wahrnehmungsfähigkeit wird durch Selber-Tun erweitert. Je mehr Erfahrung durch Selber-Tun gemacht wurde, desto vielfältiger können sich geistige Vorstellungen über Handlungen und ihre Folgen herausbilden. Der Schüler muß viele Gelegenheiten erhalten, um Vorstellungen erwerben zu können. Im Schulunterricht besteht das Problem, ob der Lehrer über die Geschicklichkeit verfügt, den Schülern Handlungsmöglichkeiten einzuräumen, die ihnen auch Spaß machen.

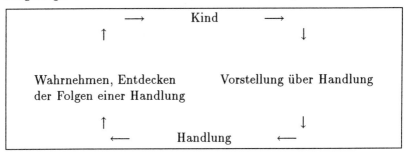

Nicht alle Kinder können Vorstellungen willkürlich hervorrufen. Sie benötigen dazu die Unterstützung durch eine erneute Wahrnehmung. Das bedeutet für den Lehrer, daß er für *häufige Wiederholungen* sorgen muß, bis er sicher ist, daß die Reproduktion der Vorstellung gelingt.

Zusammenfassung

Im Schulalter ist die Entwicklung der Wahrnehmung von zwei Dingen abhängig: von der *Reifung der Sinnesorgane* (Beispiel: beidseitiges Sehen) und vom *Bedarf*. Kleine Unterschiede werden oft nicht wahrgenommen, weil das Gehirn bestrebt ist, Arbeit zu sparen. Kinder nehmen wahr, was sie vom Gefühl her anregt, sie beobachten noch nicht planmäßig. Die Fähigkeit zur Wahrnehmung von Einzelheiten und Unterschieden wird durch Selber-Tun erweitert.

Fragen: (1) Erklären Sie den Zusammenhang von Differenzierung der geistigen Vorstellung des Handelns und dem Entdecken. (2) Suchen Sie Beispiele für entdeckende Wahrnehmung durch Selber-Tun im Schulunterricht.

7.3.2 Einprägen

Lesen (hören) Sie folgende Zahlen: 3 7 5 1 8 4. Sagen Sie die Zahlen
rückwärts aus dem Gedächtnis. Das wird Ihnen gelingen, wenn Sie sich
voll auf diese Zahlenreihe einstellen. Gelingt es? Nun wissen Sie, was
das Kurz-Zeit-Gedächtnis ist. Das Kurz-Zeit-Gedächtnis (KZG) ist für
das bewußte augenblickliche Vergegenwärtigen von Gedankeninhalten
zuständig. Der Erwachsene kann sich etwa 7 +/− 2 Inhalte gleichzeitig
vergegenwärtigen. Durch das Verknüpfen von Gedanken können wir uns
mehr Inhalte merken.

Das viele Wissen, das wir durch Erfahrung oder durch Pauken in unseren
Hirnschubladen gespeichert haben, befindet sich im Lang-Zeit-Gedächtnis (LZG). Alles, was ins LZG gelangt, geht den Weg über das KZG. Das
werden Sie schnell einsehen, wenn Sie sich obige Zahlenreihe bis morgen
merken wollen. Ein Erstkläßler kann sich sicher nur 2, selten 3 Inhalte
gleichzeitig vergegenwärtigen.

Bedenken Sie, was das für das Schreiben bedeutet. Erst, wenn der Schüler gelernt
hat, seine Gedanken nach irgendeinem Gesichtspunkt zu ordnen, kann er sich mehr
merken. So kann der Erstkläßler die Buchstaben S-U-S-I nach dem Lautbild susi verknüpfen, um diesen Mädchennamen selbständig aus dem Kopf schreiben zu können.

Beim jüngeren Schulkind entwickelt sich das Einprägen vom unwillkürli-
chen, unbeabsichtigen Behalten aus Freude an der Sache zum bewußten
absichtlichen und aktiven geistigen Vorgang. Anfangs verläuft das Einprägen mechanisch durch Kontrolle von außen etwa durch rhythmisches
Hersagen von Reimen und von Merksätzen. Ab etwa 9-10 Jahren und
später wird das sinnerfüllte Einprägen typisch. Der Schüler kann sich
schneller als vorher einen Inhalt einprägen. Er kann ihn in sein bereits
vorhandenes Wissenssystem einordnen und deshalb dauerhaft behalten
und sicher abrufen.

Diese Fähigkeit ist erst möglich, wenn der Schüler seinen Lernstoff selbständig gedanklich zergliedern kann. Das setzt voraus, daß er den Stoff
gedanklich erfaßt hat. Gegen Ende des Schulalters, etwa mit 14 bis 15
Jahren hat der Mensch die beste Merkfähigkeit seines Lebens für un-
geordnete Elemente. Dieses Alter ist der Höhepunkt des mechanischen
Gedächtnisses, falls es trainiert wird. In dieser Zeit kann der Mensch z.B.
am besten Vokabeln lernen. Das Gedächtnis läßt sich aber auch später
trainieren.

Machen Sie dazu einen Selbstversuch in Wettkampfsituation. Dazu lernen einige Schüler täglich genau 10 Minuten lang so viele englische Vokabeln, wie sie nur schaffen. Wer die meisten Vokabeln wiedergeben kann, hat gewonnen. Dieses Spiel läßt sich abwandeln. Die Lernenden werden unmittelbar nach dem Einprägen gefragt, eine Stunde später oder am nächsten Tag (selbstverständlich müssen die Vokabeln für alle Schüler unbekannt sein). Auch hier, wie schon im vorigen Abschnitt, können Sie erkennen, wie wichtig die Wiederholung für das Lernen ist.

Zusammenfassung

Das Kurz-Zeit-Gedächtnis ist für das gleichzeitige Vergegenwärtigen. Im Lang-Zeit-Gedächtnis ist all unser Wissen gespeichert, dessen wir uns gar nicht gleichzeitig bewußt sein können. Alles Einprägen und alles Wiedererinnern geschieht über das KZG. Die Speicherfähigkeit des KZG ist sehr begrenzt. Ein Erstkläßler kann sich nur 2 bis 3 Dinge gleichzeitig vergegenwärtigen, ein Erwachsener 5 bis 7. Die Merkfähigkeit wird deutlich verbessert, wenn die Gedanken verknüpft werden. Für unverbundene Inhalte wie Vokabeln läßt sich das Gedächtnis durch Üben verbessern.

Fragen: (1) Was sind die Aufgaben von KZG und LZG? (2) Warum kann ein Erstkläßler seine Aufmerksamkeit nur auf 2, höchstens 3 Dinge gleichzeitig lenken? Und was ist daraus (a) für das Schreiben, (b) für sein Verhalten im Straßenverkehr zu folgern?

7.3.3   Das Denken – konkrete Denkoperationen

Wir machen den Umschüttversuch. Niemand von uns wird dabei Schwierigkeiten haben. Wir führen den Versuch einem Kind aus einem Kindergarten und einem Kind aus der Grundschule vor: Wir zeigen dem Kind zwei gleiche dicke Glaskolben A und B. Eine Menge Perlen (oder Wasser) werden von A nach B geschüttet und umgekehrt. Das Kind erkennt, daß es sich jedesmal um dieselbe Menge handelt. Es erkennt dies auch, wenn beide Kolben und A und B aufgeschüttet werden. Für das Kind ist die Menge A = B. Nun wird die Menge B in einen dünnen hohen Kolben B' umgeschüttet. Wir stellen die Frage "Wo sind mehr Perlen drin (wo ist mehr Wasser drin)?" und zeigen "in A oder in B?". Die meisten Kinder im Vorschulalter zeigen auf einen der beiden Kolben auf A, "weil der dicker ist" oder auf B', "weil der höher ist".

Kinder können oft durchdringend beobachten und nachdenken!

Ein Schulkind antwortet sofort: "Beide haben gleichviel" oder "in beiden ist die gleiche Menge". Auf unsere Frage: "warum?" antwortet es: "dieser Kolben ist zwar kürzer, aber dafür dicker", oder "dieses Glas ist zwar höher, aber dünner" oder "alle Perlen des einen Glases haben Platz im anderen" – "es wurde dieselbe Menge Wasser umgeschüttet". Wenn umgekehrt im dünnen, hohen und im dicken Kolben die Flüssigkeit den gleiche Pegel erreicht, wird nur das Schulkind erkennen, daß die Inhalte verschieden sind.

Einen ähnlichen Versuch kann jeder von Ihnen Kindern aus dem Kindergarten und aus der Schule vorführen. Für den Stäbchenversuch benötigen wir 8 – 10 gleich lange Stäbchen (Bleistifte oder ähnliches), die wir in zwei Reihen auf den Boden legen. Beide Reihen enthalten die gleiche Anzahl von Stäbchen. In der oberen Reihe liegen sie eng beieinander, während die untere Reihe auseinandergezogen ist, so daß sie länger aussieht. Die Zahl der Stäbchen beträgt in beiden Reihen vier Stück, so daß sie überschaubar ist. Das fünfjährige Kind sagt spontan, daß in der unteren Reihe mehr Stäbchen liegen als in der oberen, weil die untere Reihe länger ist. Es wird dies meist auch behaupten, wenn es zuschaut, wie aus der oberen Reihe die untere hergestellt wird. Ab etwa 6–7 Jahren erkennt das Kind jedoch, daß beide Reihen dieselbe Anzahl Stäbchen enthalten und sich allein durch die Anordnung unterscheiden. Was unterscheidet die Siebenjährigen von den Fünfjährigen? Die Älteren können sich *vom bloßen Augenschein lösen*. Trotz Veränderung der äußeren Form erkennen sie, daß die Menge erhalten bleibt. Sie können einfache Handlungen in der *Vorstellung* geistig durchführen. Allerdings sind die Denkoperationen noch an *konkrete Dinge* gebunden. Sie beziehen sich auf Gegenstände, die das Kind wirklich sieht oder gesehen hat und auf Handlungen, die es selbst ausgeführt hat.

Wenn wir versuchen wollten, einem zehnjährigen Kind diesen Umschüttversuch mit bloßen Worten zu erklären, klappt der Versuch nicht, d.h. das Kind versteht uns nicht. Die rein geistige Vorstellung solcher Veränderungen ist dem Kind noch nicht möglich. Das Kind muß den Vorgang sehen. Es ist noch an die *konkrete Handlung* gebunden, deshalb sprechen wir von der *Stufe der konkreten Denkhandlung*. Wir könnten einen weiteren Versuch machen, der uns zeigt, was das Kind in der Grundschule noch nicht kann.

Wir fragen "Edith ist heller (blonder) als Hedwig. Edith ist dunkler als Andrea. Welches Mädchen ist am dunkelsten (am hellsten)?". Diese Frage ist erst etwa ab 12 bis 14 Jahren lösbar, nämlich auf der Stufe der formalen Denkoperationen.

Zusammenfassung

Der Umschüttversuch und der Stäbchenversuch zeigen, daß sich das Schulkind vom Augenschein lösen und eine einfache Handlung in der Vorstellung geistig durchführen kann. Es würde sonst die *Erhaltung der Menge* nicht erkennen. Aber das Kind muß den Vorgang *sehen*. Es ist an die Anschauung der konkreten Handlung gebunden. Falls der Versuch bloß erzählt wird, kann das Schulkind die Erhaltung der Menge nicht erkennen.

Fragen: (1) Erzählen Sie den Umschüttversuch und den Stäbchenversuch mit eigenen Worten. (2) Welche neue Denkfähigkeit des Schulkindes zeigen die Versuche? (3) Überlegen Sie, was könnte diese Denkfähigkeit für den Alltag und für das Spiel bedeuten?

7.3.4 Anwendung des Denkhandelns

Welche Auswirkungen haben die konkreten Denkfähigkeiten auf das praktische Verhalten des Kindes? Das Kind kann sich nun konkrete Handlungen (Operationen) vorstellen. Mehr noch, es kann mehrere vorgestellte Handlungen zu einer Reihe verbinden. Dazu ein einfaches Beispiel. Folgende zwei Vorstellungen sind verfügbar: (a) Wenn ein Ei in kochendes Wasser gelegt wird, ist es nach einigen Minuten genießbar, (b) Wasser kann man in einen Topf gießen und zum Kochen bringen.

Beide Operationen sind ziemlich verschieden und haben je für sich genommen nichts miteinander zu tun. In die richtige Reihenfolge gebracht, ergeben sie eine sinnvolle Handlung. Natürlich lassen sich weitaus mehr als zwei Operationen zu einer sinnvollen Handlungsreihe verbinden. Für uns ist wichtig zu beachten, *die Ergänzung einer geistigen Operation durch eine andere setzt die freie Verfügung über die einzelnen Operationen in der Vorstellung voraus.* Auf dieser Denkstufe *weiß* das Kind, daß diese Reihe nicht aus Zufall eine sinnvolle Handlung ergibt, sondern daß es die Handlungsreihe jederzeit wiederholen kann, stets mit demselben Ergebnis. Es weiß auch, welche Glieder der Reihe in einer festen zeitlichen Ordnung stehen und welche nicht.

So wird das Ei erst ins Wasser gelegt, wenn dieses kocht. Dagegen ist es gleichgültig, wann das Ei angestochen wird, damit es nicht platzt, bevor das Wasser aufgesetzt wird, während es kocht, oder bevor das Ei ins Wasser gelegt wird. Auf der Stufe der konkreten Denkoperationen kann das Kind eine Reihe von Handlungen durchdenken, bevor es die Handlungsreihe durchführt. Dabei kann es in der Vorstellung die Reihenfolge ändern und sich das voraussichtliche Ergebnis überlegen. Es überdenkt dabei den Zusammenhang von Ursache und Wirkung, ohne selbst handeln zu müssen.

Das *Durchdenken der verschiedenen Handlungsmöglichkeiten* mit den möglichen Handlungsergebnissen ist ein *geistiges Probehandeln.* Dieses Probehandeln ist konkretes Denken. Mit der Fähigkeit des Probehandelns ist das Kind weitgehend unabhängig von der Situation. Es unterscheidet zwischen den Dingen der Außenwelt und ihren Zusammenhängen einerseits und der hypothetischen Abbildung der Dinge und ihren Zusammenhängen in der geistigen Welt andererseits. Allerdings fällt es dem Kind noch schwer, sich nur hypothetisch durch bloßes Denken mit den Dingen zu befassen. Die geistigen Erprobungen finden noch immer im Hinblick auf die Bewältigung einer bestimmten Situation statt. Der rein gedankliche Umgang mit Vorstellungen gelingt erst auf der nächsten und letzten Entwicklungsstufe des Denkens.

Zusammenfassung

Die neue Fähigkeit, Handlungen zu durchdenken und Teilhandlungen zu ordnen, *bevor sie ausgeführt werden*, ermöglicht dem Schulkind im Alltag die Bewältigung von praktischen Aufgaben. *Geistiges Probehandeln* ermöglicht das Abwägen verschiedener Wege, um zum gewünschten Ergebnis zu kommen. Dieses Probehandeln als konkrete Denkoperation ist an die konkret sichtbare Situation gebunden.

Fragen: (1) Durch welche Versuche wurde nachgewiesen, daß das Schulkind eine Handlung in der Vorstellung durchführen kann? (2) Welche Fähigkeit muß das Kind erworben haben, bevor es Handlungen zu einer Handlungskette (Handlungsreihe) verknüpfen kann?

7.3.5 Lernvorgänge

Schließen Sie die Augen und stellen Sie sich in Bildern lebhaft etwa vor: Auf einer Radwanderung ist der Vorderreifen geplatzt. Was werden Sie tun? Oder: Sie wollen ein Fest veranstalten. Was tun Sie, damit es ein Erfolg wird? Beschreiben Sie jede Handlung ganz genau, so daß eine Kette von Handlungen entsteht. Dieses geistige Probehandeln haben Sie mit 6 bis 12 Jahren gelernt.

Auf der Stufe der konkreten Denkoperationen bekommt das Lernen durch Verstärkung eine neue Qualität. Während bisher Handlungen verstärkt wurden, die vorher ausgeführt worden waren, ist das Kind nun fähig, *durch geistiges Probehandeln Erfolg oder Mißerfolg seines Handelns voraus zu berechnen.* Infolgedessen wird es bereits vor Ausführung einer Handlung einen Erfolg mit einer gewissen Wahrscheinlichkeit, bzw. das Risiko des Mißerfolgs, erwarten können. Jetzt ist ein Ereignis dann eine Verstärkung, wenn es vorher als Erfolg erwartet wurde. Verstärkung oder Mangel an Verstärkung ist jetzt also mehr und mehr auf die Einstellung und Erwartung des Schülers zu beziehen. Daher wird für den Lehrer und für die Eltern die Vorhersehbarkeit der Wirkung von Verhaltensfolgen wesentlich erschwert. Ebenso wandeln sich Nachahmungslernen und Rollenspiel. Der Schüler kann nun ganze Handlungsreihen *beobachten, innerlich abbilden und nachmachen.*

Komplizierte Verhaltensketten kann er ausführen und nach eigener Überlegung verändern. So kann ein älteres Schulkind bereits ziemlich komplizierte Tätigkeiten ausführen, etwa beim Basteln oder beim Reparieren seines Fahrrads.

Zusammenfassung

Die Fähigkeit, Handlungen zu durchdenken, bevor sie ausgeführt werden, erlaubt es dem Schulkind, einen möglichen Erfolg oder Mißerfolg im voraus zu erwarten. Jetzt ist ein Ereignis dann eine Verstärkung, wenn es vorher als Erfolg erwartet wurde. Der Schüler lernt ganze Verhaltensreihen zu *beobachten,* *innerlich abzubilden und nachzuahmen.* **Er ahmt eine Handlungskette nach, wenn er beobachtet hat, daß sie zum Erfolg führt.**

Fragen: (1) Was ist Lernen durch Verstärkung? (2) Beschreiben Sie das Verstärkungslernen beim Probehandeln. (3) Beschreiben Sie das Nachahmungslernen. (4) Was wird gefördert, wenn ein Kind bei Durchführung einer Handlung Erfolg hat?

7.4 Sprechen und Sprache

Auf die Frage, was eine Kuh sei, sagte die fünfjährige Helga: "Eine Kuh, die ist so braun und die ist immer auf einer Wiese, und, ... eine Kuh kann man melken." Der 14jährige Gerhard, der ziemlich klug ist, antwortete: "Die Kuh ist ein Säugetier, das zur Milchproduktion gezüchtet wird."

Die Entwicklungsstufe des Denkens zeigt sich in der Aneignung und Anwendung von Begriffen. Umgekehrt erleichtert die Verfügbarkeit von Begriffen die sinnliche Vorstellung. So fördern sich Denken, Wissen und Sprache gegenseitig. Im Vorschulalter waren Denken und Sprechen an Ereignisse gebunden. Sie waren unmittelbar in die Tätigkeit des spielenden Kindes eingebettet. Auf die Frage, was ein Messer sei, würde ein Kind im Vorschulalter etwa antworten: "Ein Messer ist, wenn man schneidet" oder "ein Messer ist zum Schneiden". Es liefert zur Kennzeichnung eines Gegenstandes eine Umschreibung der Tätigkeit, die man damit ausführen kann, oder - etwas besser - den Zweck. Im Schulalter beantwortet es diese Frage zunächst durch Nennung eines sehr allgemeinen Oberbegriffes: "Ein Messer ist ein Ding zum Schneiden". Erst später liefert es einen unmittelbar übergeordneten Begriff: "Ein Messer ist ein Werkzeug zum Schneiden" - "... ein Schneidegerät" usw.

Wir erkennen: Anfangs, etwa zu Beginn des Schulalters, erfolgt die Bestimmung von Begriffen durch Angabe einer *typischen* Tätigkeit oder der Verwendung des Gegenstandes und/oder eines Zwecks. Auf der höheren Ebene der Sprachentwicklung nennt das ältere Schulkind den *Oberbegriff*, etwa den Gattungsnamen, und das oder die wichtigsten Merkmale. Diese Begriffsbestimmung kommt schon einer wissenschaftlichen Begriffsbestimmung ziemlich nahe. Auf dieser Stufe hat der Schüler ein kompliziertes Wissenssystem zur Verfügung, in das er einen Begriff einordnen kann. In diesem System sind die Begriffe als Bezeichnung für Tätigkeiten, Ereignisse, Handlungen, Personen einander übergeordnet, untergeordnet oder nebengeordnet. Je nach Zweck des Abrufs können sie jederzeit umgeordnet werden. Während der jüngere Schüler eher lebenspraktische Begriffe von seiner Tätigkeit und von den Dingen her entwickelt, erwirbt das eigentliche Schulkind einen Großteil der neuen Begriffe im Unterricht. Das ist der umgekehrte Weg. Er führt von der Begriffsbestimmung zum Gegenstand. Die Fähigkeit, auf diese Art zur Begriffsbestimmung zu gelangen, ist die Voraussetzung für einen Mathematikunterricht, der über den Bereich der anschaulichen Zahlen hinausgeht.

Peruanische Mädchen: Eine Klasse muß nicht
immer nur aus Gleichaltrigen bestehen!

Zusammenfassung

Mit zunehmendem Wissen gewinnt die Sprache an Genauigkeit. Und umgekehrt: *Die Kenntnis von Begriffen erleichtert das Denken.* Anfangs wird zur Kennzeichnung eines Gegenstandes eine typische Farbe oder eine Tätigkeit angegeben. Der junge Schüler lernt neue Begriffe durch Tätigkeiten. Später wird zur Kennzeichnung eines Gegenstandes der *Oberbegriff* angegeben. Dann erst können über Begriffsbestimmung neue Gegenstände eingeführt werden.

Fragen: (1) Wie hängen Wissen, Denken und Sprechen zusammen? (2) Wie wird zu Beginn des Schulalters ein Gegenstand bestimmt, wie später? (3) Erklären Sie die unterschiedliche Ausdrucksweise der beiden Schüler am Anfang dieses Textes.

7.5 Soziale Beziehungen im Schulalter

7.5.1 Die Entwicklung der sozialen Beziehungen im Schulalter

Bereits im Kindergartenalter hatte das Kind die Fertigkeit, mit anderen Kindern nach bestimmten *Regeln* zu spielen. Diese Fertigkeit gilt als ein Kriterium für die *Gruppenfähigkeit.* Wenn nun das Kind eingeschult wird, ist es darauf vorbereitet, aktiv am Gruppenleben teilzunehmen. Es hat bereits wichtige soziale Verhaltensweisen gelernt. Allerdings waren diese Gruppen, die sich zum Zweck eines Spiels bildeten, noch unbeständig. Meist wurden sie von einem Erwachsenen - etwa von der Kindergärtnerin - gebildet. Nach dem Spiel lösten sie sich wieder auf. Mit dem Schulbeginn tritt das Kind erstmals in seinem Leben in eine dauerhafte, institutionelle *Gruppe zum Zweck des gemeinsamen Lernens* ein.

Die Schulanfänger sind aber im Umgang untereinander noch unbeholfen. Falls sie sich nicht kennen, reden sie kaum miteinander. Verabredungen finden nicht statt, außer wenn der Lehrer sie trifft. Doch diese Unsicherheiten in den sozialen Beziehungen werden im Laufe der ersten zwei bis drei Schuljahre überwunden. Dazu trägt ein Bündel von Tatsachen bei: das tägliche Treffen in der Schulklasse, das gemeinsame Lernen sowie außerschulische Tätigkeiten, etwa auf dem Schulweg oder auf dem Spielplatz. Dies führt mit 9 bis 10 Jaren zu den *ersten spontanen Gruppenbildungen*, die nicht von Erwachsenen angeregt wurden. Die Zweitklässler haben - bei entsprechender Führung durch die Lehrkraft - ein deutliches Gruppengefühl. Sie setzen sich gegen die "kleinen" Erstklässler ab und fühlen sich schon sicher im Schulbetrieb. In der dritten Klasse sind die Kinder gelegentlich bereit, der Lehrerin, etwa zum Geburtstag, ein gemeinsames Geschenk zu machen und nicht mehr jeder einzeln für sich. Diese erste Gruppenbildung in der Schule hat allerdings keinen Bestand, sobald die Kinder das Schulgebäude verlassen. Dazu ist die Gruppe zu groß und zu unübersichtlich. Es finden aber in diesem Alter auf ähnliche Weise *Gruppenbildungen im Wohngebiet* der Kinder statt. Die neun- bis zehnjährigen Schüler eines Wohngebietes schließen sich spontan zu Gruppen zusammen. Diese Gruppen werden oft von Kindern gebildet, die sich auf einem gemeinsamen Spielplatz treffen, etwa zum Fußballspiel. Andere kennen sich aus der Schule oder durch Nachbarschaft oder vom gemeinsamen Schulweg. Sie kommen in irgendeiner Nische zusammen, die weder von den Erwachsenen noch vom Straßenverkehr beansprucht wird.

Das Schulkind *im mittleren Kindesalter* liebt *Gruppenspiele mit viel Bewegung*. Das sind, falls ein Spielplatz in der Nähe ist, Ballspiele wie Fußball und Zweifelderspiel (Völkerball) oder Verstecken und Fangen, Indianerspiele, Rankeln (Ringen) und andere Wettkampfspiele. Alle diese Spiele sind *Regelspiele*. Auf das Einhalten der Regeln wird streng geachtet. Gelegentlich läßt sich beobachten, wie Kinder wegen einer vermeintlichen Regelverletzung untereinander in heftigen Streit geraten. Auch beim Rankeln und Ringen sind nur "saubere" Griffe erlaubt.

In den Gruppen gibt es häufig - nicht immer - einen Anführer. Die Führerschaft kann je nach Situation wechseln. Manchmal gibt es Kämpfe um die Führerschaft. Ein Kind ist nicht Anführer, weil es gute Schulnoten hat oder bei Erwachsenen gut angesehen ist, sondern weil es *Ideen zu gemeinsamen Unternehmungen* hat. So werden in den Gruppe langsam die persönlichen Eigenschaften der Kinder sichtbar. Das Bündel von Eigenschaften, das wir später einer Person zuschreiben, nennen wir ihren Charakter. Die Gruppenbildungen der neun- bis zwölfjährigen Schüler sind ziemlich dauerhaft. Meist finden sich die Kinder wegen der gemeinsamen Spielinteressen zusammen. Da diese Interessen besonders bei Jungen im Bewegungsspiel und im sportlichen Spiel liegen, treten sie oft in einen Sportverein ein. Viele Männerfreundschaften begannen in dieser Zeit. Der "Lausbub" ist der typische zehn- und elfjährige Junge, der gern Streiche spielt. Außerdem spielt er gern Gespenst, erschreckt seine Schwestern und tobt sich bei "Räuber und Schandi" aus.

In dieser Zeit sind die Väter auf ihre Jungen recht stolz. Das Alter erinnert an die eigenen Streiche. Gelegentlich hört man sie erzählen, was sie angeblich alles angestellt haben. Aber wehe, wenn der eigene Sohn etwas anstellt - oder sich dabei erwischen läßt. Der Fußball in Nachbars Garten ist noch harmlos, obwohl sich viele Nachbarn über einen Ball mehr aufregen, als über die Luftverschmutzung durch ein Auto.

Nach unserer Gesetzgebung kann bereits ein Vierzehnjähriger strafrechtlich verfolgt werden, wenn er eine Fensterscheibe eingeworfen hat oder über den Zaun, etwa eines Fußballstadions, geklettert ist. Als Begründung wird von Juristen ein "Unrechtsbewußtsein" angenommen. Zum Ausgleich werden häufig die Kinder als schuldig betrachtet, wenn sie in einen Unfall auf der Straße verwickelt sind, etwa mit dem Fahrrad. Zehn- und elfjährige Jungen machen gern mit dem "Radl" die Gegend unsicher. Mit dem Rad werden sportliche Wettspiele veranstaltet, ein andermal wird der Stadtteil *erkundet*. Der elfjährige Junge schwingt sich aufs Rad wie ein Cowboy oder wie ein Radstar, den er kürzlich im Fernsehen sah.

In den frühen Abendstunden des September sind Versteckspiele beliebt. An diesen Spielen nehmen auch gern die Mädchen teil. In diesem Alter setzen sich die Mädchen von den gemischten Gruppen langsam ab. Die meisten machen beim Klettern und Fußballspiel ohnehin nicht mit. Sie schließen sich zu zweit oder zu dritt, jedoch meist in kleinen Gruppen zusammen und "reden" über Eltern, Lehrer und über die Jungen. Mädchen interessieren sich sehr viel früher als Jungen für die sozialen Beziehungen zwischen den Menschen. So sind die meisten Gruppen der Elf- bis Vierzehnjährigen gleichgeschlechtliche, gleichaltrige Gruppen.

Die Gruppe

Eine Gruppe besteht aus mehreren Kindern, die - zumindest zeitweise in bestimmten Situationen - gleiche Interessen haben und gleiche Vorstellungen etwa von Spielregeln im Spiel. Die Gruppenmitglieder beeinflussen sich gegenseitig durch ihr Verhalten in der Gruppe. Meist fühlen sie sich miteinander verbunden, bis das Ziel der Gruppe, etwa eine Gegenmannschaft zu schlagen, erreicht ist. Es gibt ziemlich unterschiedliche Gruppen. Kinder, die sich spontan zu einem Spiel zusammenfinden, bilden ebenso eine Gruppe wie eine Fußballmannschaft oder die Teilnehmer einer Party. Auch eine Schulklasse gilt als Gruppe, obwohl einige der oben angegebenen Merkmale fehlen.

Die Gruppen haben für die Kinder im Schulalter eine vielfältige Bedeutung:

- In der Gruppe werden durch gemeinsame Tätigkeiten und Regelspiele *soziale Erfahrungen* erworben. Das Kind lernt, die Beziehung zu den Altersgenossen zu steuern, es lernt zu führen, Anregungen zu geben, sich einzuordnen, seine Belange zu verteidigen, seine Wünsche in angemessener Weise durchzusetzen und Übereinkünfte zu schließen, und es lernt, kritisch zu sein. Diese Erfahrungen werden durch eigenes Handeln und Erleben in der Gruppe gemacht. Aber auch die Beobachtung des Verhaltens der Gleichaltrigen in der Gruppe vermittelt eine Menge von mitmenschlichen Erfahrungen.

- Indem das Kind sich einer Gruppe zuordnet, verschafft es sich ein Stück *Unabhängigkeit von den Erwachsenen*. Denn was in der Gruppe unternommen wird, wird meist von der Gruppe beschlossen.

- Die Zugehörigkeit zu einer länger andauernden Gruppe, wie sie im mittleren und späteren Schulalter typisch wird, verschafft dem Kind einerseits neue Freundschaften und somit *neue Gefühlsbindungen*, und das bedeutet gleichzeitig andererseits ein Stück Unabhängigkeit der Gefühle von den Eltern.

- Die Achtung in einer Gruppe vermittelt eine innere Sicherheit und Selbstachtung, sie führt somit zur *Stärkung des Selbstbewußtseins* Die Gruppe gewinnt mit zunehmenden Alter immer mehr an Bedeutung.

Zusammenfassung

Die Schulklasse ist im Leben des Menschen die erste Gruppe zum *Zweck des gemeinsamen Lernens*. Zu ersten *spontanen Gruppen* finden Neun- und Zehnjährige zusammen, sie bevorzugen *Regelspiele (Wettkämpfe)* mit viel Bewegung. Führer wird, wer Ideen zu gemeinsamen Unternehmungen hat. In der Gruppe macht der Schüler *soziale Erfahrungen*, verschafft sich Unabhängigkeit von Erwachsenen und neue Gefühlsbindungen, sie stärkt sein Selbstvertrauen.

Fragen: (1) In welchem Alter bilden sich erste spontane Gruppen? (2) Welche Merkmale haben Gruppenführer? (3) Welche Bedeutung hat die Gruppe für den Schüler?

163

10-jährige Mädchen: Die Gleichaltrigen
und Gleichgeschlechtlichen gruppieren sich.

7.5.2   Die Beziehung zwischen den Geschlechtern

Viele Kinder sind aus dem Kindergarten gewohnt, *in gemischten Gruppen* zu spielen. Auch in der freien Spielgemeinschaft leben Jungen und Mädchen zunächst zusammen. Das ändert sich in den ersten beiden Schuljahren nur langsam. Im neunten Lebensjahr setzt eine Trennung nach Geschlechtern ein. Es ist nicht sicher, ob der Einfluß der Erwachsenen ("Was, du spielst noch mit Jungen/Mädchen?") wirksam ist. Während in der Schule Jungen und Mädchen in den ersten beiden Schuljahren ohne weiteres nebeneinander sitzen, lehnen sie das mit 9 bis 12 Jahren ab. Dabei gibt es sicherlich Ausnahmen. Meist spielen nur Jungen oder nur Mädchen in einer Gruppe. Die Spielgruppe ist *eingeschlechtlich*. Mehr und mehr gewinnt die *Gruppe der Gleichaltrigen* an Bedeutung. Langsam erwerben die Jungen und Mädchen das Wissen über geschlechtstypisches *Rollenverhalten*. Der Abstand zwischen den Geschlechtern nimmt zunächst in bestimmten Situationen in der Schulzeit zu. Erst im Jugendalter nähern sich die Geschlechter wieder. Mädchen tendieren mehr zu Einzelfreundschaften. Jungen halten sich eher in Gruppen auf. Mit neun bis zehn Jahren finden sich die Jungen zum Fußballspiel zusammen. Die Mädchen sind nicht eigentlich ausgeschlossen, aber in der Regel spielen sie - bis auf Ausnahmen - nicht mit. Bei den Elf- bis Zwölfjährigen läßt sich zumeist eine völlige Trennung der Geschlechter beobachten. Dazu tragen verschiedene Bedingungen bei. Die Kinder sind vielfach in Sportmannschaften organisiert die meist nach Geschlechtern getrennt sind. Die Mädchen zeigen deutlich geschlechtsspezifische Interessen. Sie beobachten das Verhalten der Menschen untereinander, ihre Kleidung, ihre Körperpflege, die Art des Redens und ihr Aussehen. Sie interessieren sich sehr viel früher als Jungen für die Beziehungen zwischen den Menschen. In der Beurteilung solcher Beziehungen sind sie viel früher "reif" als die Jungen.

Zusammenfassung

Die Beziehung der Geschlechter im Schulalter läßt - bis auf Ausnahmen - eine klare Entwicklung erkennen. Die neun- bis zwölfjährigen Kinder spielen vorwiegend in *eingeschlechtlichen Gruppen* und mehr und mehr in Gruppen von *Gleichaltrigen*. Langsam nehmen die Schüler *geschlechtstypisches Rollenverhalten* an. Erst im Jugendalter mit 14 bis 16 Jahren nähern sich die Geschlechter wieder. Eingeschlechtliche Gruppen, z.B. im Sport, bestehen weiter.

7.6   Lernschwierigkeiten und ihre Auswirkung

Wie gerät ein Schüler in Lernschwierigkeiten? Diese Frage ist bei verschiedenen Schülern unterschiedlich zu beantworten. Aber sehr viele Schüler zeigen einen ungefähr vergleichbaren Verlauf. Am Beginn steht eine *lernbehindernde Bedingung*. Dazu einige Beispiele: Ein Schüler ist abwesend, als eine neue Rechenart eingeführt wird. Damit fehlen ihm die Lernvorgänge, die den Mitschülern die Einsicht in das Problem verschafft haben. Ein anderer Schüler verfügt nicht über die nötigen Vorkenntnisse oder hat ein schlechtes Gedächtnis. Die lernbehindernde Wirkung von Sinnesschäden ist bekannt. Ein Schüler mit einer Hörstörung kommt im Unterricht oft nicht mit, weil er nicht alles hört, was der Lehrer sagt. Ein Schüler mit einer Sehstörung sieht nicht, was an der Tafel steht.

Das alles wirkt sich auf die Leistung aus. Der Schüler bringt schlechte Noten nach Hause. Die Folgen sind auch hier Tadel, Schimpfen und manchmal sogar Schläge. *Die Belastung wird für den Schüler zunehmend größer*. Er bekommt Angst, wenn er nur an die Schule denkt. Unsicherheit und Angst drücken wiederum die Leistung. Die Leistung wird immer schlechter. Die Reaktionen von Lehrern und Eltern und schließlich von Mitschülern sind immer heftiger. So gerät der Schüler in einen Teufelskreis. Alleine kommt er aus dieser Verstrickung nicht mehr heraus. Ohne Hilfe wird er am Ende völlig versagen. Lediglich durch frühzeitiges Eingreifen des Lehrers ist es möglich, den Teufelskreis zu unterbrechen und den Schüler wieder auf die Erfolgsbahn zu bringen. Das erfordert allerdings eine gemeinsame Anstrengung von Lehrern, Eltern und Mitschülern.

Die *Auswirkungen des Schulversagens* auf das Selbstbewußtsein sind eindrucksvoll. Schüler mit Lernschwierigkeiten trauen sich in der Schule nichts mehr zu. Sie erwarten und erhalten allzu oft Ermahnungen, Tadel oder Bestrafungen und Vorwürfe oder gar Schläge von den Eltern. Der Schulversager wird als dumm und faul eingeschätzt. Dementsprechend ist das Verhalten seiner Klassenkameraden. Sie lachen ihn aus, reißen Witze über ihn, schließen ihn aus der Gruppe aus. So kommen zu den Mißerfolgen im Lernen die mitmenschlichen Mißerfolge hinzu. Das alles drückt auf das Selbstbewußtsein. Je mehr Mißerfolge ein Schüler in der Schule hat, desto mehr verschlechtert sich das Zutrauen zu sich selbst.

Leider ist es bis heute manchen Lehrern nicht möglich, die Mißerfolge der Schüler so aufzufangen, daß daraus keine lebenslange Störung entsteht. Vielmehr muß man gelegentlich beobachten, daß ein Lernmißerfolg dem Schüler allein angelastet wird. Erwachsene verhalten sich gelegentlich so, als sei der Schüler schuldig an seiner mangelhaften Leistung. Dagegen müssen wir lernen: Ein Schüler kann auf keinen Fall schuldig sein. Wenn überhaupt, dann sind es höchstens die beteiligten Erwachsenen, weil sie entweder nicht fähig waren, für die entsprechenden Lernbedingungen zu sorgen, oder unfähig waren, den langen Weg des Mißerfolges frühzeitig zu unterbrechen.

Zusammenfassung

Auf dem Weg zur Lernstörung steht gewöhnlich am Beginn eine lernhemmende Bedingung. Daraus erhält der Schüler einige schlechte Noten. Diese ziehen Tadel nach sich. So wird die Belastung des Schülers zunehmend größer, bis er Angst bekommt, sobald er an die Schule denkt. Damit hat sich der Kreis zu einer neuen lernhemmenden Bedingung geschlossen. Aus diesem "Teufelskreis" kommt der Schüler aus eigener Kraft nicht heraus. Die Folgen sind Erwartung von Mißerfolg beim Lernen, Ablehnung durch Kameraden und Minderung des Selbstbewußtseins.

Fragen: (1) Diskutieren Sie, wie die anfangs leichte Lernhemmung im Schulalltag überwunden werden könnte. (2) Beschreiben Sie, wie sich das Schüler-Umwelt-System in Richtung Lernstörung aufschaukeln kann. (3) Welche Folgen hat eine Lernstörung für den betreffenden Schüler?

8 Krankheiten und Unfälle im Kindesalter

8.1 Abgrenzung: Krankheit und Behinderung

Wer kann sich nicht an eine Krankheit erinnern, an die Mattigkeit und vielleicht an Schmerzen? Was ist dagegen eine Behinderung?

Eine *Behinderung* ist die Folge einer körperlichen Schädigung. Die geistige Behinderung und die Lernbehinderung können die Folge einer Hirnschädigung sein. Eine Sehbehinderung ist die Folge einer Schädigung des Sehapparates. Die Schädigung ist oft durch mechanische Einwirkung (z.B. Unfall) oder durch Vergiftung entstanden. Schädigungen bzw. Behinderungen sind nicht heilbar.

Eine *Krankheit* ist meist durch eine Ansteckung mit Krankheitskeimen verursacht. Krankheiten sind heilbar. Schlimme Krankheiten können eine Schädigung verursachen. *Seelische Störungen* im Kindesalter sind meist durch starke seelische Belastungen verursacht. Wir nennen sie *Verhaltensstörungen*. Einige *körperliche Störungen* können ebenfalls durch starke seelische Belastungen verursacht sein.

8.2 Körperliche und seelische Störungen

Speien, Erbrechen und Nahrungsverweigerung

Säuglinge neigen dazu, beim Trinken einen Teil des Getrunkenen auszuspucken. Auch beim Bäuerchen kommt oft ein Schluck hoch. Solange das Kind an Gewicht zunimmt, besteht kein Anlaß zur Besorgnis. Wiederholtes Erbrechen und Nahrungsverweigerung kommen bis zur Pubertät in jedem Alter vor. Beim Säugling kann das Erbrechen eine Körperreaktion sein, die ärztlich behandelt wird. Falls der Arzt keine organische Ursache findet, muß ein Kinderpsychologe zugezogen werden.

Erbrechen und Nahrungsverweigerung sind oft die Antwort (Reaktion) auf ein Fehlverhalten der Erzieher. Manche Säuglinge erbrechen und verweigern die Nahrung bis zur Lebensgefahr. Eine Ernährung mit der Sonde kann da nur das Schlimmste verhüten, trägt aber nicht zur Heilung bei. Diplom-Psychologen können diese Nahrungsverweigerung im Säuglingsalter unter Einschluß der Eltern rasch und sicher heilen.

Im Schulalter muß sich manches Kind plötzlich übergeben. Konflikte mit den Erwachsenen und Leistungsdruck sind die Ursachen. Das findet das Kind unbewußt "zum Kotzen". Eine weitere Ursache ist die unnatürliche Lebensweise, die den Schulkindern aufgezwungen wird: langes Sitzen, keine Möglichkeit zu kreativem Spiel und fehlender Lebensraum für Bewegungsspiele.

Nahrungsverweigerung tritt immer häufiger im Jugendalter auf (Magersucht). Mädchen sind öfter betroffen als Jungen. Die Ursachen sind vielfältig. Typisch ist ein äußerlich angepaßtes Mädchen, das unter ständigem Erziehungsdruck steht. Dieser Druck ist im freundlichen Verhalten der Erzieher verpackt, so daß er bewußt kaum wahrgenommen wird. Im Jugendalter oder später können Heißhunger und Erbrechen umschichtig auftreten. Nach einer Phase heftigen Essens wird alles erbrochen (Bulimie). Dahinter steckt die Furcht vor Gewichtszunahme, manchmal auch die Ablehnung der eigenen Weiblichkeit. Indem das Mädchen hungert, entzieht es sich der elterlichen Kontrolle, gleichzeitig erfüllt es ein Ideal von Schlankheit und von Ablehnung sexueller Gefühle. So kann es rebellieren, ohne rebellisch zu erscheinen. Eine psychologische Behandlung ist schwierig. Andere Behandlungen gibt es nicht.

Durchfall, Verstopfung, Einkoten

Durchfall (Diarrhoe): Der Stuhl des Säuglings und des Kleinkinds ist weich und riecht kaum unangenehm. Unangenehmer Geruch kann ein Hinweis auf eine Krankheit sein. Ähnlich ist es bei dünnem bis wäßrigem Stuhl. Bei wiederholtem Durchfall trotz Nahrungswechsel (z.B. Fortlassen von Gemüse) ist Vorsicht geboten. Das Kind muß dann viel trinken, um den Flüssigkeitsverlust ausgleichen zu können. Der Säugling muß oft gewickelt werden, weil er bei Durchfall rasch wund wird.

Im Schulalter kann Durchfall durch Angst verursacht sein. Dann müßten die Lebensumstände des Kindes von einem Diplom-Psychologen analysiert werden. Erzieher glauben oft nicht, daß Angst im Spiel ist, weil sie am Kind keine Ängstlichkeit bemerken. Psychologen beherrschen Methoden, um auch unbewußte Ängste aufzufinden und zu behandeln. Durchfall kann auch in einer Prüfungssituation auftreten. Wer darunter leidet, sollte einfach ein Stück Schokolade essen oder eine Kohletablette nehmen. Länger anhaltender Durchfall kann durch eine Infektion verursacht sein und sollte ärztlich behandelt werden.

Blähungen: Manchmal schluckt der Säugling beim Trinken Luft. Das kann zu Blähungen führen. Deshalb soll er nach jeder Mahlzeit solange aufrecht gehalten werden, bis er sein Bäuerchen macht. Vorher darf er nicht ins Bett gelegt werden. Wenn ein Kind zu Blähungen neigt, sollte diese Prozedur auch während der Mahlzeit durchgeführt werden. Manchmal hilft etwas Fencheltee. Falls Blähungen mit Durchfall oder mit Verstopfung beobachtet werden, sollte ein Kinderarzt aufgesucht werden.

Verstopfung (Obstipation) kann durch Fruchtsaft, Möhrensaft oder Gemüse normalisiert werden. Schokolade und Kakao müssen einige Tage vom Speiseplan gestrichen werden. Verstopfung kann durch willkürliches Zurückhalten verursacht sein. Wenn etwa eine Verstopfung während der Reinlichkeitserziehung beobachtet werden sollte, müssen sich die Erzieher fragen, ob sie Fehler begangen haben. Die einfachste Antwort des Kindes auf Drängen und Fordern wäre das Zurückhalten des Stuhlganges. Hier könnten Diplom-Psychologen wirksam helfen. Eine psychogene Verstopfung kann auch im Schul- und im Jugendalter als Reaktion auf Anforderungen aus der Umgebung auftreten. Bei chronischer Verstopfung könnte eine organische Ursache vorliegen.

Einkoten (Enkopresis): Bei zweijährigen Kindern sind die Funktionen des Schließens und Öffnens der Darmmuskulatur aufeinander abgestimmt. Nun läßt sich das Kind mit Erfolg auf den Topf setzen. Vorher hat das Topfsetzen nur zufälligen Erfolg. Mit 2;6-5;0 beherrschen Kinder die Schließmuskeln sicher, so daß sie nicht mehr einkoten müssen. In dieser Zeit ist eine Reinlichkeitserziehung unproblematisch. Von den Kindern, die spielerisch ohne Zwang an Reinlichkeit gewöhnt werden, sind mit dem zweiten Geburtstag 30-40 % sauber, bis zum dritten Geburtstag sind es über 66%. Nur wenige haben Probleme. Dagegen sind von den streng zur Reinlichkeit erzogenen Kindern zwar 45% am zweiten Geburtstag sauber, aber noch nach dem 5. Geburtstag haben etwa 30% dieser Kinder ernste Probleme durch Einnässen und Einkoten.

Falls ein Kind mit 3;0 Jahren und später nicht sauber ist, spricht man von Einkoten (Enkopresis). Noch 7-10-jährige sind davon betroffen. Jungen sind häufiger betroffen als Mädchen (3:1 bis 10:1). Die meisten koten nur tags, selten nachts. Manche beschmutzen ihre Wäsche und gehen sonst auf die Toilette. Dabei legen viele Wert auf ihr Äußeres. Die Kinder sind sonst normal entwickelt mit guter Intelligenz. Selten liegen organische Ursachen vor. Die Betroffenen wurden oft viel zu früh und viel zu streng zur Reinlichkeit erzogen. Eine strenge Reinlichkeitserziehung ist ein Hinweis, daß auch die sonstige Erziehung streng ist und an Ordnung statt an Liebe orientiert ist. Die Kinder werden in Abhängigkeit und in

Hilflosigkeit gehalten. Die Gründe, weshalb Eltern sich so verhalten, sind unterschiedlich. Manche sind selbst unsicher. Aus Angst vor Kritik durch andere erheben sie Ordnung zum wichtigsten Maßstab. Andere möchten mit Stolz berichten können, daß ihr Kind schon früher als die anderen sauber ist.

Erfüllt das Kind die Erwartungen nicht, die es aus oben genannten Gründen gar nicht erfüllen kann, so wird häufig gestraft. Ebenso wird kindlicher Widerspruch behandelt. Dagegen möchte sich das seelisch gesunde Kind selbständig und selbstbestimmt verhalten, auch auf dem Töpfchen. Es antwortet auf Zwang mit Widerstand; andererseits will es die Stuhlentleerung gar nicht verweigern. Lediglich ein bißchen Selbstbestimmung will es erlangen. So ist das Einkoten ein Ausdruck eines inneren Konflikts.

Das Bettnässen:

Beim Säugling entleert sich die Blase von selbst. Der Säugling hat keinerlei Kontrolle über seine Blase. Mit etwa eineinhalb bis zwei Jahren lernen die meisten Kinder, tagsüber nicht mehr einzunässen. Noch vor einigen Jahren meinte man häufig, daß ein Kind mit dem ersten Geburtstag tags und nachts trocken sein müßte. Diese Meinung ist falsch, und zwar aus zwei Gründen: (1) Die Blasenkapazität ist nicht groß genug. (2) Der Blasenschließmuskel ist nicht fähig, auf den Blasendruck mit Schließen des Blasenausgangs zu reagieren.

Nachts sind von den normalen zweijährigen Kindern etwa 50% trokken, von den dreijährigen Kindern sind es ungefähr 75%, und von den fünfjährigen sind es 85-90%. Mit anderen Worten, es ist völlig normal, daß von den dreijährigen Kindern ein Kind von vier Kindern nachts regelmäßig einnäßt. Immerhin sind es noch 10-15% der gesunden fünf- bis sechsjährigen Kinder, die nachts gelegentlich einnässen. Es besteht deshalb keine besondere Veranlassung, sie als psychisch oder physisch auffällig zu betrachten.

Von Bettnässen oder Einnässen (Enuresis) spricht man, wenn ein sonst gesundes Kind über das normale Alter hinaus nachts einnäßt. Mit 3;0-4;0 sind die meisten Kinder trocken. Es gibt zwei Typen des Bettnässens: (1) das seit dem Säuglingsalter fortbestehende Einnässen (persistierende oder primäre Enuresis); (2) das Einnässen, nachdem das Kind bereits trocken war (erworbene oder sekundäre Enuresis).

Ursachen: Bettnässen nachts im Schlaf ist meist ein Anzeichen (Symptom) für *seelische Belastungen.* Häufig ist das Bettnässen mit Angstträumen verbunden. Eine Ursache kann die Angst vor Liebesentzug sein oder der Protest dagegen. Liebesentzug kann bei der Ankunft eines jüngeren Geschwisters drohen, bei Nervosität und Überarbeitung der Eltern, bei zu hohen Leistungsanforderungen oder bei Trennung von den Eltern (z.B. Krankenhaus, Heim). Liebesentzug kann auch bei Konflikten innerhalb der Familie erwartet werden, etwa bei plötzlich strengen Anforderungen oder bei Zerwürfnissen der Eltern.

Die seelischen Ursachen hemmen die Lernvorgänge, die zur Beherrschung der Blasenkontrolle führen. Diese Ursachen können auch einen Rückfall verursachen. Das Nässen kann auftreten, wenn sich ein neues Kind angesagt hat, sogar schon im zweiten oder dritten Schwangerschaftsmonat. Es kann aber auch beginnen, wenn die Mutter zur Entbindung in der Klinik weilt oder wenn sie mit dem neuen Kind heimkommt.

Als Frau S. mit ihrem zweiten Kind aus der Klinik heimkam, begann ihr vier Jahre altes erstes Kind Michael sich an sie zu klammern und von neuem nachts einzunässen. Und, es ist kaum zu glauben, der zwei Jahre alte Hund Tino tat dasselbe.

Manchmal beginnt das ältere Kind zu nässen, wenn das jüngere zu krabbeln oder zu gehen beginnt. Das jüngere Kind kann dann das Spielzeug des älteren erreichen. Es spielt damit, stört das ältere in seinem Spiel und beeinträchtigt es. Wenn sich das ältere Kind wehrt, wird von den Eltern an seine Vernunft appelliert. Das alles ist ein Eingriff in den Lebensraum des älteren Kindes. Es wird aufgefordert, zugunsten des jüngeren Kindes zu verzichten. So fühlt es sich im Stich gelassen. Eine verfrühte und strenge Reinlichkeitserziehung führt *stets* dazu, daß sich das Kind bei seinen Eltern nicht geborgen fühlt. Das gestörte Geborgenheitsbedürfnis ist oft Ursache des Nässens. Nach psychoanalytischer Auffassung besteht sogar ein enger Zusammenhang zwischen der Art der Reinlichkeitserziehung und der Entwicklung des Charakters.

Bettnässen kann auch ein Hinweis auf eine *organische Störung* sein. Einige Fälle von erworbenem Einässen sind durch Erkrankungen der Blase oder der Nieren verursacht. Eine längere Erkältung kann ebenfalls Ursache des Einnässens sein.

Es gibt Kinder, die über das fünfte Lebensjahr hinaus einnässen, aber sonst gesund sind. Ihre Blasenbeherrschung entwickelt sich ungewöhnlich langsam. Bei ihnen kann der Blasenschließmuskel unterentwickelt sein. In einem solchen Fall kann ein Training dieses Muskels nützlich sein. Man übt das willkürliche Urinieren und läßt es durch willkürliches Hemmen unterbrechen.

Einnässen kommt auch bei Erwachsenen vor, etwa bei Schock oder Krankheit. Im hohen Alter läßt die Kontrolle der Blasenschließmuskel etwas nach.

Das Einnässen ist für das betroffene Kind ebenso ärgerlich wie für die ganze Familie. Meist fällt der Mutter die unangenehme Arbeit zu. Für das Kind ist es quälend, daß die Aufmerksamkeit der Familie auf das Einnässen gezogen wird. Es empfindet sich als unzulänglich. Da ein Kind nichts dafür kann, daß es näßt, ist Strafe völlig falsch.

Die weitere Entwicklung des Einnässens hängt allein davon ab, wie sich die Familie verhält. Wenn eine Familie meint, sie sei nur dann eine gute, erfolgreiche Familie, wenn ihre Kinder mit zwei oder drei Jahren trocken sind, dann ist die Fehlentwicklung vorprogrammiert. Manche Familien veranstalten einen ungeheuren Wirbel um das Einnässen. Dadurch wird die Sache bloß verschlimmert.

Die Behandlung wird von Diplom-Psychologen durchgeführt. Sie haben Methoden entwickelt, die nahezu sicher zum Erfolg führen. Eine Klärung möglicher organischer Ursachen durch einen erfahrenen Arzt ist angebracht. Medikamente beim Bettnässen sind falsch. Sie beruhigen lediglich das Symptom, ohne die Ursache zu behandeln.

Die beste und sicherste Behandlungsart, die Psychologen anwenden, ist die Weck-Methode mit dem Klingelkissen. Der Erfolg bereits der ersten Behandlung liegt bei 86%. Die restlichen 14% müssen zum zweitenmal behandelt werden.

Fragen: (1) Diskutieren Sie mögliche Ursachen der Magersucht im Jugendalter. (2) Erörtern Sie verschiedene Ursachen des Einkotens / des Bettnässens. (3) Wägen Sie das Für und Wider der Erziehungsziele "Gehorsam" – "Widersprechen-Können" ab.

8.3 Kinderkrankheiten

Der Name "Kinderkrankheiten" ist nicht ganz zutreffend, weil diese Krankheiten auch in den anderen Lebensstadien auftreten können.

Keuchhusten ist an heftigen Hustenstößen zu erkennen, die anfallsweise auftreten. Ein Hustenanfall endet oft mit einem Auswurf glasigen Schleims. Nach dem Anfall ist das Kind erschöpft; sein Gesicht ist von der Anstrengung gerötet. Im Säuglingsalter kann der Keuchhusten durch Luftnot und Einatmen von Erbrochenem gefährlich sein. Die Ansteckung erfolgt über Tröpfcheninfektion. Die Inkubationszeit, das ist die Zeit zwischen Ansteckung und Ausbruch der Krankheit, dauert meist 7-9 Tage, selten länger. Die anfangs leichten Hustenanfälle werden im Verlauf von 1-2 Wochen allmählich heftiger. Ein Arzt ist nötig.

Scharlach beginnt mit plötzlich hohem Fieber, oft begleitet von Kopfweh, manchmal mit Erbrechen und Schüttelfrost. Meist gehört eine Angina dazu. Die Zunge ist weiß belegt. Der weiche Gaumen ist geschwollen mit scharf umgrenzter Rötung (Schluckbeschwerden). Gleich am ersten bis zweiten Tag erscheinen juckende rote Pünktchen am Hals und an der Brust, später am ganzen Körper. Von der Ansteckung bis zum Ausbruch der Krankheit vergehen 1-8 Tage (Inkubationszeit). Die Krankheit kann durch Berührung sowohl mit Kranken als auch mit gesunden Keimträgern übertragen werden. Sie ist bei Kindern mäßig heftig. Die größte Häufigkeit liegt bei 3-10 Jahren. Säuglinge erkranken fast nie. Ärztliche Behandlung ist erforderlich, da die Neigung zum Zweitkranksein besteht.

Mumps, auch *Ziegenpeter* genannt: Bei kurzem, oft hohem Fieber schwillt meist eine Ohrspeicheldrüse an. Die Schwellung ist unter dem Ohrläppchen hinter dem Unterkiefer zu erkennen; manchmal kann sie sich bis zum Kinn vorziehen. Die Kinder spüren einen leichten Schmerz unter dem Ohr beim Kauen. Mumps verläuft meist glimpflich. Bei Kopfweh mit steifem Nacken und gelegentlichem Erbrechen besteht der Verdacht auf eine Hirnhautentzündung. Es ist nahezu normal, Mumps gehabt zu haben. Während diese Krankheit bei Kindern harmlos ist, kann sie beim reifen Menschen zu bösen Entzündungen der Hoden bzw. der Eierstöcke führen. Die Ansteckung erfolgt meist durch Schmier- oder Tröpfcheninfektion. Die Zeit bis zum Ausbruch der Krankheit (Inkubation) dauert 16-22 Tage.

Die *Masern* beginnen mit Schnupfen, Husten, Fieber und geröteten Augen (Bindehautentzündung). Das Gesicht wirkt verschwollen. An Gaumen und Zäpfchen zeigen sich linsengroße, dunkelrote Flecken. Die Kinder werden lichtempfindlich. Nach wenigen Tagen bildet sich ein leichter Ausschlag von leicht erhabenen Flecken, die einige Millimeter groß sind. Sie treten zuerst hinter den Ohren auf und breiten sich über das Gesicht, dann über den Körper und zuletzt über Arme und Beine aus. Gleichzeitig steigt das Fieber stark an, zuweilen bis über 40 Grad. Es besteht die Gefahr weiterer Erkrankungen wie Mittelohrentzündung oder Hirnhautentzündung. Masern sind sehr ansteckend und werden über die Luft "von Zimmer zu Zimmer" übertragen. Bis zum Auftreten der ersten Symptome vergehen 9-13 Tage (Inkubationszeit). Wer Masern hatte, bekommt sie nie wieder (Immunität).

Röteln sind an den kleinen, runden Flecken zu erkennen, die sich vom Ohr über die Stirn und die Wangen ausbreiten und, begleitet von leichtem Fieber, den ganzen Körper befallen. Röteln im Kindesalter sind harmlos und müssen nicht behandelt werden. Die Ansteckung ist kaum zu verhindern. Während einer Schwangerschaft sind sie für das ungeborene Kind sehr gefährlich.

Windpocken: Das auffälligste Merkmal sind juckende, rote Flecken, die sich innerhalb eines Tages zu Bläschen wandeln, die von einem roten Hof umgeben sind. Flecken und Bläschen können sich über den ganzen Körper ausbreiten. In weiteren 3-4 Tagen trocknen die Bläschen und hinterlassen kleine braunrote Stellen, die nach einigen Tagen ohne Narbe abfallen. Windpocken sind für Kinder harmlos; das Fieber ist leicht. Die Ansteckung geschieht durch die Luft und kann kaum verhindert werden. Die größte Häufigkeit liegt vor dem 10. Lebensjahr. Alle Altersstufen können erkranken. Bei Erwachsenen werden größere Beschwerden beobachtet. Nach der Krankheit ist der Mensch lebenslang immun.

Schutzimpfungen: Durch die Schutzimpfungen konnten Seuchen wie die Pocken ausgerottet und Diphterie und Polio zurückgedrängt werden. Im Impfbuch ist ein Impfplan enthalten, woran sich jeder halten muß. Unbedingt einzuhalten sind die Diphterie-, Tetanus-, Polio- Impfungen und die Röteln- Impfung für junge Frauen ohne entsprechende Antikörper.

Fragen: (1) Vergleichen Sie Ihre Impfbücher. Was fällt Ihnen auf? (2) Woran erkennen Sie Scharlach, Masern, Windpocken und Mumps?

8.4 Unfälle und Unfallverhütung

Unfälle in der Wohnung: Die meisten Unfälle im Kleinkindalter tragen sich in der Wohnung zu. Der gefährlichste Ort in der Wohnung ist die Küche. Die Küche ist auch der Ort, der das Kind am meisten neugierig macht, denn dort arbeitet die Mutter. Die Unfallverhütung kann allerdings schon im Kinderbett beginnen. Da müssen die Gitterstäbe senkrecht stehen. Waagerechte Stäbe laden zum Klettern ein; dabei fällt das Kind kopfüber aus dem Bett. Die Stäbe sollten einen Kinderkopf nicht hindurchlassen. Ein Säugling darf nie irgendwo abgelegt werden. Durch Zappeln und Drehen bewegt er sich und fällt abwärts. Wenn das Kleinkind ins Krabbelalter kommt, gibt es plötzlich viele Gefahren. Wegen seiner angeborenen Neugier muß es alles untersuchen, was es erreichen kann.

Damit alle Gefahrenquellen sicher beseitigt werden können, sollte die Wohnung in Augenhöhe des Kindes genau inspiziert werden. Was muß alles unter Verschluß? Chemikalien, Putzmittel, Säuren, Alkohol, Arzneimittel, Tabak, wertvolle, zerbrechliche Gegenstände sowie heißes Wasser und kochendes Essen müssen absolut unerreichbar sein. Kinder sollten nach Möglichkeit gar nicht mit Chemikalien in Berührung kommen, nicht einmal mit der Zahnpasta. Ferner: Für Steckdosen gibt es Kindersicherungen. Auch die Herdplatte kann durch ein Gitter gesichert werden, um furchtbaren Verbrennungen vorzubeugen. Zimmerschlüssel sind zu entfernen, damit das Kind sich nicht einschließen kann. Bei elektrischen Geräten ist stets nach Gebrauch der Stecker abzuziehen. Treppen und Türen können vorübergehend durch ein Gitter unzugänglich sein. Scharfe Möbelkanten sollten durch aufklebbare Ecken entschärft werden.

Ein Laufstall ist zwar der sicherste Aufenthaltsort für ein Kleinkind, er schränkt aber auch den Erfahrungsraum ein! Viele Sicherungen sind nötig, weil das angeborene Neugierbedürfnis stärker ist als jedes Argument. Schläge als Erziehungsmittel sind für einen kultivierten Menschen ausgeschlossen. *Kinder zu schlagen ist kriminell!* Es gibt zu viele Menschen, denen Dummheit und Gehorsam anerzogen wurden.

Gefahren vor dem Haus: Im Vorschulalter erobert das Kind die Umgebung des Hauses. Dort, etwa im Garten, können Früchte reifen, die zum Anbeißen aussehen. Einige davon sind giftig: die Tollkirsche und die roten Beeren des Aaronstabs. Auch Vogelbeeren sollten nicht gegessen werden. Die Blüten folgender Pflanzen sollten nicht in den Mund gelangen: Maiglöckchen, Eisenhut, Küchenschelle, Schierling, Roter Fingerhut, Herbstzeitlose und Nachtschattengewächse. Die größte Gefahr außerhalb der Wohnung sind heute die Autofahrer. Die häufigsten Unfälle im Kindergarten- und Schulalter sind Verkehrsunfälle. Es wird ergeben hingenommen, daß bei uns täglich viele Kinder totgefahren und verletzt werden. Jede dritte Stunde stirbt in der BRD ein Kind auf der Straße. Eine Spielstraße einzurichten ist fast unmöglich. Geschwindigkeitseinschränkungen werden nicht eingehalten. Zur Durchsetzung der Belange rund um das Auto sind Parteien gegründet worden, nicht für die Kinder. Der Anspruch auf einen Stellplatz für das Auto gilt als selbstverständlich, der Anspruch auf einen Spielplatz für Kinder nicht. Gibt es eine Tierart, die auf die Jungen ihrer Art so wenig Rücksicht nimmt wie der Mensch?

Umgang mit Tieren: Aus falschen Sauberkeitsvorstellungen wird Kindern oft der Umgang mit Tieren verboten. Wegen vielfacher Impfungen ist eine Keimübertragung heute kaum noch möglich. Haustiere wie Hund, Katze oder Kaninchen können ohne weiteres mit einem Kleinkind aufwachsen. *Ein seelisch gesundes Tier wird nie ein Kind verletzen.* Tiere können deutlich unterscheiden, ob sie einen Erwachsenen oder ein Kind vor sich haben. Durch Schläge und durch eine Dressur, die mit dem Bestrafungsprinzip arbeitet, werden Tiere neurotisch und aggressiv. Kinder lernen rasch am Vorbild, wie man sich richtig einem Tier nähert: langsam mit nach oben gewendeter offener Handfläche. Im Umgang mit Tieren lernen Kinder den Umgang mit der Natur. Kaum ein Geschöpf kann einem Kind so viel beglückende Erlebnisse schenken wie ein Tier.

Fragen: (1) Vielfach wird versucht, Kinder durch Üben an den Straßenverkehr anzupassen. Was wurde in Ihrem Wohnviertel getan, um den Verkehr an die Belange der Kinder anzupassen? (2) Inspizieren Sie probeweise auf Händen und Füßen laufend in der Augenhöhe eines Kindes Ihre Wohnung. Notieren Sie, was geändert werden müßte, um Kinderunfälle zu vermeiden. (3) Welche giftigen Pflanzen würden Sie von einem Kind fernhalten? (4) Zählen Sie in Ihrer Straße die Fläche im m² (ungefähr), die a) für Autos, b) für Kinder freigehalten wird.

9 Pubertät - Ende der Kindheit, Beginn des Jugendalters

Dieses Kapitel behandelt das Endstadium der Kindheit. Es ist gleichzeitig das Anfangsstadium des Jugendalters. An körperlichen Merkmalen zeigen sich die deutlichsten Veränderungen bei Mädchen und Jungen. Die Veränderungen im Erleben und Verhalten (Denken, Fühlen, Wollen, Handeln) vor, während und nach der Pubertät verlaufen dagegen allmählich und oft unbewußt ab, sind aber für eine Bewältigung der schwindenden Kindheit und des beginnenden Jugendalters genauso wichtig.

9.1 Körperliche Veränderungen

Das Fremdwort "Pubertät" kommt aus dem Lateinischen und weist auf den Beginn der Körperbehaarung (= Schamhaare) im Bereich der weiblichen und männlichen Geschlechtsorgane hin. Das Ende der Kindheit wird biologisch durch das Auftreten neuer (sekundärer) Geschlechtsmerkmale, die zu den alten (primären) Geschlechtsmerkmalen hinzukommen, angekündigt. Mädchen und Jungen unterscheiden sich in diesem Übergangsstadium deutlich voneinander.

9.1.1 Das Mädchen in der Pubertät

Eine Lehrerin an einer Krankenpflegeschule teilt ihren Schülerinnen kleine Zettel aus mit der Bitte:"Schreibt bitte das Alter auf, in welchem ihr zum ersten Mal die Regelblutung hattet." Dann läßt sie die Zettel einsammeln und malt eine Tabelle an die Tafel. Welche Informationen könnte sie daraus für eine (Mädchen-)Klasse holen? (z.B., daß es eine Altersspanne gibt, in der die erste Blutung stattfindet, und daß nicht bei allen zu *einem* Lebenszeitpunkt das gleiche Ereignis eintritt; z.B. welches das Durchschnittsalter für das Auftreten der Regelblutung ist; es sollte weiter gefragt werden, *wer* die Schülerinnen *wie* darauf vorbereitet hat: ältere Geschwister, die Mutter, eine Freundin).

Die erste körperliche Veränderung in der *Vorpubertät* zeigt sich in einem deutlichen *Längenwachstum* des Körpers. Die Kleider und Schuhe passen nicht mehr und müssen häufiger ersetzt werden als bei einem 6-, 7-, 8-jährigen Mädchen. Bei Mädchen ist dieser Wachstums*schub* durchschnittlich um zwei Jahre früher als bei Jungen. Er kommt auch früher als beim Jungen zum Stillstand (etwa ab dem 15. Lebensjahr). In einer Klasse von 11/12-jährigen sind die Mädchen durchschnittlich größer und schwerer als die Jungen. Das Ende dieses Wachstumsspurts ist bei Mädchen etwa um das 15./16. Lebensjahr. Dann wachsen sie zwar immer noch etwas, aber nicht mehr mit *dieser* Geschwindigkeit. Ähnlich verläuft die Gewichtszunahme.

Zur weitverbreiteten Ansicht, daß Mädchen früher "reif" werden als Jungen, kommen viele Leute aufgrund der Tatsache, daß Körpergewicht und Körpergröße bei ihnen um etwa zwei Jahre früher beschleunigt zunehmen und dann zum Stillstand kommen, während Jungen noch wachsen. Im Kindesalter kann man manchmal Jungen von Mädchen auf den ersten Blick nicht unterscheiden, wenn man nur auf die Körperproportionen achtet. In der Pubertät ändern sich diese: Das Becken wird bei Mädchen breiter; die Rücken-Schulter-Partie bleibt im Verhältnis schmaler. Der Abbau von "Babyspeck" ist bei Mädchen nicht so deutlich wie bei Jungen.

Die Veränderungen der *primären* und *sekundären* Geschlechtsmerkmale sind die deutlichsten Kennzeichen sexueller Entwicklung in der *Pubertät*. Die Veränderungen werden zentralnervös (Hypothalamus) *und* hormonell gesteuert und begleitet. Die Keimdrüsen werden in der Pubertät aktiv und produzieren bei Mädchen die Keimzellen (reife Eizellen) und die Geschlechtshormone (Östrogene). Sie regen zusammen mit anderen Hormonen das Knochen- und Muskelwachstum an und sorgen für die Vergrößerung der (primären) Geschlechtsorgane, wie Eierstöcke, Uterus, Vagina und Schamlippen. Sie regulieren die regelmäßige Blutung.

Die erste Blutung wird *Menarche* genannt und ist Signal für die Pubertätsreife, für den Beginn des Jugendalters und das Ende der Kindheit des Mädchens. Die körperlichen Veränderungen beim Mädchen in der Pubertät und das Alter, in dem diese auftreten sind im folgenden Schema zusammengefaßt:

Tabelle: Mädchen in der *körperlichen* Pubertät

Veränderungen	Alter des Beginns (ungefähres Lebensjahr)
Brust-Wachstum	8.-13.
Wachstum der Schamhaare	8.-14.
Körper-Längenwachstum	9,5.-14,5. (Durchschnitt: 12.)
Menarche	10.-16,5. (Durchschnitt: 12,5.)
Achselhaare	ungefähr 2 Jahre nach den Schamhaaren
Fett und Schweiß erzeugende Drüsen (Akne)	ungefähr zur gleichen Zeit wie die Achselhaare

Das Auftreten der Regelblutung (Menarche) besagt nicht, daß von jetzt an die vollständige Geschlechtsreife da sein muß. Die Zeitabstände zwischen den ersten Menstruationen können noch recht unterschiedlich sein. Der Rhythmus, der sich ab jetzt einzupendeln beginnt, wird von erhöhter Selbstaufmerksamkeit des Mädchens begleitet. Es lernt, sich vorzubereiten und manche psychischen Beschwerden (Kopfweh, Rückenschmerzen, Reizbarkeit, Stimmungsschwankungen) als Vorboten der mit einer gewissen Regelmäßigkeit eintretenden Blutung zu deuten und als vorübergehend zu interpretieren.

Es lernt, auf sich zu achten und löst das Achthaben der Mutter allmählich ab. Es nimmt sich Zeiten des Rückzugs von Freundinnen und Kameraden, erwartet eine Respektierung seiner Zeiten mit erhöhter Selbstaufmerksamkeit und weiß sich - taktvoll respektiert nicht nur von den nächsten weiblichen Familienmitgliedern - als zugehörig zu der Welt der *Frauen*.

9.1.2   Der Junge in der Pubertät

Die/Der Lehrer(in) fragt ihre Schüler nach dem Alter, in dem sie sich zum ersten Mal den "Flaum" über den Lippen, am Kinn, an den Backen rasiert haben. Von wem sie sich das Rasierwerkzeug ausgeliehen haben, wo sie es sich gekauft haben.

Beim Jungen zeigen sich im Durchschnitt manche Reifezeichen der Pubertät erst zwei Jahre später als beim Mädchen. Folgendes Schema zeigt die körperlichen Veränderungen und das Alter, in dem diese (durchschnittlich) beginnen:

Tabelle: Jungen in der körperlichen Pubertät

Veränderungen	Alter des Beginns (ungefähres Lebensjahr)
Wachstum der Hoden	10.-13,5.
Wachstum der Schamhaare	10.-15.
Körper-Längenwachstum	10,5.-16. (Durchschnitt: 14.)
Wachstum des Penis, der Prostata, der Samenbläschen	11.-14,5. (Durchschnitt: 12,5.)
Stimmlage-Veränderungen (Mutation)	11.-14,5. (Durchschnitt: 12,5.)
Bart- und Achselhaarwuchs	2 Jahre nach den Schamhaaren
Fett- und Schweißdrüsen (Akne)	zur gleichen Zeit wie Achselhaare

Die Veränderungen an den primären Geschlechtsorganen (z.B. Glied, Hoden) und bei den sekundären Geschlechtsmerkmalen (Stimmbruch, Bartwuchs, usw.) werden in der *Vorpubertät* durch den sichtlichen Wachstumsschub eingeleitet. Das heißt: Die Größenzunahme des Körpers beträgt jährlich in dieser Lebenszeit ein Mehrfaches von dem in den Jahren davor und danach. Der Wachstumsschub ist ein in allen Kulturen vorkommendes Pubertätssignal. Dabei ist auch zu beachten, daß nicht alle Körperteile gleichzeitig wachsen: Hände, Kopf und Füße wachsen zuerst. Es sieht oft so aus, als ob "riesige" Füße oder Hände an vergleichsweise dünnen oder kurzen Beinen und Armen wachsen. Auch die Beine sind oft viel zu lang, verglichen mit dem Rumpf. Die Größe der Schuhe, dann die der Hosen, erst später die der Jacken (und der Pullover), nehmen nacheinander zu - so wie diese Körperteile ungleichzeitig schnell wachsen.

Diese Veränderungen der Körperproportionen können zeitweise bei Jungen und Mädchen zu Ungeschicklichkeiten etwa beim Basteln, beim Nähen, bei verschiedenen Sportarten führen. Der Junge als "Bohnen-Stange" wird nicht nur so von den Eltern, Lehrern, Freunden und Nachbarn neu gesehen. Er selbst nimmt Veränderungen bei sich wahr, sieht, daß seine zeitweise Spielkameradin ihm weg- und vorauswächst, um sie etwas später dann nicht nur hinsichtlich der Körperlänge einzuholen, sondern auch zu überholen. Im Durchschnitt werden die Jungen größer und schwerer als die Mädchen. Zu beachten ist auch, daß sich in der Gruppe der gleichaltrigen Jungen (und Mädchen) unterschiedliche körperliche Reifezustände zeigen. So kann ein kleiner Junge neben einer "Bohnenstange" in derselben Fußballmannschaft sein. Der eine singt noch im Schul- oder Kirchenchor eine Alt-Knabenstimme, der andere "kiekst" zwischen Kinder- und Mannes-Stimme zeitweise hin und her - und erst das Anrempeln seines Nachbarn bei der Konfirmations- oder Firmungsvorbereitung zeigt ihm, daß er sich wohl in einer nicht mehr ganz richtigen Tonlage befindet.

Die äußerlich sichtbaren Unterschiede zwischen Jungen und Mädchen treten vor allem erstmals in der Pubertät beider Geschlechter zutage: Es ist nicht nur der lebenszeitlich verschobene Wachstumsschub. Auch der Knochenwuchs ist bei Jungen stärker beschleunigt: Jungen und Mädchen unterscheiden sich nach der Pubertät im Skelettbau deutlich: Jungen sind größer und haben dann breitere Schultern und ein schmaleres Becken. Auch das Fettgewebe unter der Haut ("Babyspeck") bleibt beim Jungen in seiner durchschnittlichen Dicke gleich - das heißt, es nimmt relativ zu dem übrigen Muskel- und Hautwachstum ab. Bei Mädchen nimmt dieses Unterhaut-Fettgewebe gleichzeitig mit dem Wachstumsschub zu. Beim Jungen wird die *Muskulaturentwicklung* in der Reifezeit um einiges deutlicher als beim Mädchen: Der mittlere Zuwachs an Körperkraft beträgt zwischen Anfang und Ende des männlichen Wachstumsschubs etwa 63 kg, bei Mädchen 33 kg. – Wegen des lebenszeitlich unterschiedlichen Eintretens der Pubertät bei den Geschlechtern kann es schon mal vorkommen, daß körperlich reifere Mädchen den Jungen bei deren noch knabenhaften Balgereien die (verdiente?) Abreibung verpassen ..... . Unterschiede gibt es auch noch bei Kreislauf und Stoffwechsel: Der Blutdruck des Jungen steigt deutlich stärker an; die Herzschlaghäufigkeit und Körpertemperatur nimmt bei Mädchen stärker zu als bei Jungen.

9.1.3 Wer steuert die Pubertät?

Das Geschlecht wird beim Menschen - wie bei allen Säugetieren - durch die sogenannten *Geschlechtschromosomen* (44 Chromosomen plus zwei Geschlechtschromosomen) bestimmt. Weibliche Personen haben zwei X-Chromosomen; männliche Personen haben ein X- und ein Y-Chromosom. Alle weiblichen Eizellen enthalten ein X-Chromosom. Die Spermien (=männlicher Samen) haben entweder das X- *oder* das Y-Chromosom. Das Geschlecht eines Kindes hängt also davon ab, ob sich ein Y- oder X-Chromosom des männlichen Samens mit dem (weiblichen) X-Chromosom der Eizelle verbindet. Eine Frau hat also ein X-Chromosom von Vater und Mutter. Ein Mann hat ein X-Chromosom von der Mutter und ein Y-Chromosom vom Vater.

Diese Geschlechtschromosomen bestimmen das Geschlecht des Kindes. Erst bei einem vorhandenen Y-Chromosom kommt es zur Ausbildung von Hoden. Von den Hormonen, die in den Keimdrüsen (= Gonaden) erzeugt werden, steuert das Testosteron, als männliches Hormon, die männliche Pubertät; dies wird an Bartwuchs, Körperbehaarung und Glied(= Penis)-Wachstum sichtbar. Das Östrogen und noch andere wichtige weibliche Hormone steuern Brustentwicklung und Menstruation beim pubertierenden Mädchen. Allerdings sind nicht alle Geschlechtsunterschiede durch den Einfluß dieser und anderer Hormone allein erklärbar. Nachfolgendes Schema zeigt das Zusammenspiel von Gehirn (Hypothalamus), Nebennierenrinde, Keimdrüsen (Eierstöcke, Hoden) *und* Hormonen.

Zusammenfassung

Die Erbanlagen (X-/Y-Chromosomen), zentralnervöse *und* auch hormonelle Einflüsse bestimmen den lebenszeitlichen Eintritt und das Ausmaß der Pubertät. Eine Art "innere Uhr" bestimmt das lebenszeitliche Ende der Kindheit und den Beginn des Jugendalters. Dennoch gibt es zwischen einzelnen Jugendlichen deutliche Unterschiede im Auftretenszeitpunkt von Pubertätsmerkmalen. Wenn ein junger Mensch verglichen mit seiner Altersgruppe in pubertärer Hinsicht (z.B. im Menarche-Eintritt oder im Wachstumsschub) anderen voraus ist, spricht man von "individueller Akzeleration" oder auch von "Frühreife".

Wenn man bei einer ganzen Altersgruppe - etwa den Jugendlichen der Jahre 1970 bis 1990 - feststellt, daß diese früher "reif" werden als etwa die Jugendlichen der Jahre 1910 bis 1930, spricht man von "säkularer Akzeleration" (saeculum = lateinisch: Jahrhundert).

Schema: Beziehungen zwischen Hormonen und anderen Körperorganen

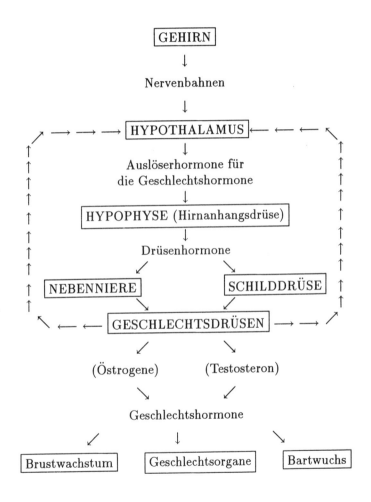

9.1.4 Erziehung für die Pubertät (Wann Aufklärung?)

Die beste geistige und gefühlsmäßige Vorbereitung ist der Anschauungs-unterricht in der eigenen Klein- und Großfamilie. Die Art und der Inhalt der Fragen eines Kindes *vor* der Pubertät sollten die Art und Weise der Antworten bestimmen: Fragen und Antworten sollten zueinander passen. Das Interesse des Kindes in der Vorpubertät am Verhalten und Erleben der Naturvölker, ihren Fruchtbarkeitsriten, ihrem Umgang mit neuem Leben, ihrem kollektiven Selbsterhaltungstrieb verdient eigene Zuwen-dung - auch und gerade als Vorbereitung auf die eigene Pubertät als das Stadium der biologischen Vorbereitung auf die eigene Fruchtbarkeit.

Die zweite (geistige) Vorbereitung auf den Beginn der körperlichen Pu-bertät dürfte ein lebensnaher Biologie-Unterricht sein. Wobei die Beob-achtung und Beschreibung des Zeugungs-, Geburts-, Pflege- und Er-nährungsverhaltens der Säugetiere (Hunde, Pferde, Schafe, Kühe, Kat-zen, usw.) besser sein dürfte, als die von Insekten und Würmern. Die-se gibt der Pubertät in den Augen von Kindern und Jugendlichen als Vorbereitung auf die lebenserzeugenden, lebenserhaltenden und lebens-schützenden Funktionen des bevorstehenden Erwachsenenalters ihren ei-gentlichen *Sinn.*

Zum Beispiel kann auf die Frage eines Mädchens, warum viele Männer stärker sind als Frauen, damit geantwortet werden, daß die Menschheit den größten Teil ihrer Geschichte (98%) damit zugebracht hat, als Samm-ler und Jäger dem Überleben der eigenen Gattung zu verhelfen - und sich so Geschlechtsunterschiede auch hinsichtlich Muskelkräften heraus-selegiert haben. Die schlichte Behauptung, daß sich Jungen zu Muskel-protzen entwickeln, weil "die Gesellschaft" es so mit den Unterschieden zwischen den Geschlechtern haben will (und alles machen kann, was sie will), kann man recht einfach widerlegen:

a) durch Hinweise auf die ungleichen Körperkräfte der Geschlechter in verschiedenen Kulturen

b) durch Beobachtungen auf dem Schulhof, wo Mädchen und Jungen sich kaum unterscheiden in der Anzahl von Bewegungsspielen und es trotzdem später zu ungleichen Körperkräften kommt.

Auf die Notwendigkeit einer gemäßigten Vorbereitung auf die eigene Pubertät muß auch deswegen hingewiesen werden, weil ein "zu viel" zu einer Ablehnung der Erzieher und des Lehrers führen kann. "Der hat's wohl notwendig", kann man da von Schülerinnen und Schülern hören, wenn man ihnen zu viel in zu kurzer Zeit und zu drängend die "Aufklärung" meint aufdrängen zu müssen. Es kann aber auch ein Ausdruck der Abwehr sein, um den Gleichaltrigen den "schon Wissenden" vorzuspielen. Ein "zu wenig" an Aufklärung kann beispielsweise die erste Blutung bei einem unvorbereiteten Mädchen zu einem solchen "Schockerlebnis" werden lassen, daß es Jahre braucht, bis ein verständnisvoller Psychologe zur Verarbeitung dieser frühen Erlebnisse der Pubertät beitragen muß. Die sogenannte "Aufklärung" in sexueller Hinsicht ist *eine* notwendige Vorbereitung auf die Pubertät.

Die eigentlichen Erfahrungen muß jeder Jugendliche mit sich selbst und dem anderen Geschlecht machen. Durch geeignete Vorbereitung wird es ihm leichter fallen, sich selbst neu zu entdecken, zu erkunden und neue Erfahrungen mit dem anderen Geschlecht nicht nur geistig, sondern auch gefühlsmäßig vorzubereiten, zu ordnen und zu verarbeiten. Ein Aufklärungsunterricht, der nur auf "Verhütungs-Regeln" und "Techniken" natürlicher und technisch-chemischer Art Wert legt, läßt die Vermittlung des lebensstiftenden und lebenserhaltenden Sinns der körperlichen Veränderungen in der Pubertät zu kurz kommen.

Die Aufgabe der *Vorbereitung* auf ein glückliches weiteres Jugendalter sollte auch darin bestehen, auf die notwendige *Zweisamkeit* von geschlechtlicher Lusterfahrung und geschlechtlichem Lustgewinn hinzuweisen. Sexualität, die nur die eigene Lust-Befriedigung kennt, ist nicht in der Lage, sich auf ein auch lustempfindendes *Du* einzustellen und (zeitweise) eigene Bedürfnisse zurückzustellen. Eine Erziehung, die nur an Empfängnis-Verhütung denkt und bei eigenmächtiger Lustempfindung stehen bleibt, ist genauso *lieblos* und schädlich, wie eine absichtliche Unwissenheitserziehung, die Kinder und Jugendliche unvorbereitet in das *(Liebes-)Leben* hineinstolpern läßt.

Auf die gefährliche - da ansteckende und später tödliche - Infektionskrankheit "AIDS" (=Erworbener *Immunitätsschwund*), muß in dreifacher Hinsicht vorbereitet werden: Die technische Verhütung mit Kondomen ist nicht der einzige Schutz. Auch die Vermeidung des Gebrauchs von "Drogen-Werkzeug", wie unreine Spritzen reicht nicht aus. Der Jugendliche in der der Pubertät folgenden sexuellen Erprobungs- und Erkundungsphase muß auch lernen, Gruppen, die ihn gefährden, aus dem Weg zu gehen (z.B. Drogengefährdeten, homosexuellen Personen mit häufig wechselnden Geschlechtspartnern *und* Heterosexuellen mit häufig wechselnden Geschlechtspartnern). Zur Risikogruppe der Ansteckung gehört jeder! Daß es weitere Geschlechtskrankheiten gibt (z.B. Syphilis oder Tripper), das heißt, Infektionskrankheiten, die durch Geschlechtsverkehr übertragen werden, sollte der Jugendliche zwar wissen, - aber sie sollten Nebenprodukte, nicht Hauptprodukte der Aufklärung sein.

Die Pubertät verlangt auch seitens der Erwachsenen im Umgang mit den Mädchen und Jungen neue Einstellungen und Umstellungen. Der bekannte Jugendpsychologe Otto Ewert macht darauf aufmerksam, daß die schnellen Wachstumsveränderungen und Körperproportionsänderungen beim Eintritt in die Reifezeit ein Entwachsen aus dem *sympathiewerbenden* "Kindchenschema" (= großer Kopf im Verhältnis zum Rumpf) bedeuten. Die zeitweise Ungleichzeitigkeit im Wachstum der Körperteile (erst Kopf, Hände, Füße, - später Arme und Beine) sollte nicht zu Hänseleien und Sticheleien seitens der Erwachsenen führen. Ein beiläufiger und unaufdringlicher Umgang mit den Pubertätserscheinungen (z.B. erhöhte Schweißproduktion, Akne, motorische Ungeschicklichkeit und deren psychologische Folgen wie erhöhte Selbstaufmerksamkeit, Empfindlichkeit und Rückzugsverhalten) ist seitens der Erwachsenen wohl klüger als eine "Bewußtmachungs"-Methode in aufdringlicher Form.

Der Pädagogik der gemeinsamen Erziehung und des gemeinsamen Unterrichts von Mädchen und Jungen (= Koedukation) scheinen sich in der Vorpubertät und in der Pubertät die Mädchen und Jungen selbst zu entziehen. Die getrennte Gruppenbildung von Mädchen und Jungen - man beobachte sie im Alter von 10 bis 14 Jahren auf den verschiedenen Schulhöfen - erklärt sich in mancher Hinsicht aus den unterschiedlichen biologischen Reifegraden beider Geschlechter. Dieser zeitweisen Trennung der Geschlechter sollte nicht mit einer "Hau-Ruck"-Koedukations-Pädagogik entgegengewirkt werden.

Fragen: (1) Sind *nur* die Hormone verantwortlich für das Auftreten der Pubertät? (2) Verläuft die Pubertät bei Jungen und Mädchen gleichzeitig? (3) Was ist die "Menarche"? (4) Treten alle körperlichen Veränderungen in der Pubertät gleichzeitig auf? (5) Welches sind die AIDS-Risikogruppen? (6) Warum sollte sich die geschlechtliche Aufklärung sich nicht nur auf die Vermittlung von Empfängnisverhütung konzentrieren? (7) Äußern Sie sich zur Koedukation in der Reifezeit.

9.2 Geistige Veränderungen in der Reifezeit

Die Entwicklung der Denkfähigkeit beim Übergang von der kindlichen Art und Weise der Weltauffassungen hin zu der von Jugendlichen und Erwachsenen ist Gegenstand dieses Kapitels. Nach einer Erörterung der Intelligenz soll vor allem die Denkentwicklung, wie der Schweizer Gelehrte Jean Piaget und seine Forschungsgruppe sie erforscht haben, mit einigen Ergebnissen dargestellt werden.

9.2.1 Intelligenz und Denken

Lassen Sie sich von ihrem Lehrer einen Kasten bringen, auf dem außen steht: HAWIK (Hamburg-Wechsler-Intelligenz-Test für Kinder). Gehen Sie erst einmal einzelne Aufgabengruppen durch. Erkennen Sie folgende drei Prinzipien von Intelligenztests: Erstens steigt der Schwierigkeitsgrad pro Aufgabengruppe - z.b. im Mosaiktest - an. Das kann man leicht feststellen, wenn man die erste, die mittlere und die letzte Aufgabe einer Aufgabengruppe zu lösen versucht. Beachten Sie zweitens, daß ein Intelligenztest *verschiedene* Aufgabentypen hat, das heißt, daß es z.b. sprachliche Verständnistests und sichtlich Handlungsuntertests gibt; drittens nehmen Sie eine mittelschwere Aufgabe heraus, und beobachten Sie, wie diese von zwei Schülern mit unterschiedlicher Strategie angegangen wird - und wahrscheinlich dennoch gelöst wird.

Das einführende Beispiel soll zeigen, daß man sich bei der Behauptung: "Sigrid ist intelligent" auf viele Beobachtungen stützen muß; daß es weiter nicht *die* Intelligenz gibt, sondern im verschiedenen Bereichen (z.B. sprachlich, mathematisch, bildlich usw.) verschiedene Fähigkeiten gibt; daß es nicht nur schwierige (knifflige) Aufgabenarten gibt; schließlich soll die letzte Verhaltensbeobachtung zeigen, daß es ganz persönliche Denkstile gibt: Der eine probiert spielerisch herum; die andere zerlegt systematisch das Gesamtproblem in Unterproblemchen; der dritte testet verschiedene Lösungswege nacheinander usw.

Intelligenz ist also allgemein ausgedrückt die *Fähigkeit* zum Problemlösen. Die Art und Weise, *wie* jemand eine *neuartige* Aufgabe, deren Lösung er bisher nicht gelernt hat, oder die er schon mal wußte, aber wieder vergessen hat, *löst*, nennt man *Denken*.

Ein Problem: Verbinden Sie bitte mit vier geraden Linien - ohne Absetzen - die folgenden neun Punkte:

Beim ersten Mal gelingt das sicher nicht. Fragen Sie sich: Wie habe ich bisher gedacht; welche Strategie führt mich immer wieder zu unvollkommenen Lösungen. Lassen Sie sich vor allem nicht durch den *Vergleich* mit den Mitschülern aus der Ruhe bringen - erst ein selbstgelöstes Problem führt zu dem befreienden "Aha"-Erlebnis, das zum Spaß beim Problemlösen gehört.

Der Intelligenz*vergleich* von Kindern (ca.10 Jahre alt) und Jugendlichen (ca. 15 Jahre alt) zeigt deutlich, daß die Jugendlichen mehr und schneller verschiedenartige Probleme (im Test "Problemchen") lösen können. Dieses "mehr" und "schneller" und "schwieriger" im *Vergleich* zeigt die *quantitative* Seite der Intelligenzentwicklung. Diese meßbaren Fähigkeiten allgemein – und oft zu pauschal als Intelligenz zusammengefaßt – nehmen in der Entwicklung der Menschen zu. *Wie* und *warum* sie sich bis zum Erwachsenenalter *entfalten*, zeigen die *qualitativen* Studien zur *Denkentwicklung* im frühen Jugendalter.

Von *Denken* spricht man dann, wenn man das *Wie* des Problemlösungs*prozesses* betrachtet. Wenn man die Barrieren (Hindernisse) bei der Annäherung an ein Ziel betrachtet – und wie man sie "intelligent" umgeht oder beseitigt bei der Annäherung ans Ziel – das ist Denken. Die Fähigkeit, sinnvolle Beziehungen zwischen Dingen, Inhalten oder Verhaltensweisen herzustellen, baut sich aus vielen Denktätigkeiten zusammen. Intelligenz und Denken gehören also zusammen.

Man unterscheidet mehrere Fähigkeiten, aus denen sich das, was man abstrakt als "Intelligenz" bezeichnet, zusammensetzt. Zu diesen Fähigkeiten gehören etwa:

1. Logisches Denkvermögen (aus einem Prinzip Ableitungen vollziehen, oder aus vielen Gleichmäßigkeiten ein logisches Prinzip herausfinden),

2. Gedächtnis (etwas einprägen, behalten und zum richtigen Zeitpunkt in geeigneter Form wiedergeben),

3. Kreativität (ungewöhnliche und originelle Wege beim Problemlösen gehen).

Wenn man von einem intelligenten Menschen spricht, meint man meist, daß er dieses oder jenes Problem schnell und richtig - vielleicht auch weniger umständlich als andere - gelöst hat. Der psychologische Intelligenzbegriff hingegen zeigt, daß man sich aus vielen Einzelhandlungen und Einzelproblemlösungen das Gesamtbild von der Intelligenz eines Menschen konstruieren und zusammenrechnen muß. Der sogenannte IQ (= Intelligenz-Quotient) ist zwar ein pauschales Maß, um mit einem differenzierten Meßverfahren (= Intelligenztest) viele Menschen vergleichen zu können. Hinter diesem IQ-Maß (ca. 60 IQ-Punkte = sehr niedrige Intelligenz; ca. 100 IQ-Punkte = durchschnittliche Intelligenz; ca. 130 IQ-Punkte = sehr hohe Intelligenz) ist aber ein recht differenziertes Test-Verfahren zu sehen, das unterschiedliche Fähigkeiten bei vielen Aufgaben sichtbar machen kann.

Mit den modernen Intelligenztests kann man für verschiedene Altersgruppen jeweils Normen aufstellen. Der Vergleich des Einzelnen mit seiner Altersgruppe muß zum Beispiel bei folgendem Problem gemacht werden: Eine Lehrerin stellt fest, daß Astrid, eine 13-jährige Schülerin, die sonst hinsichtlich ihrer Leistungen in Deutsch, Geschichte, Mathematik usw. zum besseren Drittel der Klasse gehört hat, seit zwei Monaten in ihren Leistungen ins untere Leistungsdrittel der Klasse abgerutscht ist. Hinzu kommt, daß sie oft abwesend wirkt, wenn man sie in der Klasse anspricht. Auch zu ihren Klassenkameradinnen ist sie seit einigen Wochen reserviert. Ihr sonst über den Schulhof und im Treppenhaus hörbares Lachen - das der Lehrerin früher anzeigte, daß die Clique, zu der Astrid gehörte, wieder mal den Buben einen Streich gespielt hat - ist auch nicht mehr vernehmbar.

Sie telefoniert den Schulpsychologen an, schildert ihm ihre Beobachtungen und bittet ihn darum, sich mal um Astrid zu kümmern. Der Schulpsychologe wird dann, wenn Astrid mit ihm in guten Kontakt gekommen ist, neben einigen Gesprächen auch einen oder mehrere Intelligenztests durchführen, um zu sehen, ob Astrid die grundlegenden Fähigkeiten für die Schulart mitbringt (z.B. Realschule), in der sie ist.

Von wegen "Vater-Sohn-Konflikte"...
(K.H.E., 42 Jahre, und Sohn M.E., 13 Jahre)

Hier wird also mit dem Intelligenztest die Leistung der Einzelperson mit einer großen gleichaltrigen Gruppe verglichen! Der Schulpsychologe muß also auch *diagnostisch* klären, ob Astrid von ihren Fähigkeiten her in die betreffende Schule paßt. Hinzu kommt, daß er auch in einer vertrauensvollen Atmosphäre andere Sachen, wie Familienumwelt, Leistungsmotivation, Gefühls- und Stimmungslagen herausarbeiten muß. Wie man sieht, ist die Intelligenz-Diagnose *nur* ein Teil einer umfassenden psychologischen Diagnose. Allerdings ist er ein wichtiger Teil der Diagnose, oder wollte etwa jemand behaupten, die Schule hätte nichts mit Intelligenz zu tun?

Zusammenfassung

Intelligenz ist eine Gruppe von Fähigkeiten zum Lösen von Aufgaben. Man unterscheidet verschiedene Aufgabentypen und verschiedene Fähigkeiten, die beim Lösen von Aufgaben zusammenspielen. Der IQ ist ein quantitatives (=mengenmäßiges) Maß zum Vergleich und zur Einordnung der Leistung einer Person mit der Leistung ihrer Altersgruppe. Unter Denken versteht man die geistigen Prozesse beim Lösen eines Problems.

Fragen: (1) Was ist der HAWIK und woraus besteht er? (2) Nennen Sie die drei Prinzipien eines Intelligenztests. (3) Nennen Sie wichtige Komponenten der allgemeinen Intelligenz. (4) Kann man ohne Vergleich mit anderen die Intelligenz testen? (5) Inwiefern kann Denken als Problemlösen gelten? (6) Wieviele IQ-Punkte hat man ungefähr bei durchschnittlicher Begabung? (7) Warum ist die Altersgruppe bei der Intelligenzdiagnose wichtig? (8) Haben Sie das 9-Punkte-Problem gelöst?

9.2.2 Die Entwicklung des Denkens in der Reifezeit

Nicht die mengenmäßige (*quantitative*) Zunahme der Intelligenz beim Übergang von der Kindheit ins Jugendalter, sondern die Eigenschaften dieser (*qualitativen*) Veränderungen der Erkenntnismöglichkeiten des Menschen vom Kleinkind bis in die vollendete Jugendzeit sind das Thema des Schweizer Gelehrten Piaget.

Erinnern wir uns: In Kapitel 7.3.3 begegnet man dem kindlichen Denken in Gestalt "konkreter Operationen", und auch das Kleinkind zeigte Formen des Erkennens und Gestaltens seiner Welt in Form "sensu-motorischen Denkens". Abschluß und Höhepunkt der qualitativen Entfaltung des Denkens ist die Stufe der "formalen Operationen". Um zu verstehen, was Piaget damit meinte, soll hier die Stufenlehre der geistigen (kognitiven) Entwicklung kurz zusammengefaßt werden:

1. Die erste Entwicklungsstufe ist die *sensu-motorische Stufe*: Sie dauert etwa bis zum 18. Lebensmonat. In ihr zeigt sich schon, daß das Kleinkind *kein* Automat ist, der nur mit Saugreflexen reagiert, wenn z.B. die Mutterbrust in Mundnähe ist. Geistige Entfaltung zeigt sich schon in diesem frühen Entwicklungsstadium. Das Kind zeigt fortschreitende Erweiterung und Wandlung von Handlungsmustern. Es zeigt sich schon an der Verhaltensabfolge vom Saugreflex, über die Aufnahme flüssiger und breiiger Nahrung, hin zum Flaschentrinken, dann Trinken aus einer Tasse und dann erfolgreiches Hantieren ("Operieren") mit dem Löffelchen und Schüsselchen. Die Entwicklung des Greifens ist nicht anders: Zuerst löst ein fingerförmiger Gegenstand, der das Babyhändchen berührt, den Greifreflex (Palmar-Reflex) aus - es findet ein *Anpassungsvorgang* zwischen Körper und gegenständlicher Umwelt statt; nur wenige Monate später ordnet das Kind die Blick-, Hand- und Muskelbewegungen so, daß es z.B. einen Stein in den Teich werfen kann. Die sensu-motorische Stufe des kindlichen Denkens besteht zuerst in der Abwandlung, Ausdifferenzierung und Flexibilisierung (= beweglicher gestalten) von Reflex-Verhaltensmustern (*Schemata*); dann folgt die Entstehung des Objekt-Begriffes (eine Tasse, die erst auf der Tischdecke steht, bleibt eine Tasse, auch wenn sie plötzlich unter der Tischdecke verschwindet - d.h. versteckt wird); dann lernt das Kind Mittel-Zweck-Beziehungen (es zieht sich mit der Tischdecke die Erdbeeren herbei...).

2. Die *Stufe der konkreten Operationen* (erinnern Sie sich an den Umfüll-Versuch; Kapitel 7.3.3) hat zwei Zwischenstufen. Die erste davon beginnt etwa zwischen dem 18. bis 24. Monat und endet etwa im 7. Lebensjahr: Sie heißt *präoperationale Stufe*. Das heißt, in dieser Erkenntnisstufe

erlebt und erdenkt sich das Kindergarten- und Schulanfänger- Kind die Umwelt im Spiel, in der lustbetonten Nachahmung, im Malen dessen, was vorgegeben ist. Die subjektive Bewertung der Umwelt läßt einen Obstladen im Bilde riesengroß werden ; die Häuser und Kirche dahinter sind klein und verschwinden fast. Die zweite Unterstufe ist dann die des *vorstellungsgebundenen Denkens* - die Umfüllaufgabe zeigt dies deutlich. Vereinfacht sieht man das auch in dem Flaschenbild: Wie malt ein Kind die Milch in einer Flasche, die steht, gekippt wird und liegt?

3. Der Höhepunkt und Abschluß der geistigen (=kognitiven) Denkentfaltung wird von Piaget als *Stufe der formalen Operationen* bezeichnet. Diese müßte nach seiner Meinung jeder normalbegabte junge Mensch mit hinreichender Schulbildung erreichen.

Zuerst ein paar wichtige Begriffe aus dem Gedankengebäude von Piaget: *Anpassung* ist nicht ein passiver Vorgang, in dem sich das Denken einer Person im Denken einer anderen Person verliert; es ist auch keine Unterordnung eines Denkmusters (=Schema) unter ein anderes Denkmuster; vielmehr handelt es sich um ein Zueinander-Passend-Machen von verschiedenen Denkmustern. Es geht also dabei um einen aktiven Denkvorgang. Beim Kleinkind ist es die Anpassung der eigenen Denkmuster an die Umweltmuster. Bei Jugendlichen erreicht die Ebene der Anpassungsvorgänge (Anpassung = Adaptation) die höchste Stufe. Es ist nicht die mengenmäßige (= quantitative) Zunahme des Wortschatzes, des Gedächtnisses, der Rechenarten, usw., sondern das qualitativ Neue der Beobachtungen, Fragen und Lösungen, die jugendliches Denken im frühen Jugendalter ausmachen.

Zwei wichtige, eng zusammenhängende Vorgänge beschreiben das Denken als Anpassungsverhalten. Einer dieser Vorgänge (= Prozesse) heißt "Assimilation": Darunter versteht Piaget die Veränderung der Umwelt durch Anpassung an die Person. Der zweite dieser Vorgänge (= Prozesse) heißt "Akkomodation": Darunter ist die Veränderung der kognitiven Entwicklung durch Anpassung an die Umwelt zu verstehen. Beide Denkprozesse spielen in Anpassungs- und "Organisations"-Vorgängen zusammen. Ein neues Fremdwort, um das begriffliche Rüstzeug zum Verständnis der Piaget-Theorie zu verstehen, ist hier das der "Organisation". Darunter ist zu verstehen, daß das Verhalten auf jeder der drei oben genannten Stufen der Denkentwicklung sich zu einer Einheit herausbildet (organisiert!).

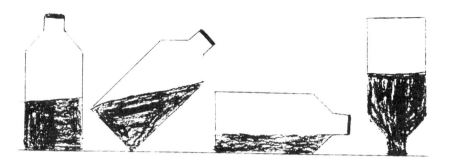

Fülle die Flaschen halb voll!

Eine "reife" Leistung? (Lisa, 6;6 Jahre)

So bildet zum Beispiel auf der sensu-motorischen Stufe das Anblicken eines Gegenstandes und dessen zielgerichtetes Ergreifen ein zusammengehöriges und in seiner zeitlichen Abfolge abgestuftes Verhaltensmuster - eine *Organisation*.

Die hier aufgeführten theoretischen Begriffe gehören zum Denken und Erkennen auf *jeder* Stufe der Denkentwicklung. Was sind nun die eigentlichen, die wesentlichen Merkmale des Denkens im beginnenden Jugendalter? Das erste und wichtigste Merkmal ist, daß sich das Erkennen von Beziehungen nicht mehr auf die unmittelbare Vorstellung, also auf die Anschaulichkeit beschränkt. Formale Operationen, also Handlungsmuster, in die nicht-konkrete "Formeln" eingebaut sind, verlangen das Umgehen mit "Aussagen über Aussagen". Beispielsweise kann man sich konkret-operatorisch das sogenannte "Ozon-Loch" nicht direkt vorstellen - und damit auch nicht das konkrete Handeln, z.B. die Vermeidung von bestimmten Spraydosen, verknüpfen. Eigenschaften von vorstellbaren Gegenständen und Beziehungen zwischen diesen bilden die Grundlage des noch kindlichen Denkens, des Herumprobierens und Hantierens. Das weiterentwickelte Denken der Jugendlichen kann mit Hypothesen (=Vorannahmen) umgehen; es probiert nicht mehr spielerisch nach Zufall Beziehungen zwischen Gegenständen (z.B. Farben und Flüssigkeiten) durch, sondern wird systematisch; es hält Bedingungen konstant (z.B. die Menge des Wassers) und hält andere Bedingungen variabel (z.B. Menge des Farbpulvers). Der junge Mensch auf der Stufe formaler Denkoperationen hat nicht nur ein Bedürfnis nach sauberem Experimentieren, er sucht auch schon nach den Möglichkeiten der Überprüfung (=Verifikation) seiner Annahmen.

Auf die Frage "was wäre möglich, wenn...." kann ein Kind noch ganz phantastische Antworten geben, der Jugendliche hingegen weiß um das Spekulative dieser Frage und ist dennoch fähig, mit ihr umzugehen: Wenn man eine Knetkugel in ein Meßglas voll Wasser gibt und den Wasserstand mit einem Gummiband anzeigt, kann man ein Kind, bzw. einen Jugendlichen bitten, anzugeben, wie der Wasserstand sein wird, wenn man die Knetekugel zu einer Wurst, zu mehreren Kügelchen oder zu einer flachen Scheibe verformt. (Wie werden sich hier Kinder von Jugendlichen unterscheiden? Haben sie schon etwas von "Dichte" und "Volumen" gehört?).

9.2.3 Egozentrismus

Das wichtigste Merkmal jugendlichen Denkens ist, daß es über das Denken selbst reflektieren (=*nach*denken) kann, und daß Wirkliches und Mögliches gesehen und unterschieden werden kann. Der Jugendliche beginnt auch, sich selbst neu zu entdecken, sein "Ego" (=Ich) wird zum Gegenstand des Reflektierens. Auch ein Kind weiß um sein "Ich": Es weiß, daß es ein Mädchen, eine große, eine dunkelhaarige, sommersprossige, blauäugige, schlanke, flinke, listige, usw. Person ist. Es interessiert sich für Sichtbares. Der Jugendliche fragt nicht nach dem konkreten Spiegelbild von sich, sondern nach seinem Wesen: Wer bin ich eigentlich? Was könnte ich sein? Wie sollte ich handeln? Welche Möglichkeiten sind mit meiner Existenz verbunden? Der Jugendliche wird zu seinem eigenen Geschichtsschreiber (= Historiker), manchmal in Form einer subjektiven Lebenslaufbeschreibung - viel öfter als Begleiter seiner selbst, d.h. als Tagebuchschreiber; er wird sein eigener Zukunftsforscher (=Futurologe): Er entwirft mögliche Bilder von sich in seine Zukunft hinein. Wie werde ich in einer möglichen Welt von morgen sein? Der Neuentdeckung des "Ich", des "Selbst", des "Mein" entspricht auch eine Übergangsstufe des Denkens, die als jugendlicher "Egozentrismus" bezeichnet wird. Was Piaget unter Egozentrismus des Denkens versteht, soll uns zuerst beschäftigen:

Die Bindung der Weltsicht an die eigene *Perspektive* beschreibt Piaget für das Kindesalter recht anschaulich: Vor einem Sandkasten mit drei verschieden hohen Bergen, die Häuser, Bäume und Dörfer mit Kirchtürmen verstecken, soll ein Kind die Landschaft beschreiben! Je nachdem, welche *Perspektive* es einnimmt, sind es nur zwei Berge - weil einer verdeckt ist - oder es fehlen die Bäume oder das Dorf mit Kirchturm ist verschwunden. Ist dies nur mit dem Gedächtnis erklärbar: "Aus den Augen aus dem Sinn"? Die eigene Perspektive, der persönliche Blickwinkel ist es, der diese Sandkasten-Sichtweise bestimmt. Piaget ist der Meinung, "daß diese geistige Ichhaftigkeit, dieser kognitive Egozentrismus", die Bindung des Denkens an die eigene, persönliche Perspektive auf jeder Denkstufe vorkommt. Dieser Egozentrismus scheint besonders deutlich zu werden, wenn sich die Denkmuster von einer Stufe der Entwicklung zur nächsten weiter ausbilden und entfalten. Von diesem geistigen Egozentrismus soll man auf jeden Fall den "Egoismus" unterscheiden. Denn Egoismus besagt ganz einfach, daß jemand nur an sich denkt - etwa beim Punkteverteilen, bei Lob oder beim Kuchenessen am Geburtstagstisch. Dieser "All-Mein"-igkeit (wie man im Westerwald sagt) begegnet man nicht nur bei Kindern; das Streben nach Vorteilen auf Kosten anderer ist damit gemeint. Davon muß das etwas ähnlich klingende Wort "Egozentrismus" wie es von Piaget in allen Denkstufen und ihren Übergängen beobachtet wird, deutlich unterschieden werden. In solchen Stufenübergängen sind die Gleichgewichte des Denkens, nämlich Assimilation und Akkomodation im Ungleichgewicht (Gleichgewicht = Äquilibration; Ungleichgewicht = Disäquilibration), d.h. die Aufnahme und Verarbeitung der Umwelt passen nicht zueinander. Die geistige Erfassungsmöglichkeit bleibt da hinter der von der Umwelt geforderten Komplexität der Weltauffassung zurück (Beispiel: Drei Berge/Sandkasten); Widerspruch von anderen, aufgrund deren Sicht der Dinge, bleibt unberücksichtigt und kann nicht zum Überdenken des eigenen Standpunktes führen; der Denkende und Erkennende im Übergang zur formaloperatorischen Stufe hat kaum Einsicht in die Denkmöglichkeiten anderer und kann deshalb eigene (Denk-)Standpunkte nicht korrigieren und verändern. Der Egozentrismus wird nicht schlecht beschrieben als eine "Gefangenschaft" in eigenen Denkmustern - ohne daß man weiß, daß man ein "Gefangener" ist.

Man unterscheidet verschiedene Formen des (Denk-)Egozentrismus:

1. Beim gefühlsmäßigen (affektiven) Egozentrismus weiß man nichts von den Gefühls- und Gemütszuständen anderer;

2. beim räumlich-visuellen Egozentrismus ahnt man nicht, was der andere von seinem Standort aus möglicherweise betrachten kann;

3. der geistige (kognitive) Egozentrismus hindert einen daran zu denken, daß der andere auch denkt;

4. der kommunikative Egozentrismus behindert den Gedanken- und Informationsaustausch mit anderen, weil man von einer festgefügten Sender-Empfänger-Beziehung ausgeht und sich selbst nicht in diesem System sowohl als Sender als auch Empfänger von Informationen – wenigstens abwechselnd mit anderen – zu erleben in der Lage ist.

Das Denken des Jugendlichen, was er von den anderen, was er von der Umwelt, was er von sich denkt, ist komplexer als das des Kindes. Er kann Vermutungen über Vermutungen anstellen und Folgen sowie Voraussetzungen durch Denkvorgänge analysieren. Themen wie Umweltprobleme, Wettrüsten, Teilung Deutschlands, Klimaveränderungen werden ihm zugänglicher. Seine neuerworbenen Denkkapazitäten des frühen Jugendalters verlangen geradezu die Beschäftigung mit diesen neuen und übergreifenden "Welt-"Sichten. Nach Piaget und seiner Mitforscherin Bärbel Inhelder zeigt sich das (früh-)jugendliche egozentrische Denken darin, daß man trotz der Fähigkeit zum kritischem Denken und zur scharfsichtigen Analyse meint, Gedanken, Denken und "Bewußtsein" allein könnten schon etwas ausrichten. Die Welt läßt sich nun mal nicht nur durch das Wissen um ihre Probleme ändern. Wuschdenken und der Glaube an die Macht eigener Gedanken reichen nicht aus, um die Welt zu verändern. Manchmal zeigt sich das in einem aktiven Verschließen gegenüber anderen Argumenten. "Die" anderen sind "beschränkt", haben nicht das richtige Bewußtsein, sie sind zu "alt". Die Gleichberechtigung anderer Gedankengänge wird zugunsten der eigenen angezweifelt. Ein Denk-Absolutismus (das Denken bin Ich) dieser extremen Art kann zeitweise nicht offen sein für: Einerseits-Andererseits-Argumente, Sowohl-als-auch-Diskussionen, Kompromisse. Allerdings sollte nicht nur das Negative dieser Art jugendlichen Denkens gesehen werden. Der Jugendpsychologe Otto Ewert meint geradezu, daß die extreme Umwelt-Sicht des Jugendlichen ihm selbst die Chance gibt, neue Probleme und Lösungen wahrzunehmen, so unausgewogen und überzeichnet sie zunächst auch aussehen mögen. Das Ende dieser extremen Denkformen kündigt sich vor allem dann an, wenn der reifende Jugendliche mit Arbeit und Beruf und ihren Notwendigkeiten in Kontakt kommt.

Zusammenfassung

Das Denken beim Übergang in das Jugendalter - etwa um das 12./13. Lebensjahr - beginnt, sich von der Stufe konkreter Operationen zu lösen. Es beginnt nun auf der Stufe formaler Operationen, sich auch auf nicht direkt wahrnehmbare Vorgänge und Angelegenheiten zu beziehen. Die Entwicklung des Erkennens und Denkens wird von Piaget als qualitativer Wandel in drei Stufen beschrieben. Durch Anpassungsvorgänge über Assimilation und Akkomodation werden sie ausgelöst und vorangetrieben in immer komplexere Gleichgewichtszustände. Der sogenannte Egozentrismus des Jugendalters ist eine Denkhaltung, die noch nichts von der eigenen Perspektivität des Denkens weiß, und daher Schwierigkeiten hat, andere Denkrichtungen zu sehen und zu berücksichtigen.

Fragen: (1) Wieviele Stufen der Denkentwicklung unterscheidet der Forscher Piaget? (2) Was ist mit "Anpassung" gemeint? (3) Welche zwei Prozesse werden für die Anpassungsvorgänge unterschieden? (4) Welches sind die Unterschiede zwischen "Egozentrismus" und "Egoismus"?

Freundschaft bestimmt oft die
"Moral" der Jugendlichen.

9.3 Moralische Entwicklung und Erziehung

In das Ende der Kindheit und den Beginn der Jugendzeit fallen *neuartige moralische Wertungen und Orientierungsmuster*, die mit der Denkentwicklung zusammenhängen. Hier soll die Entwicklung des moralischen Urteilens und ihre Bedeutung für die Erziehung anschaulich gemacht werden.

9.3.1 Moralisches Dilemma und Praxis der Gruppendynamik

Zuerst sollen drei moralische Entwicklungssituationen (Dilemmata) vorgestellt werden; dann wird gezeigt, wie man damit umgehen kann.

(1) Erstes Dilemma

Lisa und Tina (beide sind 14 Jahre alt) sind gute Freundinnen: Sie halten zusammen, wenn ihnen die Buben einen Streich spielen wollen; nach der Schule sind sie den ganzen Nachmittag beisammen, die nächsten Ferien wollen sie gemeinsam verbringen. - Beim Einkauf im größten Bekleidungshaus der Stadt probierten sie eines Nachmittags teure Pullover an. Als Lisa nach zweimaligem Anprobieren die Freundin suchte, war diese verschwunden. Die Verkäuferin vermißte einen sehr modischen Pullover, und telefonierte deshalb den Hausdetektiv herbei. Dieser stellte Lisa zur Rede und verlangte den Namen und die Adresse ihrer Freundin, die mit dem Pullover abgehauen war. Die Verkäuferin konnte genau angeben, daß beide Mädchen gemeinsam kichernd gekommen sind, nicht wenige Pullover anprobiert hatten und daß die erste ziemlich sicher unter ihrer weiten Jacke den fehlenden, teuren Pullover hat mitgehen lassen und von der Umkleidekabine direkt den Weg zur Rolltreppe nach unten gegangen sein muß ... Der Detektiv sagte zu Lisa, daß sie wohl als Komplizin mit einigen Schwierigkeiten zu rechnen habe, wenn sie nicht sofort mit Namen und Adresse ihrer Begleiterin herausrückte.

(2) Zweites Dilemma

Pastor H. A. war früher in der Jugendarbeit und ist seit einem halben Jahr in der Telefonseelsorge tätig. Jeden Tag wenden sich viele Hilfesuchende an ihn. Eines Abends klingelt es an seiner Wohnungstüre. Eine vom strömenden Regen durchnäßte Gestalt steht vor ihm - in einem militärgrünen Parker verborgen. An der Stimme erkennt der Pastor aus der früheren Jugendgruppe den Manfred. Das letzte, was er über ihn erfahren hatte, war, daß er wegen Vandalismus in einer Bande im Jugendstrafvollzug gelandet war. "Ich bin getürmt und gehe nicht mehr in den Knast. Wenn sie mich der Polizei verraten, bringe ich mich um", konnte der Pastor verstehen. Er wußte, daß er sich selbst strafbar machte, wenn er den Entflohenen nicht sofort der Polizei meldete. Er erklärte dies Manfred und meinte, er könnte ihn ja wegen Selbstmordgefahr in das benachbarte Krankenhaus bringen, wo er in der psychiatrischen Abteilung einen guten Psychologen kenne ... Doch Manfred schüttelte heftig den Kopf und sagte verzweifelnd: "Die Leute dort haben den besten Draht zur Polizei; Selbstmord ist da die einzige Lösung."

(3) Drittes Dilemma

Eine junge Frau, die sehr arm war, erwartete ein Kind von einem Mann, der sie im Stich gelassen hatte. Da für sie eine Abtreibung nicht in Frage kam, brachte sie das Kind in einer Klinik zur Welt, von der man ihr erzählt hatte, daß man ihrem Baby einen guten Adoptionsplatz bei Eltern vermitteln würde, die schon zwei Kinder hatten. Die Adoptiveltern hatten die Klinikkosten, die Geburtshilfe usw. bezahlt und der Mutter nach der Geburt eine finanzielle Starthilfe geleistet. Die junge Mutter trennte sich von ihrem Kind nach zehn Tagen - es kam zu den Stiefeltern, die sich selbstlos um die kleine Franziska kümmerten, ihr mit zwei Jahren eine schwere Operation zu bezahlen hatten; der neue Vater mußte seine gut bezahlte Stellung in der Stadt gegen eine untergeordnete auf dem Lande austauschen, da das Kind die Stadtluft nicht vertragen konnte. Die Stiefmutter hatte schon bei der Adoption ihre Halbtagsstelle aufgegeben, um ununterbrochen für Franziska und die schon etwas größeren Kinder da sein zu können. Zufällig sah die leibliche Mutter ihr Töchterchen in einem Schwimmbad, wo sie es an einem großen Muttermal erkannte, an das sie sich noch erinnern konnte. Sie folgte ihrer Tochter und den Adoptiveltern bis zu deren Haus und bat darum, daß man ihr das eigene Kind zurückgeben solle, weil es ihr jetzt besser gehe und sie sich schon damals nur schweren Herzens von dem Baby getrennt habe. Es gab einen Prozeß. In den Medien kämpfte ein Teil für die Adoptiveltern; der andere Teil focht dafür, daß die leibliche Mutter ihr Mädchen zurückbekam. Der Richter hatte unbeeinflußt von den Medien zu entscheiden.

Unterrichtseinheit: Wenn du an Lisas Stelle wärest, wie würdest du dich entscheiden? Je nach *Entscheidung* lassen sich zwei Gruppen bilden. Die eine Gruppe dürfte sich dafür entschieden haben, Lisas Freundin nicht zu verraten – mit allen Konsequenzen. Die andere könnte sich dafür entschieden haben, Namen und Adresse preiszugeben. (Falls für den Gruppenleiter vorauszusehen ist, daß sich nahezu alle Schüler für eine der Alternativen entscheiden, sollten nach Zufall zwei Gruppen gebildet werden, die "pro" und "contra" diskutieren.) Nach der Entscheidung sollten *Begründungen* für die eine oder andere Alternative gesucht werden. Diese Begründungsdiskussionen sollten z.b. über Kassettenrecorder oder Videorecorder später noch einmal für die gesamte Gruppe und den Lehrer zugänglich sein.

Im folgenden soll eine kurze Einführung in die Praxis der Gruppendynamik erfolgen, wie sie auch bei Dilemmadiskussionen erforderlich ist. Die *Diskussionsregeln* sollen deutlich unterscheiden zwischen (A) dem Sprechenden, (B) dem Zuhörenden, (C) den Verfahrensregeln und (D) den speziellen Dilemma-Diskussionen.

A - Regeln: - eigene Meinung vertreten, ohne Angst, sich vor der Gruppe oder dem Lehrer zu blamieren; bei der Entscheidungsbegründung bleiben - nicht auf Nebensächlichkeiten abschweifen
- durch Blickkontakt zeigen, zu wem man gerade in der Gruppe spricht
- sich nicht hinter "man-" und "wir"- Sätzen verstecken, sondern durch "ich denke", "nach meiner Meinung" zur eigenen Ansicht stehen
- wenn das Verhalten eines Gruppenmitglieds während des Sprechens stört, soll es direkt angesprochen werden

B - Regeln: - konzentriert zuhören, es erleichtert das Vermeiden von Mißverständnissen; den Sprecher ausreden lassen
- wenn etwas nicht verstanden wurde, kurz wiederholen, was der Vorredner besprochen hat, damit er prüfen kann, ob es verstanden wurde
- seine eigene Meinung an vorher geäußerte Meinungen anknüpfen
- die andere Meinung respektieren, sie nicht abwerten
- bei "Langeweile" sich melden, da sonst die Gefahr besteht, den Anschluß an das Thema zu verlieren

C - Regeln: Die Verfahrensregeln haben mit der Organisation und dem Ablauf der Gruppendiskussion zu tun! Es wird ein Gesprächsleiter, ein Protokollführer für die Registration und ein Berichterstatter für die Zusammenfassung und Mitteilung der Ergebnisse bestimmt.
- es kann immer nur einer zur selben Zeit sprechen, jeder soll zu Wort kommen; der Gesprächsleiter sollte, wenn jemand den Kopf schüttelt, diesen fragen, womit er nicht übereinstimmt
- alle sollten sich an der Diskussion beteiligen, in Pausen kann der Diskussionsleiter sich mit jenen unterhalten, die sich nicht beteiligt haben

D - Regeln: Einige Regeln, die sich nicht nur auf Dilemma-Diskussionen anwenden lassen, sind:
- Präzisierungsfragen, z.B. "Was meinst du, wenn du das Wort Gerechtigkeit verwendest?"
- Beteiligungsfragen, z.B. "Miriam, was denkst du über Peters Aussage?"
- Wertungsfragen, z.B. "Kann es wichtiger sein, gegen Gesetzesvorschriften zu handeln, wenn Mitleid und Symphatie im Spiel stehen?"
- Rollentausch, z.B. "Würde die Stiefmutter genauso handeln, wenn sie die leibliche Mutter wäre?"
- Verallgemeinerungsfragen, z.B. "Wie würde die menschliche Gemeinschaft funktionieren, wenn jeder die Gesetze so auslegt, wie es ihm gerade in den Kram paßt?"

Zusammenfassung

Führt man eine Person in einen geistigen (kognitiven) Konflikt, der die *Entscheidung* hinsichtlich moralischer, d.h. wertbezogener Maßstäbe verlangt, dann spricht man von einem *Dilemma*. Fragt man eine Person, *warum* sie diese oder jene Entscheidung fällen würde, warum sie so und nicht anders handeln würde, so erhält man von ihr – bei geschickter Diskussionsführung – Hinweise auf *sozial-moralische* Feststellungen (sozial-moralische Argumente).

Fragen: (1) Was ist ein Dilemma? (2) Wozu führt man Dilemma-Diskussionen? (3) Erfinden Sie ein sozial-moralisches Dilemma aus der persönlichen Lebensumwelt! (4) Unterscheiden Sie zwischen A-, B-, C- und D-Regeln für die Leitung einer Dilemma-Diskussion.

9.3.2 Sozialmoralische Entwicklung

Der amerikanische Psychologe Kohlberg hat ähnliche Dilemma-Geschichten (vgl. 9.3.1) erfunden. Aus der Art und Weise ihrer Beantwortung, d.h. aus der Qualität der sozial-moralischen Argumente zieht er Schlüsse über den Stand der sozial-moralischen Entwicklung eines Menschen. Wenn man die Argumente bei Dilemmadiskussionen betrachtet, zeigt sich, daß man trotz der inhaltlich verschiedenen Äußerungen Ähnlichkeiten und Unterschiede zwischen den Menschen feststellen kann, je nach dem, *wie* sie antworten. Dieses "wie" der Argumentationsmuster gibt Hinweise auf *Stufen* der sozial-moralischen Entwicklung. Diese Stufen werden entwicklungsmäßig betrachtet; man unterscheidet nach Kohlberg *sechs* verschiedene Stufen, die im folgenden vorgestellt werden. (Dazu sollte man die Argumentationsbeispiele aus 9.3.1 heranziehen, damit man sich deutlich vor Augen führen kann, wie man die einzelnen Argumente bewerten und entwicklungsmäßig ordnen kann.)

Stufe 1: Auf dieser schlichten Argumentationsebene werden Gesetze und Anweisungen noch wörtlich, manchmal bedingungslos angenommen. Man will Strafen für die eigene Gesetzesübertretung vermeiden. Man denkt an sein eigenes Wohl und hat Schwierigkeiten dabei, das Wohl des anderen zu berücksichtigen. Das Handlungsargument (Motto) lautet: "Tu, was dir gesagt wird." Man orientiert sich an Autoritäten, an Strafen und an Belohnungen.

Stufe 2: Hier denkt man bei seiner Argumentation schon weiter: Gesetze und Vorschriften haben nicht nur den Sinn, persönliches Unbehagen zu vermeiden (Stufe 1), sie sollen auch das Miteinander fördern, sie garantieren geregelte Zusammenarbeit. Man denkt: "Wie du mir, so ich dir." Das Handlungsmotto lautet: "Laß uns einen Tausch machen." Dabei ist der eigene Vorteil wichtig - man weiß aber, daß man nichts bekommt, wenn man nicht selbst etwas zu bieten hat. Das eigene Interesse ist handlungsleitend, und man denkt daran, was den anderen dazu bringen könnte, meine Bedürfnisse zu befriedigen. "Aug um Aug, Zahn um Zahn", "wie du mir, so ich dir" sind die Argumentationsregeln, an die sich zwei oder mehrere Parteien halten.

Stufe 3: Auf Stufe 3 denkt man nicht mehr so sehr an sich selbst. Man sieht sich in Beziehung zu wichtigen Gruppen. Man will ein gutes Familienmitglied sein; man will in der eigenen Clique und Gruppe ein gutes Klima und weiß, daß das nur klappt, wenn man beliebt ist, wenn Vertrauen und Treue da ist, wenn in offiziellen Gruppen (z.B. Klasse) Respekt gezeigt wird. Man kennt die Regeln einer Gruppe und hält sie ein, weil man nicht aus der Gruppe ausgeschlossen sein will, weil man Furcht vor Gruppentadel hat. Das Motto lautet: "Sei ein netter und freundlicher Kumpel, und du wirst lauter nette und kameradschaftliche Leute um um dich haben." Die Gegenseitigkeit dieser Stufe läßt sich in folgendem Satz festhalten: "Was du willst, das man dir tut, das füg auch deinem Nächsten zu."

Stufe 4: Das Motto dieser Stufe lautet: "Jeder in der Gesellschaft ist an Gestze gebunden und wird duch Gesetze geschützt." Man bezeichnet diese Stufe manchmal verkürzt als die "Gesetz- und Ordnungssstufe" ("Law and order"). Man ist überzeugt, daß Vorschriften, Regeln und Gesetze für das Wohl der Gemeinschaften notwendig sind. Daß es Traditionen gibt, an denen man nicht vorbeikommt, wenn geschriebene Regeln fehlen; daß jeder daran interessiert ist, Recht und Ordnung durchzusetzen - und daß man sich nur in äußersten Notfällen auf "Gesetze" berufen kann, die über den Gesetzbüchern stehen, z.B. ist Notwehr dann berechtigt, wenn es um das eigene Überleben und das der nächststehenden Personen geht. Man nimmt die Vorschriften und Gesetze in Kauf und fühlt sich an sie gebunden, auch wenn eine Autoritätsperson (Mutter, Vater, Polizist, Lehrer, Chef etc.) nicht da ist. Man ist ein pflichtbewußter Mensch - als Bürger, als Schüler, als Lehrer usw. Gesetze haben auf dieser Stufe die Funktion des Schutzes. Übereinstimmung damit bedeutet Achtung vor den Mehrheiten und Schutz der Minderheiten.

Stufe 5: Auf dieser Stufe denkt der Mensch über bestehende Gesetzes-vorschriften hinaus. Er weiß zwar, daß es Vorschriften geben muß, an die man sich hält, aber er gibt ihnen keine absolute Macht über sich und andere. Die Argumente auf dieser Stufe orientieren sich an *Prinzipien* wie Gerechtigkeit, Gleichheit aller Menschen, Schutz des Lebens, Religionsfreiheit, Meinungsfreiheit etc. "Die Würde des Menschen ist unantastbar", so lautet ein Prinzip, das eine bekannte Verfassung einleitet.

Das Motto der Stufe 5 läßt sich so zusammenfassen: "Es gibt Prinzipien und Werte, die über den Gesetzen stehen - aus denen die Gesetze abgeleitet werden. Sie sind letzte Richtschnur des Handelns." Man weiß, daß Gerechtigkeit für alle da ist, und Freiheit und Leben Werte sind, über die es keine Diskussionen geben sollte - daß es aber über die jeweils konkrete Verwirklichung dieser Werte unterschiedliche Auffassungen gibt, die mehrheitlicher Zustimmung - bei Respekt vor der Meinung der (zahlenmäßigen) Minderheit - bedürfen. Kompromisse und geduldige Verhandlungen sowie demokratische Entscheidungen sind nicht Anzeichen für Prinzipienlosigkeit, sondern für prinzipienorientiertes Verhalten.

Stufe 6: Was "richtig" ist, wird durch Gewissensentscheidungen in Übereinstimmung mit selbstgewählten moralischen Prinzipien bestimmt.

Schema: Stufen der moralischen Entwicklung

I.	**Vorkonventionelles Niveau**
	Stufe 1: Orientierung an Strafe und Gehorsam
	Stufe 2: Orientierung an gegenseitigem Nutzen
II.	**Konventionelles Niveau**
	Stufe 3: Orientierung an zwischenmenschlichen Beziehungen
	Stufe 4: Orientierung an Ordnung und Gesetzen
III.	**Nachkonventionelles Niveau**
	Stufe 5: Orientierung an sozialen Verträgen und Prinzipien
	Stufe 6: Orientierung an allgemeingültigen, persönlich akzeptierten Prinzipien

In diesem Schema heißt "vorkonventionell", daß auf dieser noch recht frühen Enwicklungsstufe moralischen Urteilens noch keine festen "Übereinkünfte" (= Konventionen) das sozial-moralische Verhalten steuern. "Konventionelles Niveau" bedeutet, daß hier entweder Übereinkünfte und schlichte, (noch) nicht schriftlich vorliegende Abmachungen existieren (= Stufe 3), oder schon ein ausgefeiltes Gesetz- und Regelsystem vorliegt (= Stufe 4), an dem man sich orientiert. "Nachkonventionell" heißt, daß man über die "Konventionen" hinaus denkt und Prinzipien und Gewissen für seine eigene Moral berücksichtigt (=postkonventionell).

9.3.3 Jugendliche in der Moralentwicklung

Zu den hier vorgestellten Stufen der moralischen Urteilsentwicklung kann man nur sehr ungenau Altersangaben machen. Es läßt sich etwa folgendes zur Entwicklung in der Pubertät sagen: Die "konventionelle Ebene" (II) des moralischen Urteilens wird von den meisten Jugendlichen irgendwann erreicht, d.h. daß sie etwa um das 13. Lebensjahr sowohl zu einer Gruppen-Moral (Stufe 3), wie zu einer Gesetzes-Moral (Stufe 4) fortschreiten. Dieses Niveau II sollte nicht von vorneherein wegen der Bezeichnung "konventionell" als negativ angesehen werden: Schließlich geht es um die Anerkennung von rechtmäßigen Erwartungen anderer - nicht nur näherstehender Freunde und Verwandter. Die anonyme Großgruppe, die Gemeinde, das Land, das Volk, der Staat, ihre soziale Ordnung wird hier auch schon im Argument respektiert. Die Konflikte zwischen Pflicht und Neigung kommen hier im Übergang von Stufe 3 zu Stufe 4 zum Vorschein. Das Beispiel eines Konflikts ist zum einen das Bedürfnis, in der Nähe der Freunde, des Fußballclubs, der Familie und des Betriebes, in dem man gelernt hat, zu bleiben; die Pflicht, an einem Ort, weit weg von diesen Nahpersonen, seinen Militärdienst zu absolvieren, oder in einer psychiatrischen Klinik dem Zivildienst nachzukommen, ist die andere Seite dieses Konflikts.

Unter bestimmten Bedingungen kann sich im Jugendalter auch schon ein Übergang in das Niveau III abzeichnen: Die "postkonventionelle Ebene" sozial-moralischen Urteilens wird nicht von allen erreicht. Es zeigte sich, daß Jugendliche aus der höheren "Bildungsschicht" leichter auf "höherem" Niveau argumentieren lernen als Jugendliche, die schon früher ins Berufsleben gehen (und dort moralisch handeln, statt moralisch reden lernen?). Es hat sich auch gezeigt, daß Jugendliche, die schon auf höherem Niveau argumentiert haben, später wieder eine Zeitlang auf niedrigerer Ebene urteilten. Dieser Rückschritt (= Regression) in der Entwicklung scheint vor allem dann einzutreten, wenn etwa ein Wechsel vom Elternhaus in den Beruf, bzw. in die weitere Ausbildung in eine entferntere Gegend stattfindet. Bei kritischer Auseinandersetzung mit neuen Werthaltungen und Erfahrungen, wo manche, die so schön moralisch argumentieren, gar nicht danach handeln, kann ein Jugendlicher zu einem zeitweisen "Werte-Verächter" werden, was sich in Ironie, manchmal sogar in Zynismus, äußern kann.

Ein Mitarbeiter von Kohlberg erklärt den zeitweisen Rückschritt des Jugendlichen auf eine frühere Stufe des sozial-moralischen Urteilens als Ergebnis eines Schwankens zwischen zwei unterschiedlichen Entwicklungsstufen. Beim Fortschreiten hin zur Orientierung an sozialen Verträgen (von Stufe 3 zu Stufe 4), bzw. mit dem Entdecken der Rechte des Einzelnen auf Chancengleichheit, auf Freiheit im Rahmen einer Gesellschaftsordnung (Stufe 4 zu Stufe 5), kann es zu einem zeitweiligen Verlust der Sicherheit der Wertewelt des Jugendlichen kommen.

Der Jugendliche hält sich auch zeitweise an Überzeugungen fest, die er für andere absolut gelten läßt - deren Testung er aber bisher im eigenen Verhalten noch nicht leisten konnte, z.B. verlangt er absolute Gerechtigkeit bei der Bewertung einer Arbeit; oft erst später kann er sich in die Lage eines "Bewerters" hineinversetzen, der einen Auszubildenden oder einen Schüler besonders lobt, weil er bei diesem endlich einen Fortschritt von "ausreichend" zu "befriedigend" feststellt; den "sehr guten" Schüler jedes Mal neu zu loben und hervorzuheben, kann selbst für diesen schon "peinlich" wirken.

Bisher sah es so aus, als ob es sich bei sozial-moralischen Bewertungen um eine rein geistige (kognitive) Rede- und Schreibleistung bei der Beantwortung eines Dilemmas handelt. Natürlich gibt es auch Versuche, die Denkentwicklung nach Piaget (vgl. 9.2.2) zur Moralentwicklung nach Kohlberg in Beziehung zu setzen. Dennoch sollte festgehalten werden, daß es nicht nur moralische Bewertungen wie "gut" und "schlecht" gibt!

Es gibt auch ästhetische Werte, denen Bewertungen wie "schön", "häßlich" oder "wunderbar" zugrunde liegen. Klugheit, Tapferkeit, Ausdauer, Selbstlosigkeit, Heiligkeit, Weisheit sind Werte, von denen Menschen sagen, daß sie für sie *erstrebenswert* sind. Nach etwas streben besagt aber auch, es in sein eigenes Verhalten einfließen zu lassen - nicht nur in schöne Worte ...

Die erlebte Verpflichtung zum *"wert*vollen Leben" verlangt im Jugendalter mehr als die Ablehnung der Werte anderer - meist "der" Erwachsenen. Gegen die eigene Altersgruppe in Wertüberzeugungen zu argumentieren und zu handeln ist um einiges schwerer. Ein Beispiel: Die Clique
(ca. 14-jährige) geht gemeinsam zum Sportplatz; sie überquert eine Staße
bei roter Ampel - nur eine bleibt stehen und wartet mit einem 8-jährigem
Buben, bis sie grün wird. Sie weiß nicht nur im Kopf, was ein "Mitnahme-
Effekt" ist (= d.h. man verleitet Kinder zum Mitgehen über gefährliche
Straßen bei roter Ampel, obwohl diese das komplexe Verkehrsgeschehen
noch nicht so gut überschauen können wie 16-jährige); sie löst sich von
der Gruppe, sie sieht und erkennt ein Problem und verhält sich entsprechend. Sie *weiß* nicht nur um den Wert des *Lebens* ... Ein weiteres
Beispiel: Die Straßenbahnfahrt jeden Morgen in die Schule beginnt mit
einem Problem, wer den schönsten Sitzplatz erwischt hat: Marina steht
von ihrem schönen Platz auf und macht einer jungen, türkischen Frau,
die schwanger ist, den Platz frei ...

Zusammenfassung

Die Entwicklung sozial-moralischer Urteilsfähigkeit verläuft in
sechs Stufen, die in drei Ebenen gegliedert werden: Die vorkon-
ventionelle (präkonventionelle) Moral, die konventionelle Moral und die nachkonventionelle (postkonventionelle) Moral. Für
die Entwicklung im Jugendalter ist der Fortschritt von der ersten zur zweiten Ebene wichtig. Die Veränderungen von Stufe
3 zu Stufe 4 und zur dritten Ebene können mit Konflikten und
Rückschritten (= Regressionen) verbunden sein. Die Entwicklung von Bewertungsfähigkeiten reicht für moralisches Handeln
nicht aus. Die Übersetzung von gedachten "Werten" in gelebte
Werte und Werthaltungen ist eine lebenslange Aufgabe.

Fragen: (1) Wie heißen die Mottos der sechs Moralstufen? (2) Warum kann es zeitweise
zu Rückschritten in der Moralentwicklung kommen? (3) Wie heißt der Psychologe, der
sich die sozial-moralische Entwicklung zum Thema gemacht hat? (4) Reicht es aus,
auf Stufe 5 sozial-moralisch zu argumentieren, um "wertvoll" zu leben? (5) Versuchen
Sie ihre eigenen Antworten auf Dilemma 1, 2 und 3 entsprechend den 6 Stufen der
Moralentwicklung zu "bewerten".

10 Jugend (Adoleszenz)

Der Lebensabschnitt des Jugendalters ist heutzutage nicht mehr so klar abgegrenzt, d.h. die *Grenzen* zur Kindheit und zum Erwachsenenalter hin sind nicht mehr eindeutig. Hinzu kommt, daß man das zwischen diesen beiden Außengrenzen liegende Jugendalter nach bestimmten Merkmalen unterteilt. Mit diesem Thema der Gliederung des Jugendalters befaßt sich der erste Abschnitt (10.1). Im zweiten Abschnitt (10.2) sollen typische *Konflikte* des Jugendalters beleuchtet werden. Im dritten Teil dieses Kapitels (10.3) geht es um das Problem selbstgewählter *Entwicklungsaufgaben* des Jugendalters.

10.1 Gliederung des Jugendalters

Die Entwicklung des Menschen beginnt schon im Mutterleib. Das Ende dieser Entwicklung des Menschen ist das Ereignis des Todes. Der normale Lebenslauf des Menschen, der die vorgeburtliche Periode, das Kleinkindalter, das Schulkindalter, das Jugend- und Erwachsenenalter und die Seniorenzeit umgreift, ist in jeder Kultur in Entwicklungs-Zeit-Strecken eingeteilt.

Da der Jugend besonders in diesem 20. Jahrhundert eine immer längere Entwicklungszeit zugestanden wird, gibt es im folgenden einige Überlegungen über Anfang, Mitte und Ende des Jugendalters. Es soll auch deutlich werden, daß die Entwicklungszeit der Jugend eine Entfaltungsperiode ist, in der mehr und mehr der Jugendliche selbst-steuernd sein Leben plant und entfaltet.

10.1.1 Der Beginn der Jugendzeit

Fragen für die Unterrichtsstunde: Seit wann sind Sie kein Kind mehr? Können Sie sich an ein Ereignis erinnern, das den Abschied von Ihrer Kindheit deutlich machte? Mit wieviel Taschengeld sollte man als Jugendlicher mit 14 Jahren auskommen? Welche Ausgaben sollte man mit diesem Taschengeld ohne Absprache mit den Eltern selbständig bestreiten?

Diese Fragen können (1) auf einzelnen Blättern (anonym) beantwortet werden, (2) von Schülern eingesammelt werden, (3) inhaltlich systematisiert werden, (4) der gesamten Klasse vorgestellt und zum Thema Jugendalter diskutiert werden.

"Mit der Pubertät beginnt die Jugendzeit" ist ein häufig gehörter Satz. Dies klingt so, als ob sich "die" Pubertät von heute auf morgen einstellt; als ob sie nicht selbst eine Entwicklungsspanne umfaßt. Schon für die Menarche (vgl. 9.1.1) läßt sich feststellen, daß sie für viele Mädchen nicht der Beginn einer regelmäßigen Blutung, sondern nur die erste Blutung darstellt; die zweite, dritte oder vierte muß sich nicht gleich als eine Regelmäßigkeit in der Abfolge darstellen. Auch der Stimmbruch (Mutation) des Jungen in der Pubertät geschieht nicht plötzlich. Er braucht seine Zeit, wie vieles andere im Jugendalter auch.

In manchen Büchern gibt es eine Art *"Vorpubertät"*. Was wird darunter verstanden? Es ist im allgemeinen die Lebensspanne zwischen reifer Kindheit und dem Auftreten sichtlicher sekundärer Geschlechtsmerkmale (ungefähr 10.-12. Lebensjahr) In älteren Büchern liest man einiges über stärkere "Unausgeglichenheit", "Auflehnung", "negative Phase" und die bekannten "Flegeljahre".

Ein bekannter Kinderpsychiater (Harbauer) nennt die Vorpubertät die erste puberale Phase: Die körperliche Entwicklung ist durch Disharmonie der Bewegungen gekennzeichnet, die Gesichtszüge sind manchmal vergröbert; mit der Erstpollution (erster Samenerguß) bzw. mit der Menarche ist die eigentliche Pubertät, d.h. die zweite puberale Phase erreicht; die Geschlechtsreife setzt jedoch erst etwa 1 bis 2 Jahre danach ein; beim Jungen sind oft erst ab dem 15. Lebensjahr reife Spermien (reif = zeugungsfähig) nachweisbar (= die dritte Pubertätsphase). In dieser letzten Pubertätsphase (ein neuer Ausdruck dafür heißt "Transeszens") ist die Periode der biologischen und seelischen Umwandlung (etwa vom 12. bis 14. Lebensjahr).

Sie wird beschrieben als eine Entwicklungszeit, in die die stärkere Empfindlichkeit und Verletzlichkeit und auch vermehrtes abweichendes Verhalten hineinfällt. Abweichendes Verhalten wird als negatives Sozialverhalten gesehen, wie Drogen-, Alkohol- und Nikotinmißbrauch, frühe Formen der Jugendkriminalität (z.B. Kaufhausdiebstahl) und Selbstmordversuche.

Auch Sexualdelikte können vorkommen, wie der Kinder- und Jugendpsychiater Reinhard Lempp schreibt:

Problematisch wird sexuelles Verhalten, wenn Jugendliche zu Opfern von Sittlichkeitsdelikten durch Erwachsene werden. In diesem Alter, in dem die Kinder zwischen kindlicher Neugierde, mit dem Anreiz des Verbotenen, und dem Vertrauen zu den Erwachsenen stehen, lassen sie sich in Handlungen ziehen, die ihnen die "Welt der Großen" verspricht. - Die Herausforderung zur Selbstgestaltung, zum Experimentieren mit sich und der nächsten Umgebung birgt also auch Risiken ...!

10.1.2 Die Adoleszenz

Unter "Adoleszenz" wird die eigentliche Entwicklungszeit des Jugendlichen verstanden. Dieses Wort kommt aus dem Lateinischen und besagt schlicht: "Heranwachsen". In der Entwicklungspsychologie versteht man darunter den Entwicklungsabschnitt zwischen der körperlichen und seelischen Pubertät und dem Beginn des großen Lebensabschnittes des Erwachsenenalters. In die *frühe Adoleszenz* (ungefähr vom 14. bis 18. Lebensjahr) fallen wichtige Entscheidungen. Eine davon ist oft für das gesamte weitere Erwachsenen-Leben entscheidend: Es ist die Wahl des Bildungsweges. Für viele bedeutet es eine verfrühte Entscheidung, da sich nicht so sicher die Leistungs- und Motivationsvoraussage für die weitere Adoleszenz treffen läßt. Die Wahl des weiteren Schulweges – ob Hautschule, Realschule oder Gymnasium – bedeutet oft die frühere oder spätere Leistung von *Entwicklungsaufgaben* (vgl. 10.3.1). Die Rechtsprechung kennt den "Jugendlichen" als einen, der auch schon bestimmte Rechte eigenständig wahrnehmen darf.

Drei Beispiele:
(1) Eine Bestimmung lautet, daß das Kind mit Vollendung des 14. Lebensjahres allein entscheiden kann, welchem religiösem Bekenntnis es folgen will. Ab dem vollendeten 12. Lebensjahr kann entgegen dem Willen des Kindes eine Änderung des bisherigen Bekenntnisses nicht mehr durchgesetzt werden.

(2) Vom 7. bis zum 18. Geburtstag sind Minderjährige beschränkt geschäftsfähig, d.h. eine von ihnen abgegebene Willenserklärung ist nur wirksam, wenn der gesetzliche Vertreter zugestimmt hat. Diese Zustimmung kann vorher, als Einwilligung, oder nachher, als Genehmigung, erfolgen. Durch diese Regelung soll der Minderjährige vor den für ihn

geistig noch nicht absehbaren Folgen seines Handelns geschützt werden. Aber, das Recht schützt hier auch den erwachsenen Geschäftspartner: Denn diese können oft das Alter des noch jugendlichen Gegenübers nicht erkennen, oder sie wissen nicht, daß die Eltern (= gesetzliche Vertreter) einem Handel nicht zustimmen würden, wenn sie davon wüßten ... Geschäfte die mit einem Dienst- oder Arbeitsverhältnis zusammenhängen, in das der Jugendliche mit Einwilligung des gesetzlichen Vertreters eingetreten ist (z.B. Kündigung des Arbeitsverhältnisses, Beitritt zu einer Gewerkschaft, Einrichtung eines Gehaltskontos bei der Bank), sind voll wirksam.

(3) Ist der "Minderjährige" 14 Jahre alt und hat er eine Straftat begangen, so wird er vor dem Jugendgericht zur Verantwortung gezogen. Das Jugendgericht muß die Jugendlichkeit und die Unreife (= Entwicklungsrückstand) des Täters berücksichtigen. Meist berät sich das Gericht dazu mit einem Jugendpsychologen. Unter 14 Jahren sind Minderjährige zwar *schuldunfähig*, d.h. sie können wegen ihrer Taten nicht vor ein Strafgericht gestellt und verurteilt werden. Aber: von *Verantwortlichkeit für einen Schaden*, den der Minderjährige einem anderen zufügt, geht man schon ab dem 7. bis 18. Lebensjahr aus; d.h. man setzt die erforderliche Einsicht des Kindes/Jugendlichen voraus.

Langsam, wie die Entwicklung vorangeht, wird also die Verantwortlichkeit den Eltern und Erziehungsberechtigten abgenommen und den Jugendlichen zugemutet. Die *späte Adoleszenz* stimmt als Entwicklungsabschnitt mit der juristischen Bestimmung der "Heranwachsenden" überein (18. bis 21. Lebensjahr). Diese an sich volljährigen jungen Menschen (= Erwachsene) werden hinsichtlich strafrechtlicher Verfahren, hinsichtlich Strafmaß und Strafvollzug zu den Jugendlichen gerechnet. Eine begangene Straftat wird so bewertet, wie bei den Erwachsenen, aber ein besonderes Vorgehen – meist unter Zuhilfenahme eines Psychologen – soll den Entwicklungsstand des Staftäters zur Strafzeit berücksichtigen.

Das wichtige Thema der späten Adoleszenz ist das "Erwachsen-Sein". Nicht nur neue Rollen und Rechte stürmen auf den ehemals Jugendlichen ein. Seine Verpflichtungen gegenüber sich selbst, den Eltern und den Erwachsenengemeinschaften nehmen plötzlich sprunghaft zu (z.B. Zivildienst, Wehrdienst, Wahlrecht). Der "Staat" hat bisher mehr oder weniger über Sorgerechte gewacht, jetzt ist er eine Größe, für die man als erwachsener Vollbürger selbst Sorge zu tragen und zu übernehmen hat - z.B. durch die Wahl von verantwortungsbewußten Politikern, durch den Schutz von Rechten wie Meinungsfreiheit und Religionsfreiheit, Schutz menschlichen, tierischen und pflanzlichen Lebens usw.

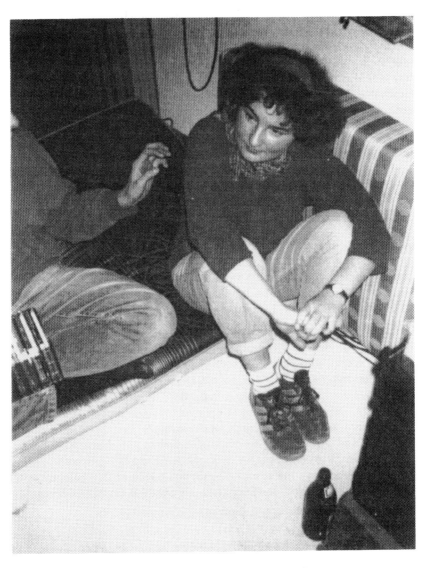

Beides, die Gruppe und das Alleinsein, gehören zum
Lebensstil des Jugendlichen (Andrea, 19 Jahre).

Ein letzer Ausflug in das Rechtswesen: Das 18. Lebensjahr ist notwendig zur Erlangung der "Volljährigkeit" mit Vorschriften über

- die Fahrerlaubnis
- die Geschäftsfähigkeit
- das Ende der elterlichen Sorge
- die Testierfähigkeit (Testamente)
- die Prozeßfähigkeit
- das Wahlrecht
- den Abschluß von Rechtsgeschäften
- aktives und passives Wahlrecht

Beinahe hätte der Autor das "Eherecht" vergessen. Was versteht man unter "Ehefähigkeit"? Diese liegt juristisch vor, wenn beide Eheschliessende volljährig sind, also das 18. Lebensjahr vollendet haben. Sie liegt aber auch dann vor, wenn das Vormundschaftsgericht einem der zwei Ehe-Partner, der mindestens 16. Jahre alt ist, eine "Befreiung" (von dem Volljährigkeitsprinzip) erteilt hat, und der andere Ehe-Gefährte volljährig ist. Eine Ehe zwischen zwei Minderjährigen ist nicht möglich. Ein Minderjähriger oder beschränkt Geschäftsfähiger kann die Ehe nur wirksam eingehen, wenn beide Eltern (= gesetzliche Vertreter) einwilligen. Gründe für eine Verweigerung der Einwilligung können sein:

- Mangel an nötigem Einkommen
- Krankheit
- schlechter Ruf
- eine ungünstige Rechtsstellung der Frau (z.B. bei Mohammedanern).

10.1.3 Junger Erwachsener/Postadoleszenz

Das Jugendalter umfaßt eine ausgedehnte Zeitstrecke im menschlichen Lebenslauf. Über den biologischen Beginn dieser Zeitstrecke ist man sich meist einig. Uneinig ist man sich dagegen sehr über das Ende der Jugendzeit, darüber, wann man endlich vom Erwachsenen sprechen kann. In einem bedeutenden Lehrbuch zur "Entwicklungspsychologie des Jugendalters" (von Otto Ewert) wird die Entwicklungszeit nach der Spätadoleszenz als *junges Erwachsenenalter* bezeichnet. Die Bestimmungen allein, wann jemand als Erwachsener zu gelten habe, machen einen Erwachsenen noch nicht. Den sozialen Normierungen (gesellschaftlichen Festlegungen) müssen auch neue, veränderte Einstellungen zu sich selbst *und* zur sozialen Umwelt (Eltern, Gleichaltrige, Freunde, Vorgesetzte, Untergebene, Kinder usw.) entsprechen. Es gab Zeiten, in denen bemühte man sich schon als 16-jähriger um das Aussehen und Erscheinungsbild eines 25-jährigen Erwachsenen; und es gibt Zeiten, in denen sich ein 40-jähriger gerne noch mit dem "Flair" eines 18-jährigen Mädchenbetörers umgeben möchte. Die Jugendorganisationen der Parteien setzen bestimmte Altersgrenzen nach oben hin fest – und man wundert sich darüber, wie lange man da noch Spätjugendlicher sein darf ...

Schon an den unterschiedlichen Benennungen dieses Zwitter-Stadiums zwischen Jugend und eigentlichem Erwachsenenalter zeigt sich die Uneinigkeit bezüglich Ende der Jugend und Anfang der Erwachsenenzeit. Ein früher Autor (1923) sprach von "gestreckter Pubertät", womit er eine Art Kultur-Jugend in der Politik und den Kunstbewegungen verstand. Ein Wiener Jugendpsychologe (Lazarsfeld, 1931) entdeckte die "Pubertät des Proletariers", womit er sagen wollte, daß Angehörige der damaligen Unterschichten ihre Jugend nur "begrenzt" ausleben und auskosten konnten wie die der obersten Bildungs- und Geldschichten.

Der bekannte Jugendpsychologe Erik Erikson – mit dem wir uns im nächsten Kapitel intensiver beschäftigen werden – hat eine Bezeichnung für jene jugendliche Zeitstrecke gefunden, in der dieser selbst sich noch nicht festgelegt hat, wie weit sein Entwicklungsstand ist. Er spricht von "Moratorium" als selbstgewählter Entwicklungszeit zwischen später Adoleszenz und dem psychischen Erwachsensein zum "Nachreifen"; diese Zeit wird auch von den modernen Gesellschaften den (Spät-)Jugendlichen zur *Identitätssuche* gestattet, indem sie Möglichkeiten zum Berufswechsel, Wechsel des Studienziels, und noch relativ "unverbindliche" Beziehungen zwischen den Geschlechtern toleriert. Die Identität des Erwachsenen heißt hier, daß er "verbindliche Bindungen" vollzogen hat.

Ein Jugendgefährte von Erikson, der später über das Jugendalter tiefenpsychologische Bücher verfaßt hat, namens Peter Blos (1962) hat für den Beginn des Erwachsenenalters das Stadium der sog. "Postadoleszenz" formuliert: In diesem kommt es zur Harmonisierung und Integrierung von Bestandteilen der Persönlichkeit. Diesen Ausdruck der Postadoleszenz kann man schon fast "historisch" nennen: Ein Autor verwandte ihn für die protestierende Studentenjugend um das Jahr 1968.

In der von einer bekannten Rohölfirma finanzierten Jugendstudie (Shell-Jugendstudie) sind "Postadoleszente" junge Leute, die (1) noch im Ausbildungsprozeß festgehalten sind, (2) Arbeitslose und Arbeitssuchende zwischen dem 20. und 30. Lebensjahr und (3) die sog. "Aussteiger", die Überlebenstechniken und Überlebensstrategien wählen, die sich abseits von üblichen beruflichen und bürgerlichen Tätigkeiten (z.B. Hausfrau) abspielen. Man hat den Eindruck, daß alle diese Postadoleszenten die Nicht-Versicherten und Nicht-Steuer-Zahlenden zwischen dem 20. und 30. Lebensjahr sind.

Dieser geschichtliche Überblick soll zeigen, daß man sich auch in den Wissenschaften vom Jugendlichen (Psychologie, Soziologie, Pädagogik) nicht so einig über das "Ende" des Jugendentwicklungsabschnittes ist. Man braucht sich also nicht darüber zu wundern, wenn der Jugendliche, bzw. der junge Erwachsene selbst auch nicht so genau weiß, zu welcher Altersgruppe er gehört. Aus einer Umfrage bei 4000 jungen Menschen in Schweden nach den Kriterien für ihr Erwachsensein, sollen hier einige Ergebnisse dargestellt sein:

- 25% der 21-jährigen bezeichnen sich selbst als Erwachsene

- 40% beantworten die Frage, ob sie erwachsen seien mit "teilweise"

- 34% beantworten diese Frage mit "nein"

- 60% der 23-jährigen sagen "ja", sie sind erwachsen, sie geben als Begründung für ihr "ja" an, daß sie unabhängig seien und Verantwortung zu tragen hätten

- bei den 10 %, die sich unsicher sind, ist zu sagen, daß sie die Erwachsenenrolle mit gemischten Gefühlen, ja sogar als beängstigend sehen

- 30% der "nicht" Erwachsenen möchten sich nicht in allen Situationen wie Erwachsene verhalten; sie sagen, ihnen fehlen die Erfahrungen und die Reife von Erwachsenen; sie bemerken, daß sie noch abhängig von Erwachsenen sind und es in mancher Beziehung gar nicht so schlecht finden, nur wenig Verantwortung zu tragen.

Das Ende des Jugendalters und der Beginn des Erwachsenenalters sind also auch selbstgewählt psychisch und sozial bestimmbar.

Zusammenfassung

Die gesamte Jugendzeit wird von der biologischen Reife (= Pubertät) und der psycho-sozialen Bestimmmung des Erwachsenenalters eingegrenzt. In sich ist sie in drei Abschnitte gegliedert: (1) Die *Pubertät*, mit Vorpubertät, eigentlicher Pubertät und Transeszenz; (2) die *Adoleszenz*, mit früher Adoleszenz und später Adoleszenz; (3) das junge Erwachsenenalter des "Heranwachsenden" und der "Postadoleszenz".

Der Übergangsbereich vom Kind-Sein ins Erwachsen-Sein wird nach und nach von zunehmenden Rechten *und* Pflichten begleitet. Aber auch die selbständige Zustimmung zur Verantwortungsübernahme und Selbständigkeit wird dem Jugendlichen zunehmend abverlangt.

Fragen: (1) Wann beginnt und endet die Entwicklung des Menschen? (2) In welchem Jugendabschnitt findet man vermehrt Sensibilität und Verletzlichkeit? (3) In welchem Alter ist man juristisch ein "Heranwachsender"? (4) Wer wird durch die "beschränkte Geschäftsfähigkeit" des "Minderjährigen" geschützt? (5) Darf eine 16-jährige heiraten? (6) Was darf man alles mit Beginn der "Volljährigkeit"? (7) Was versteht Erikson unter "Moratorium"?

10.2 Jugend und Konflikt

Eine Konflikttheorie der menschlichen Entwicklung insgesamt, und des
Jugendalters insbesondere, wird anhand der Ausführung der psychoana-
lytischen Theorien von Erik H. Erikson dargestellt, der sich vor allem
mit einzelnen Konfliktarten des Jugendlichen intensiv befaßt. Darauf
folgt die Darstellung einer Konflikttheorie von Lewin, die einige typische Probleme des Jugendalters zu erklären versucht. Schließlich soll am
"Generationskonflikt" gezeigt werden, welche Gesichtspunkte bei kon-
struktiven Konfliktlösungen im Jugendalter zu berücksichtigen sind.

10.2.1 Das Jugendalter, eine Krisenzeit?

Übungskurs: Wie beseitige ich die Angst vor Fremdwörtern? Das folgende Schema
der psychosozialen Krisen enthält einige Fremdwörter. Machen Sie sich bitte (1) eine
Liste der Wörter, (2) eine "Übersetzung" mit Hilfe des Fremdwörter-Dudens. Damit
diese Wörter für Sie ihren eigenen "psychologischen Sinn" bekommen, versuchen Sie
bitte (3) zu jedem Wort alles aufzuschreiben (oder an die Tafel), was Ihnen dazu
einfällt (= Methode der freien Assoziation - schon wieder ein Fremdwort!).

Von dem Psychoanalytiker(=Psychotherapeut, der sich meist auf die
Theorien von Sigmund Freud, Alfred Adler oder Carl Gustav Jung stützt)
Erik H. Erikson stammt die bemerkenswerte Feststellung, daß eine Adoleszenz (= Jugendalter nach der Pubertät) keine Krankheit ist. Es handelt sich vielmehr um eine "normative Krise". Was versteht Erikson darunter?

1. Die Adoleszenz ist ein normaler Abschnitt der menschlichen Entwicklung. 2. "Normative Krisen" sind, wenn man sie mit psychischen Krankheiten vergleicht, leicht zu lösen. 3. In diesen "Krisen" der normalen
normativen Entwicklung stecken vielmehr neue Möglichkeiten, welche
die Entwicklung vorantreiben und fördern.

Erikson beschreibt die *gesamte* Entwicklung des Menschen von der Geburt bis zum Tod im hohen Alter als *eine Lebenslaufentwicklung durch
8 Phasen* hindurch.

Das folgende Schema enthält diese 8 Entwicklungsabschnitte und die 8 Krisen, die der Mensch normalerweise so löst, daß er meist der positiven Seite das Übergewicht gibt - ohne daß Anteile der negativen Seite des Konflikts ganz verschwinden müssen.

Schema: Psychosoziale Krisen

Lebenszeit	psychosoziale Krisen (ERIKSON)	
	positive Konflikt-seite	negative Konflikt-seite
Säuglingsalter	Urvertrauen	Mißtrauen
Kleinkindalter	Autonomie	Scham und Zweifel
Spielalter	Initiative	Schuldgefühl
Schulalter	Werksinn	Minderwertigkeitsgefühl
Adoleszenz	Identität	Identitätsdiffusion
Frühes Erwachsenenalter	Intimität	Isolierung
Erwachsenenalter	Generativität	Selbstabsorption
Reifes Erwachsenenalter	Integrität	Lebensekel

Im folgenden soll nun die Phase der Adoleszenz aus der Sicht Eriksons näher betrachtet werden. Das Ziel der gesunden Entwicklung des Jugendlichen ist ein bleibendes Gefühl der "Identität", das sich gegen ein Gefühl der "Identitätsdiffusion" behauptet, und gegenüber diesem Gefühl die Oberhand behält. Der Jugendliche im rasanten Körperwachstum und der hinzukommenden Geschlechtsreife stellt alle in der Kindheit als zuverlässig empfundenen Werte der Gleichheit und der Stetigkeit in Frage. Mit ein paar Zitaten aus Eriksons Buch ("Kindheit und Gesellschaft", 1974, Stuttgart: Klett-Cotta) soll dieses Drama der Identitätssuche beschrieben werden:

"Auf der Suche nach einem neuen Kontinuitäts - und Gleichheits-
gefühl muß der Jugendliche viele Kämpfe der frühen Jahre noch einmal
durchkämpfen, selbst wenn er zu diesem Zwecke absolut wohlwollende
Menschen künstlich zu Feinden stempeln müsste; auch ist er ständig bereit, bleibende Idole und Ideale als Wächter seiner endgültigen Identität
aufzustellen." (S.256)

"Das Gefühl der Ich-Identität ist also die angesammelte Zuversicht
des Individuums, daß der inneren Gleichheit und Kontinuität auch die
Gleichheit und Kontinuität seines Wesens in den Augen anderer entspricht, wie es sich nun in der greifbaren Aussicht auf eine 'Laufbahn'
bezeugt." (S. 256)

"Die Gefahr dieses Stadiums liegt in der Rollenkonfusion (....). Es
ist hauptsächlich die Unfähigkeit, sich für eine berufsmäßige Identität
zu entscheiden, was die jungen Menschen beunruhigt. Um sich selbst
zusammenzuhalten, überidentifizieren sie sich zeitweise scheinbar bis
zum völligen Identitätsverlust mit den Cliquen- oder Massen-Helden.
Damit treten sie in die Phase der 'Schwärmerei', was keineswegs ganz,
oder auch nur vorwiegend, etwas Sexuelles ist – außer die herrschenden
Bräuche verlangen dies." (S.256)

"Die Liebe des Jugendlichen ist weitgehend ein Versuch, zu einer
klaren Definition seiner Identität zu gelangen, indem er seine diffusen
Ich-Bilder auf einen anderen Menschen projiziert und sie in der Spiege-
lung allmählich klarer sieht. Darum besteht junge Liebe so weitgehend
aus Gesprächen." (S.256)

"Junge Leute können außerdem äußerst 'klanhaft' empfinden und
grausam im Ausschluß aller derer sein, die 'anders' in der Hautfarbe, im
kulturellen Milieu, im Geschmack und in der Begabung sind und häufig
in derart geringfügigen Nuancen der Kleidung und Geste, wie sie gerade als *das* Abzeichen der Gruppenzugehörigkeit oder Nichtzugehörig-
keit gelten. Es ist wichtig, eine derartige Intoleranz als Abwehr gegen ein
Gefühl der Identitätsverwirrung zu verstehen - was nicht heißt, daß man
sie verzeihen oder an ihr teilnehemen soll. Denn die Jugendlichen helfen
nicht nur einander gegenseitig durch viele Schwierigkeiten, indem sie
Cliquen bilden, und ihre Feinde zu Stereotypen erheben; sie prüfen pa-
radoxerweise dadurch auch ihre wechselseitige Fähigkeit, Treue zu wah-
ren. Die Bereitschaft zu solch einer Prüfung erklärt auch den Anreiz,
den einfache und grausame totalitäre Doktrinen auf die jugendlichen
Geister der Länder und Klassen ausüben, die ihre Gruppenidentität
(feudal, agrarisch, stammesmäßig, national) verloren haben oder verlieren und sich der weltumfassenden Industrialisierung, Emanzipation und
Kommunikation gegenübersehen." (S.257)

"Der jugendliche Geist ist dem Wesen nach ein Geist des *Morato-*
riums, ein psychologisches Stadium zwischen Kindheit und Erwachsen-
sein, zwischen der vom Kind erlernten Moralität und der Ethik, die der
Erwachsene entwickeln muß." (K. & G., 1974, S.254)

Abschließend soll nun die jugendliche Krise als Konflikt zwischen "Identität" und "Identitätsdiffusion" anhand von 7 Konfliktarten, die alle von
Erikson so formuliert worden sind, aufgezeigt werden.

Schema: Konflikte der Adoleszenzkrise

Konflikte der Adoleszenz-Krise (ERIKSON)	
positive Seite	negative Seite
1. Zeitperspektive	Zeitdiffusion
2. Selbstgewißheit	peinliche Identitätsbewußtheit
3. Experimentieren mit Rollen	negative Identitätswahrnehmung
4. Zutrauen zur eigenen Leistung	Arbeitslähmung
5. Sexuelle Identität	bisexuelle Diffusion
6. Führungspolarisierung	Autoritätsdiffusion
7. ideologische Polarisierung	Diffusion der Ideale

Zu jedem dieser Jugendkonflikte ließe sich ein eigenes Buch schreiben. Hier nur einige wenige Erläuterungen:

Der erste Konflikt bezieht sich auf die Lebenszeit-Perspektive: z.B. ein Mädchen, das sich für eine Ausbildungszeit mit einem Abschluß entschieden hat, wird mit sich und seiner Ausbildungszeit mehr anzufangen wissen, als eines, das ohne Zeitperspektive irgendwie im BAFÖG-Bildungswesen nur einen - aber nicht seinen eigenen - Platz hat.

Der zweite Konflikt handelt von dem Selbstbild des Jugendlichen: z.B. ein junger Mann, der nur die Pickel in seinem Gesicht zu zählen weiß, wird nicht darüber hinaus zu der ganzheitlichen und positiven Körper-Illusion gelangen, die für seine Akzeptanz der neuen männlichen Gestalt notwendig ist - auch wenn manche von schlaksig, dürr, und "spannenlangem Hansel" spotten; die Akzeptanz des eigenen Körperschemas bedarf nicht nur im Jugendalter einer gewissen Großzügigkeit - allzu genaue Fehlersuche dient auch da nicht der psychischen Gesundheit.

Im dritten Konflikt läßt sich mit Erikson das von ihm gern gewählte Thema bezüglich der Identität als Beispiel aufführen: Eine zu frühe und von Autoritätspersonen "diktierte" berufliche Festlegung (= Frühbindung), ohne diese Möglichkeit einer Krise des Schwankens und des Durchspielens verschiedener Möglichkeiten, führt zu einer gestörten Identität, einer negativen Identitätswahl, die den Beruf nicht als Berufung, sondern als Übel erlebt und langfristig ablehnen muß.

Auf der Suche nach der eigenen Identität,
dem eigenen Selbstbild, sich selbst...(Andreas)

Der vierte Konflikt verlangt vom Jugendlichen die Entdeckung jener Leistungs- und Fähigkeitsbereiche, die ihm in ihrer Kombination eine Einzigartigkeit und Einmaligkeit vor sich selbst garantieren. Das Zutrauen zur eigenen Leistung bedarf zwar im Jugendalter wie in der Kindheit gelegentlicher auch positiver Rückmeldung durch die nähere und entferntere soziale Umwelt - als reifender Jugendlicher wird er aber (bei psychischer Gesundheit) nicht mehr so sehr abhängig sein von der Rückmeldung durch andere - und bei "Zwischen-Durch-Phasen" einer Art Arbeitslähmung wird er nicht vollständig aus dem Arbeitsprozeß ausscheren - was jeder Lehrer und jeder Meister weiß, der selbst eine Jugend hatte, und sie bei den eigenen Kindern und deren Freunden zu tolerieren (= ertragen) gelernt hat.

Der fünfte Konflikt zeigt, daß die sexuelle Identität, d.h. das Wissen darum, und die Akzeptanz dessen, daß man nur zu einem von zwei Geschlechtern gehören kann, auch einen Prozeß der Identifikation voraussetzt. Was hier "bisexuelle Diffusion" genannt wird, kennzeichnet die Konfliktlage, daß der Jugendliche zwar weiß, welchen Geschlechts er ist, aber manche sich oft erst über einen Spiel- und Lern-Prozeß hinweg ein Verhaltensrepertoire aneignen, welches dann auch von ihm selbst und seiner sozialen Gruppe als "weiblich" oder "männlich" bezeichnet wird. Erikson meint hier sicher auch gelegentliche gleichgeschlechtliche Neigungen, die als vorübergehende Zwischen- oder Vor-Spielarten zur eigentlichen Heterosexualität als gelungener sexueller Identität zu werten – und nicht überzubewerten sind. Erst ihre Überbewertung kann zu längerfristigen Störungen (= Festlegung auf Homosexualität in der späteren Entwicklung) führen.

"Führungspolarisierung gegenüber Autoritätsdiffusion" (Konflikt 6) bezieht sich hier vor allem auf die Gruppenthematik, die mit dem fünften Zitat (vergleiche oben) durchgespielt wird; auch die "ideologische Polarisierung" gegenüber der "Diffusion der Ideale" (Konflikt) wird in diesem Zitat beispielhaft diskutiert.

Fragen: (1) Welche Konflikte sind nach Erikson die zentralen Jugendkonflikte? (2) Stimmt der Satz: "Nach Erikson ist nur die frühe Kindheit für den weiteren Lebenslauf bestimmend"? (3) Stellen Sie einen Zusammenhang zwischen beruflicher Entwicklung und Identitätsentwicklung her (vergleichen Sie die Zitate von Erikson).

10.2.2 Der Jugendliche als Grenzgänger zwischen zwei Lebenswelten

Der Berliner Psychologe Kurt Lewin hat eine Jugendtheorie als Konflikttheorie entworfen, die hier als Vergleichsmöglichkeit zur Krisentheorie von Erikson vorgestellt sein soll.

Lewins Jugendtheorie ist ein Versuch, Probleme des Jugendlichen als "Grenzgänger" zu erklären. Unter "Grenzgänger" ist zu verstehen, daß der Jugendliche zwischen 2 "Lebensräumen" herumvagabundiert. Der eine dieser "Lebensräume" ist die Kindheit, aus welcher der Jugendliche heraus muß, die er verlassen muß. Der andere dieser Lebensräume ist die noch unbekannte Region des Erwachsenen, in die er hinein muß und hineinstrebt. Im Grenzland zwischen beiden Regionen befindet sich der Jugendliche. Solange er noch nicht weiß, wo er hingehört und von der Erwachsenenwelt noch nicht akzeptiert ist, ist er noch "Gefangener" seiner Kindheit.

Der Jugendliche wechselt von der Gruppenzugehörigkeit der Kindheit zu der der Erwachsenen. Er befindet sich in einer Übergangzeit und Übergangsregion mit beschleunigten Veränderungen, die sich in kürzerer Zeit ereigenen als in der langen Zeit der Kindheit und der noch längeren Zeit des Erwachsenen-Lebens. Der Wechsel von der Kindheitsregion in die Erwachsenenregion ist für den Jugendlichen ein starker Wunsch, obwohl er nicht so genau weiß, wie diese Erwachsenenwelt aussieht. Es ist so, wie wenn er in ein neues und unbekanntes Gebiet eintritt.

Dies führt zur Unsicherheit im Verhalten, das zur gesteigerten Aggressivität - aber auch zu vermehrter Empfindlichkeit führt. Nicht nur negative Erscheinungsformen sind nach Lewin für das Jugendalter charakteristisch: In dieser Zeit radikaler Veränderungen ist der Jugendliche auch formbarer und lenkbarer - wie jemand, der auf dem Eis balanciert, und zu schnell Halt sucht.

Der Jugendliche (JU) ist also ein Wanderer zwischen zwei Welten - eine Randpersönlichkeit zwischen Kind (K) und Erwachsenem (E), er gehört zu keiner dieser Welten und das macht ihn unsicher und formbar, aber auch verführbar.

Kinder (K) und Erwachsene (E) als getrennte Gruppen

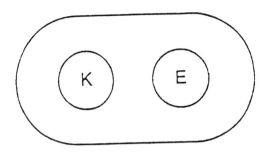

Jugendliche (Ju) im Grenzbereich von K und E

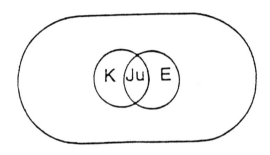

Speziell im Umgang des Jugendlichen mit *Werten* läßt sich diese Unsicherheit aufzeigen: Er versucht manchmal schnell und radikal, den Zustand der Werte-Unsicherheit und seiner Konfliktlagerung zu beseitigen. Dies kann dazu führen, daß er jedem zu folgen bereit ist, der ein bestimmtes System von Werten anbietet. Er will aus dem Konflikt heraus, indem er voreilig die Konflikte und die Wertewelt vereinfacht und schematisiert.

Hier wird eine Theorie formuliert, aus der heraus eine Anfälligkeit des Jugendlichen für politische, religiöse und ideologische Sekten verstehbar wird. Lewin versucht also, über geistige (kognitive) Strukturierungsbedürfnisse, die im Jugendalter drängend sind, die Jugend als geistige Konfliktlagerung darzustellen.

10.2.3 Generationskonflikte

Ein *Rollen*spiel:

1. 8 Mitglieder der Klasse/Unterrichts-Einheit werden gebeten, sich "nach Zufall" in zwei Gruppen zu jeweils vier Mitgliedern zu trennen.

2. Gruppe A "spielt" die Rolle der Älteren (z.b. Eltern, Lehrer, Verwaltung, Hausmeister).

3. Gruppe B "spielt" die Rolle der Jüngeren, (z.b. Jugendliche, Lehrlinge, Schüler, Studenten).

4. Das erste "Thema" einer "Auseinandersetzung" zwischen den Gruppen A und B könnte folgendes sein: Die Jugendlichen wollen spät abends ihre Fete mit entsprechendem Lärmpegel fortsetzen; die Älteren wollen Ruhe im Haus!

5. Das zweite "Thema" einer "Auseinandersetzung" zwischen den Gruppen A und B (*Regie-Anweisung*: Rollentausch! Gruppe A spielt jetzt die Jüngeren; Gruppe B spielt jetzt die Älteren) könnte sein: Der Hund von Frau ..... hat genau vor die Haustür sein Geschäft gemacht. Ein Jugendlicher ist hineingetappt.

6. Die Zuhörer/Zuschauer notieren sich genau die Äußerungen, die mit den eigentlichen Themen (Fete/Hund) nichts zu tun haben, sondern auf die jeweilige *Altersgruppe* - mehr oder weniger positiv - abzielen.

7. Die Notizen werden im Sinne negativer/positiver "*Stereotypen*" über die verschiedenen Altersgruppen diskutiert.

Die in den Kapiteln 10.2.1 und 10.2.2 behandelten Konflikte des Jugendalters sind *innerpsychische* Konflikte: Das heißt, *in einer* Person existiert der jeweilige Konflikt. Eine Person ist hin- und hergerissen zwischen zwei – manchmal noch mehr – Alternativen. Als Beispiel ein positiver Konflikt: Mirjam (16 Jahre) ist in zwei Jungen (Peter und Christof) verliebt; sie kann sich zwischen ihnen nicht entscheiden, – weiß aber, daß jeder von beiden ihr über kurz oder lang eine Entscheidung abverlangt.

Als zweites Beispiel ein negativer Konflikt: Jonas (19 Jahre) muß sich zwischen Bundeswehr und Zivildienst entscheiden – obwohl er gerne beidem aus dem Weg gehen würde. Dies ist ein Konflikt negativer Art zwischen zwei ungeliebten Alternativen.

Bei Generationskonflikten kann es sich um zwischenmenschliche Konflikte zwischen

- Eltern und ihren jugendlichen Kindern

- Großeltern und ihren erwachsenen Kindern (= Eltern)

- Großeltern und ihren jugendlichen Enkelkindern

- Urgroßeltern und ihren Kindern (= Großeltern), Enkeln (= Eltern) und Urenkeln (= jugendlichen Kindern).

handeln.

Die Konflikte sind jeweils beidseitig zu sehen, das heißt z.b. daß Jugendliche *und* ihre Eltern bezüglich *eines* Themas – z.B. die "Länge der Haare" der Jugendlichen, oder die "Pünktlichkeit" des Vaters, oder die "Ordnungsliebe" der Mutter – Meinungsverschiedenheiten haben. Diese Meinungsverschiedenheiten können in gegenseitigem Spott, in beidseitigen Anspielungen, in kurzem und heftigem Streit oder im vermeintlich "negativen" Gesichtsausdruck des jeweils "Älteren" bzw. "Jüngeren" ausgetragen werden.

Folgendes Schema zeigt vereinfacht:

(1) den Generationsvergleich zwischen Vater und Sohn,

(2) den Generationsvergleich zwischen Mutter und Tochter,

(3) den Generationsvergleich zwischen Vater und Tochter,

(4) den Generationsvergleich zwischen Mutter und Sohn.

Schema: Generationsbeziehungen *in* der Familie:

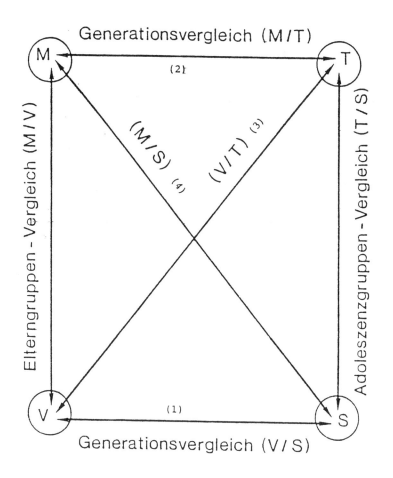

Der Kontakt zwischen den Generationen ist mehr
eine Frage des direkten Umgangs, als der Sonntagsreden.

Wie das Rollenspiel eingangs zeigt, finden Generationskonflikte nicht nur zwischen Angehörigen von Klein- oder Groß-Familien statt. Von diesen Altersgruppen im Familienverband stammt zwar der Begriff "Generation" – er wird aber heutzutage oft nur noch auf bestimmte Altersangehörige angewandt. So kann man von allen Jugendlichen sprechen, und meint die 15–25-jährigen, die zu einem bestimmten Zeitpunkt – 1990 – beispielsweise zur "Zukunft Europas" befragt werden. Oder man liest in der Zeitung: "Die 'ältere Generation' hat sich in einer repräsentativen Umfrage zur 'Zukunft Europas' positiv geäußert." Wenn man dann genauer in die Tabellen eines Meinungsforschungsinstituts sieht, dann liest sich das so: "Befragt wurde eine repräsentative Stichprobe von 2000 Leuten – Frauen und Männern – im Alter von 40 bis 70 Jahren ..." usw. Wenn man etwa die Einstellungen zur "Zukunft Europas" von der "jüngeren Generation" und der "älteren Generation" vergleicht und sich Unterschiede zeigen, dann deuten manche Leute in diese Unterschiede zwischen den Altersgruppen einen "Konflikt zwischen den Generationen" in Sachen "Zukunft Europas" hinein.

Ein weiteres Problem des *Generationenvergleichs* ist, daß man *eine* Jugendgeneration des Jahres 1990 mit *einer* Jugendgeneration des Jahres 1970 bezüglich *eines* Themas vergleicht! Hier interessiert man sich für den Wandel von Einstellungen über größere Zeiträume hinweg - muß aber darauf achten, daß die Vergleichsgruppen gleich alt und das Vergleichsthema identisch zu sein hat. Wenn man Generations-Stereotype (= positive oder negative Vorstellungen) liest wie "die verwöhnte Generation", "die verunsicherte Generation", "Jugend als Staatsfeind Nr.1", "die zerrüttete Generation", "die skeptische Generation", "die Nachkriegskinder", "die Konsumkinder" oder "die pessimistische Generation", dann sieht das oft nur so aus, als ob man eine Jugendgeneration treffend beschreibt. Meist sind das nur Vermutungen oder unzutreffende Beschreibungen, die von Mitgliedern einer anderen - nicht selten älteren Generation, über eine jüngere Generation angestellt werden. Sie haben allzuoft vergessen, wie sie in genau dem Alter waren, über das sie sich jetzt mehr oder weniger positiv "auslassen".

Was oft auch vergessen wird ist, daß man in einer anderen Zeit, einer andersartigen Epoche Jugendlicher war - und von daher manche Vergleiche zwischen der vermuteten eigenen Jugend und der jetzigen Jugend, die man aus der Sicht Älterer sehen muß, sehr subjektiv sind. Es bleibt auch ein Problem der Generationensicht der Jugendlichen, daß sie weder das schon gelebte Leben der Älteren noch die Epochen, durch die diese hindurch leben mußten, nachvollziehen können. Die Begegnungen zwischen den Generationen könnten besser funktionieren, wenn jeder

Verhandlungs- oder Gesprächspartner darum weiß, daß er der "Gefangene" seines Entwicklungsstadiums, z.b. des Jugendalters, des Erwachsenenalters, des Seniorenalters, ist; wenn jeder darum weiß, daß er gleichzeitig der "Gefangene"seiner Epoche ist, in der er lebt, und der Epochen, die er schon durchlebt hat. Der notwendige Dialog zwischen den Generationen wird am meisten behindert durch

a) fehlendes Bewußtsein von der eigenen *Generationsbefangenheit*,

b) fehlende *Kontakte* zur jeweils anderen Generation,

c) Beschränkung auf Kontakte mit der eigenen *Altersgruppe* – sei es bei Jugendlichen, sei es bei Älteren,

d) Vergessen der Geschichte, bzw. Epoche, die andere durchlebten, die einem möglicherweise noch bevorstehen kann,

e) fehlende Großfamilien-Verbände, in denen der Generationen-Wechsel, wie er sich an Geburt und Tod ständig zeigt, sichtbar wird.

Zusammenfassung

Die Generationsbeziehungen zwischen unterschiedlich alten Familienmitgliedern sind von den Generationsbeziehungen zwischen verschieden alten Altersgruppen ohne Verwandtschaftsbeziehungen zu unterscheiden. Bei Generationskonflikten handelt es sich entweder um unterschiedliche Meinungen zu *einem* Thema im Familienverband, oder um Unterschiede in den Bewertungen *eines Themas* durch die Angehörigen verschiedener Altersgruppen – was man meist über Meinungsumfragen herauszubekommen versucht. Diese Konflikte sind entweder zwischenmenschlich – z.B. im Familienverband oder in einem Betrieb – oder sie werden vermutet, manchmal auch nur behauptet. Altersgemischte Gruppen bringen mehr Möglichkeiten der gegenseitigen Vorurteilskorrektur *und* des Verständnisses von *Entwicklungen* im individuellen *Lebenslauf* und in der *Geschichte*, an der man teilhat.

Fragen: (1) Sind nach Lewin die Erlebnisformen der Jugendlichen nur negativ zu sehen? (2) Warum können Jugendliche für politische und religiöse Sekten besonders empfänglich sein? (3) Sind Generationskonflikte innerpsychische Konflikte? (4) Welche Pfeile des Generationsschemas haben nichts mit Generationskonflikten zu tun? (5) Wie ließe sich der Dialog zwischen den Generationen fördern?

232

10.3 Probleme und Aufgaben des Jugendlichen

Jeder Lebensalters-Abschnitt des Menschen verlangt Problemlösungen! In *jedem* Entwicklungsstadium gibt es Probleme, die zu bewältigen sind. Der sich entwickelnde Jugendliche sieht sich selbst Aufgaben und Problemstellungen gegenüber, von denen er herausgefordert wird und für die er (erstmals in seinem bisherigen Leben?) selbständig konstruktive (erfolgreiche) Lösungen finden muß.

Bisher, in der Kindheit und im Schulkindalter, hat man ihm bei Problemen geholfen, sie ihm oft abgenommen oder sich aktiv eingemischt. Jetzt, im Jugendalter, wird der Jugendliche zum teilweise selbständigen Problementdecker und Problemlöser. Jetzt macht man ihm Probleme und er stellt sie sich selbst, auch Lösungs- und Lernaufgaben. Jetzt verbittet er sich die "Einmischung" durch Erwachsene (Eltern, Lehrer, usw.) - und ist froh darüber, wenn man ihm ohne Aufdringlichkeit dennoch zur Seite steht.

Von *Aufgaben* des Jugendalters spricht man dann, wenn man bei *jugendtypischen* Aufgaben bekannte und schon in früheren Generationen durchgespielte Lösungsmethoden und Lösungsmöglichkeiten vor Augen hat, wenn man also auf schon bekannte und bewährte Aufgabenmuster und Aufgabenlösungen zurückgreifen kann.

Mit *Problemen* hat man es dann zu tun, wenn der Jugendliche *neu*artigen Aufgaben gegenübersteht, wenn er zur Erreichung eines Zieles nicht auf altbewährte und schon eingeübte (im Gedächtnis der Vorläufer-Generationen gespeicherte) Handlungsmuster zurückgreifen kann. Probleme verlangen aktives Denken und Handeln – Gedächtnis allein reicht da nicht aus.

Der Jugendliche, seine Erlebnisse und seine Verhaltensweisen, ist nicht das alleinige Ergebnis der Erziehung durch Elternhaus, Pädagogen, Fernsehen, Freundschaften usw., er denkt über seine soziale und materielle Umwelt nach, er gibt ihr Sinn und sucht nach neuen, für ihn selbst passenden Lebensentwürfen.

10.3.1 Entwicklungsaufgaben des Jugendalters

Unter *Entwicklungsaufgaben* versteht der amerikanische Entwicklungs-pädagoge Robert Havighurst Aufgaben, die in dem jeweiligen Lebens-abschnitt einer Person zu lösen sind. Erfolgreiches Lösen der alterstypi-schen Aufgaben führt zu seelischer Gesundheit und bereitet die erfolg-reiche Lösung späterer Entwicklungsaufgaben - z.B. als junger Erwach-sener - vor. Entwicklungsaufgaben lassen sich für jeden Altersabschnitt - frühe Kindheit, Kindergartenalter, Grundschulalter, Pubertät, Adoles-zenz, junges, mittleres und hohes Erwachsenenalter - auffinden. Für das Jugendalter (13. bis 18. Lebensjahr) stellte Havighurst die folgende Liste von Entwicklungsaufgaben zusammen:

Schema: Entwicklungsaufgaben des Jugendalters

EA 1)	Aufbau neuer und reiferer Beziehungen mit Alterskameraden beiderlei Geschlechts;
EA 2)	Aufbau einer maskulinen oder femininen sozialen Rolle;
EA 3)	Akzeptanz des eigenen Körpers und dessen effektive Nutzung;
EA 4)	Erreichen emotionaler Unabhängigkeit von Eltern und anderen Erwachsenen;
EA 5)	Bemühungen zur Sicherung ökonomischer Unabhängigkeit;
EA 6)	Auswahl und Vorbereitungen für einen Beruf;
EA 7)	Vorbereitung auf ein Ehe- und Familienleben;
EA 8)	Entfaltung intellektueller Fertigkeiten und der notwendigen Konzepte für bürgerliche Kompetenz;
EA 9)	Wunsch nach und Erreichen von gesellschaftlich verantwortlichem Verhalten;
EA 10)	Erwerb eines Wertemusters und eines ethischen Systems als Verhaltensregulativ.

Die Entwicklungsaufgaben EA 1 und EA 2 haben die Beziehungen zum gegengeschlechtlichen Altersgefährten zum Thema - verlangen aber auch einen reiferen Umgang mit den Alterskameraden des eigenen Geschlechts. Die Aufgaben EA 3 bis EA 8 werden als Thema der "persönlichen Un-abhängigkeit" zusammengefaßt. EA 9 und EA 10 verlangen die Ausbil-dung einer Art "Lebensphilosophie". Wenn man den Entwicklungsauf-gaben des Jugendalters die des "jungen Erwachsenen" gegenüberstellt, lassen sich interessante Vergleiche anstellen:

234

Erwachsen werden ist nicht schwer,
erwachsen sein dagegen sehr...(Alban und Bärbel)

Schema: Entwicklungsaufgaben des jungen Erwachsenenalters

EA 1) Wahl des Lebenspartners;
EA 2) Mit dem Partner leben lernen;
EA 3) Gründung einer Familie;
EA 4) Erziehung der Kinder;
EA 5) Management des Haushalts;
EA 6) Beruf;
EA 7) Verantwortlichkeit in der Gemeinde;
EA 8) Finden einer 'kongenialen' Gruppe.

Bei einem Vergleich der Entwicklungsaufgaben des Jugendlichen und der jungen Erwachsenen ist folgendes auffallend: Der Jugendliche hat *zukunfts*gerichtet zu denken und zu planen; seine Lebensalterszeit besteht in der *Vorbereitung* auf die Bewältigung weiterer Lebensabschnitte; er ist ein Probierender und nähert sich über zum Teil noch unverbindliches Probehandeln dem Anforderungsmuster des Erwachsenenalters. Die Entwicklungsaufgaben des jungen Erwachsenenalters sind schon "gegenwärtig", d.h. auf die Bewältigung des Lebensabschnittes ausgerichtet, in dem man sich gerade befindet.

Die Zukunftsgerichtetheit der Entwicklungsaufgaben des Jugendalters hingegen bringt auch mit sich, daß man den Jugendlichen zwar ernst nimmt und zu nehmen hat, aber ihm zugesteht, daß er manche Pläne und vermeintliche Festlegungen früher oder später *revidiert.* Das Jugendalter ist also ein Ausprobieralter und insofern auch ein Problemlösungsalter, weil es dem Jugendlichen auf der Suche nach eigenen Lösungen erlaubt, in Sackgassen zu landen - aus denen man aber auch (rückwärts) wieder heraus kann; weil es ihm einräumt, sich auch noch ein zweites oder drittes Mal zu verlieben - bevor er weiß, was und wen er eigentlich will; weil es ihm z.B. bei der Suche nach dem Bildungs- und Berufsziel mehrere Wege offenhält, damit einmal - und vielleicht zu früh - festgelegte Fährten wieder verlassen werden können, um sich auf neuen weiter strebend zu bemühen.

Der Jugendliche ist aber ein auf eine noch unstrukturierte Zukunft hin planender Mensch. Der junge Erwachsene, wie er von Havighurst über die alterstypischen Entwicklungsaufgaben beschrieben wird, ist hingegen schon einer, der seine Gegenwart - ohne Versprechungen für eine illusionäre Zukunft - meistern muß.

Zusammenfassung

Entwicklungsaufgaben des Jugendalters bestehen darin, die Beziehungen zu gleichaltrigen Mädchen und Jungen neu zu gestalten, sich um emotionale und ökonomische Unabhängigkeit von bedeutsamen Erwachsenen zu bemühen und eine eigene Lebensperspektive zu konstruieren. Am Vergleich zwischen den Entwicklungsaufgaben des jungen Erwachsenen und des Jugendlichen läßt sich zeigen, daß dieser mehr in die Zukunft zu planen hat, während jener schon mehr reale Lebenssituationen zu bewältigen hat.

Fragen: (1) Worin liegt der Unterschied zwischen "Aufgaben" und "Problemen" des Jugendalters? (2) Nennen Sie einzelne Entwicklungsaufgaben des Jugendlichen und des jungen Erwachsenen und vergleichen Sie diese. (3) Was versteht man unter "Revidierbarkeit" im Jugendalter?

10.3.2 Drogenabhängigkeit als Problem des Jugendlichen

Wenn man von Problemen der Jugendlichen spricht, denkt man meist an Verhaltens- und Erlebnisweisen, die für diesen belastend sind, die ihn und seine Familie bedrücken. Man denkt an den "Druck", der auf einem Mädchen oder einem Jungen von 16 Jahren lastet, der oder die in Kreise gerät, in denen man ihnen Scheinlösungen und Illusionen anbietet. Erinnern wir uns an die Begriffsbestimmung von *Problem*: Ein *Ziel* ist vorgegeben; man sucht einen *Weg* dorthin und kommt nicht geradewegs - ohne Herumprobieren, ohne Ausweichmanöver, ohne Beseitigung oder Umgehen von Hindernissen (*Barrieren*) - dorthin. Was einen belastet, was einem das Leben zur (vermeintlichen) Hölle macht, was einen bedrückt usw. sollte nur umbenannt werden zur "Barriere" auf dem Weg zu einem Ziel. Und wozu sind solche Barrieren da? Daß sie einen in Beschlag nehmen und bedrücken - oder gar erdrücken? Nein: Sie sollen Herausforderung zur aktiven Problemlösung sein, d.h. entweder soll die Barriere selbst weggesprengt werden, oder man umgeht sie geschickt (springt drüber, sucht sich einen Umweg durchs Gestrüpp - oder gräbt sich darunter mit anderen einen Tunnel ..., um durchs "Dunkle" wieder ans "Licht" zu kommen ...).

Bleiben wir bei den *Zielen* des Jugendalters als Entwicklungszielen - dann können wir aus dem vorherigen Abschnitt (10.1.3) die einzelnen Entwicklungsaufgaben des Jugendalters herausgreifen und deutlich machen, wie diese durch Drogenmißbrauch und Drogenabhängigkeit blockiert werden. Die *Barriere* zwischen gesunder Entwicklung und dem Jugendlichen, der sich auf dem Weg dorthin befindet, ist die Drogenabhängigkeit.

Bei der Weltgesundheitsorganisation (WHO = World Health Organisation) versteht man unter Drogenabhängigkeit einen

"Zustand psychischer oder psychischer und physischer Abhängigkeit von einer Substanz mit zentralnervöser Wirkung, die zeitweise oder fortgesetzt eingenommen wird".

Die Substanzen können sein: harte Drogen wie Medikamente, Kokain, Heroin, Morphium oder Opium; als weichere Drogen gelten Haschisch, Marihuana, Schnüffelstoffe, aber auch Alkohol und Nikotin. Diese Stoffe werden oft erst einmal probiert, weil man sie geschenkt oder aufgedrängt bekommt. Wer nicht von vorneherein zu dem "Anbieter" sagen kann: "Behalte dein Zeug für dich; in meinem Körper ist schon genug Chemie, ich brauche nicht noch mehr davon ..." hat oft schon verspielt. Jeder Anbieter, ob es der "Kumpel" oder die "Kollegin" ist, hat es auf den Ruin des anderen abgesehen, ist oft selbst schon abhängig und will nicht alleine untergehen.

Der Übergang zwischen "weich" und "hart" bei den verschiedenen Drogen kann fließend sein. 33 Zigaretten am Tag sind eine harte Droge; vier Schnäpse zwischen vier Litern Bier an einem Abend muß man bei einem 18jährigen als eine harte Dosis bezeichnen. Hier soll Drogenabhängigkeit im Jugendalter als Entwicklungs- und Entfaltungsstillstand angesehen sein. Ein Jugendlicher, der das Verlaufsmuster des Drogenkonsums, vom "weichen" Alkohol und Nikotin zu Marihuana und schließlich zu harten illegalen Drogen durchmacht, durchlebt eine Stadienabfolge zunehmender Belastung bis zum Endstadium totaler Abhängigkeit. Er wird von seinen eigentlichen jugendlichen Entwicklungsaufgaben mehr und mehr ferngehalten, weil die zunehmenden Entzugserscheinungen, die zunehmende Kriminalität des Dealer-Verhaltens (das notwendig ist, um schnell und gesicherter an immer stärkere Stoffe zu gelangen) ihm jede weitere Entfaltungsmöglichkeit nimmt und ihm seine Entwicklungszukunft verschließt. Dies läßt sich an jeder der Entwicklungsaufgaben des Jugendalters zeigen.

Der Kontakt zu den Altersgenossen (EA 1 und EA 2) wird mit ansteigendem Drogenkonsum auf die "Mitgenießer" eingeschränkt. Später werden diese zu Mitwissern und Komplizen oder zu Handelspartnern. Man lebt und entfaltet sich nicht mehr im Kreis derer, die sich auch entwickeln.

Die Entwicklungsaufgaben 2, 3 und 7 - sie haben alle mit Fortpflanzung, mit Weiblichkeit und Männlichkeit, mit Körpergestalt und dessen Attraktivität zu tun - werden nach und nach nicht mehr einlösbar. Die von allen Drogen erzeugten Erlebniszustände und Süchte gehen mehr und mehr zu Lasten des Körpers und seiner geschlechtsadäquaten Erlebnisfähigkeit auch in sexueller Hinsicht. Der Mißbrauch des eigenen Körpers kann so weit gehen, daß er als Erwerbsquelle zur Finanzierung der Sucht in Form von Prostitution zusätzlich zerstört wird.

Bei EA 4, "emotionale Unabhängigkeit von Eltern und anderen Erwachsenen" kann man vom Verhalten des Jugendlichen unbeabsichtigt leicht getäuscht werden. Auf den ersten Blick sieht es oft so aus, als ob die meisten Drogenabhängigen schon früh ein großes Ausmaß an Unabhängigkeit von der Familie erreicht haben. Der schleichende Ablösungsprozeß von den wichtigsten Bezugspersonen läuft parallel mit den Kontakten zur "Scene" der weichen Drogen. Erst allmählich verlangt die Dosissteigerung mehr Geld als die Eltern geben können und wollen (und dürfen!). Der Abhängige muß sich mehr und mehr von Familie, Schule, Jugendgruppe usw. wegbewegen, hin zur Scene, die er benötigt - die ihn benötigt.

Im fortgeschrittenen Stadium massiver Abhängigkeit - z.B. beim "Fixen" (Drogeneinnahme mit Spritzen) - kommt es oft erst zum Zusammenbruch der Geheimhaltungs- und Geldbeschaffungsstrategien. Die Entdeckungsgefahr wird so groß, daß der "Fixer" meist aktiv das Zuhause meidet, dort nicht mehr wohnt, nicht mehr den Widerstand seitens der Eltern hat, der auch "Halt" zu geben in der Lage ist. Erfährt eine Familie von der geheimen "Krankheit" des Kindes, kommt es manchmal zu verstärkten Bemühungen, um das "Opfer" in Form von Ratschlägen, stärkerer Kontrolle, Drohung von Strafanzeige, Einschalten des Psychologen und des Arztes, Ausgangssperre, kein Geld mehr usw.

Dies ist meist schon zu spät, wenn es beginnt. Der inzwischen abhängige Jugendliche hat sich bereits sozial isoliert, hat nur noch geringe Entfaltungsmöglichkeiten und ist vielleicht schon Delinquent (Apothekeneinbrüche, illegale Geldbeschaffung, Dealerei). Die Familie, der Meister, der Lehrer, der beste Kumpel (der nichts mit der Sache zu tun hat), ist schon abgemeldet.

Die EA 4 ist nicht mehr akut! Auch die Eltern müssen lernen, sich von dem heranwachsenden Jugendlichen nach und nach emotional zu lösen - wie können sie das leisten, wenn dieser krank, gestört oder vom sog. "goldenen Schuß" (d.h. der den Tod herbeiführenden letzten Drogeneinnahme) bedroht ist?

Mit den "Bemühungen zur Sicherung ökonomischer Unabhängigkeit" (EA 5) etwa eines Auszubildenden, der seine erste Vergütung - samt Lohnsteuerabzug und Abstrichen für die Sozialversicherung - erlebt, oder eines Gymnasiasten, der von seinem durch Zeitungsaustragen Ersparten das (immer zu knappe) Taschengeld aufbessert, können keineswegs die Geldnotwendigkeiten eines drogenabhängigen Jugendlichen verglichen werden. Das "Dealen", um an "Stoff" zu kommen, um jedes Mal mehr und wirksameres davon zu erhaschen, verlangt ein Denken, das zukunftslos im Hier-und-Jetzt lebt, das sofortige Befriedung verlangt. Sorgsamer Umgang mit dem eigenen Gesparten, um sich etwas später ein Zelt zu kaufen, oder sich eine gemeinsame Reise mit dem Freund zu leisten, ist da nicht drin.

EA 6 und EA 8 haben mit zukunftsorientierten Fähigkeiten in beruflicher und außerberuflicher Hinsicht zu tun: Hier läßt sich nur betonen, daß das den aufmerksamen Lehrern und Meistern zuerst auffallende Kennzeichen eines rapiden Leistungsabfalls das oft allzu verspätet entdeckte, oberflächliche Symptom eines schon eingespielten Drogenkonsums sein kann. Nicht der geistige Leistungsabfall ist das erste, was auffällt, sondern der motivationale Ausstieg, die mangelnde Leistungsbereitschaft und das schwindende Interesse. Wo ehemals noch Anflüge von jugendlicher Begeisterungsfähigkeit waren, ist jetzt völliges Desinteresse - außer an allem, was zu Drogen führt.

Die Entwicklungsaufgaben 9 und 10 verlangen geistige und emotionale Bindungen an kleine und große Gemeinschaften. Sie erfordern die Auseinandersetzung mit deren Wertmustern. Die persönliche Werthierarchie (Rangordnung der Inhalte, die man für sich und die eigene Bezugsgruppe als erstrebenswert erachtet) gerät am stärksten bei fortschreitender Drogenabhängigkeit ins Hintertreffen. Sie kann nicht zur Entfaltung kommen.

Wenn "Un-Werte" wie Einschränkung der Religionsfreiheit, der Freiheit der Meinungsäußerung, der Freiheit der Berufswahl, der Wahl des Freundeskreises, der Ortswahl usw. drohen, dann wissen wir oft am ehesten, auf welche "Werte" wir nie und nimmer verzichten möchten. Wenn man hier als Beispiel den Wert Gesundheit herausgreift, dann deshalb, weil sich an diesem Wert, der sowohl ein persönliches als auch ein gemeinschaftliches Gut ist, am ehesten zeigen läßt, in welcher entwicklungsmäßigen Sackgasse der drogengefährdete Jugendliche ist. Sein momentanes Wohlbefinden hängt von der Einnahme von Substanzen ab, deren Auswirkungen nur weiteren und vermehrten Konsumdrang mit sich bringt.

Die Ausblendung jeglicher Verantwortlichkeit für die eigene und die Gesundheit anderer ist die Folge. Bei gelungener Behandlung eines drogenabhängigen Jugendlichen wird die Einlösung der zwei letztgenannten Entwicklunggsaufgaben wohl das entscheidende Therapiekriterium sein. Aufgabe einer Entwicklungspädagogik für drogengefährdete und drogenabhängige Jugendliche sollte sein, diese aus ihren Entwicklungssackgassen, in denen kein Probieren und Problemlösen mehr möglich ist, herauszuführen. Es gilt, ihnen ihre Jugend als Einübung zukunftsbezogener Entfaltungsmöglichkeiten wieder zu erobern.

Zusammenfassung

Drogenabhängigkeit im Jugendalter wird als "Entwicklungs-barriere" angesehen. Die Erfüllung aller Entwicklungsaufgaben wird behindert. Der Kontakt zu und die gesunde Ablösung von den Eltern wird sichtlich gestört. Die Einstellung zur Geldquelle eines normalen Jugendlichen wird von "Dealern" total in Unordnung gebracht. Die eigene Zukunftsgestaltung und die Entfaltung der Persönlichkeit wird unterbunden und aus dem Bewußtsein ausgeblendet. Eine Pädagogik für drogengefährdete Jugendliche ohne Bezug zu deren Entwicklung und Entfaltung kann als "wertlos" bezeichnet werden.

Fragen: (1) Wie definiert die WHO die Drogenabhängigkeit? (2) Inwiefern führt Drogenabhängigkeit zu einem Entwicklungs-Stillstand im Jugendalter? (3) Helfen Drogen bei der gesunden Ablösung des Jugendlichen von seinen Eltern? (4) "Die schwindende Leistungsmotivation des Drogenabhängigen ist eine Folge geistiger Beeinträchtigung": Stimmt dieser Satz?

10.3.3 Probleme von Jugendlichen der zweiten Migranten-Generation

Im vorherigen Kapitel haben wir uns mit einer speziellen Problemlage des Jugendlichen befaßt, der - aus welchen Gründen auch immer - in Drogenabhängigkeit hineingeraten ist, die er vorher vielleicht hätte vermeiden können. Es gibt allerdings auch Schicksalsfügungen, in die man als Jugendlicher hineingerät, ohne daß man etwas dafür kann, ohne daß man vorher hätte etwas dagegen unternehmen können. Viele Jugendliche in der Bundesrepublik Deutschland und in Berlin (West) gehören zur zweiten Migrantengeneration. Darunter versteht man die Kinder von Angehörigen mancher Völker, die als Gastarbeiter nach Deutschland gekommen und eingeladen worden sind, und ihre Kinder mitgebracht haben - oder hier Kinder bekommen haben oder später nachziehen ließen. Als Jugendliche haben sie spezielle Probleme, denen sie nur schwer entrinnen können, die sie zu bewältigen haben.

Zum Teil trifft man diese Problemlagerungen auch bei Jugendlichen, deren Eltern zwar als Deutsche aus Ostblockländern gekommen sind, deren Kinder aber wie die Kinder anderer Migranten (von lat. "migrare" = wandern) mit wenigstens zwei Kulturen zurechtkommen müssen:

Mit der Kultur der Elterngeneration einerseits und mit der Kultur der Kinder und Jugendlichen des Gast- bzw. Aufnahmelandes andererseits. Der Unterschied zwischen deutschen Einwanderern und ausländischen Einwanderern ist nicht nur der der unterschiedlichen Pässe. Wie sieht die Rückwanderungsmöglichkeit bei deutschen Migranten aus?

Als zentrale Aufgabe jedes Jugendlichen ist die *Zukunftsplanung* anzusehen. Wie kann diese bei einem Jugendlichen aussehen, der mit zwei Planungsmustern zurechtkommen soll? In einer relativ stabilen Kultur sind die Zukunftserwartungen vorgezeichnet. So erwartet man z.B. von einem deutschen Jugendlichen, daß er sich *langsam* in das Arbeitsleben durch Ausbildung oder Studium hineingliedert. Kann sich dieser Lebensaufgabe ein jugendlicher Ausländer ganz widmen, wenn er nicht weiß, in welches Kulturgefüge er hineinplanen soll? Wenn ihm eine Ausbildung zum KFZ-Mechaniker Spaß machen würde, muß er sich gleichzeitig fragen, ob sich diese für ihn lohnt, falls er demnächst in die Heimat der Eltern zurück muß, wo er die Kenntnisse nicht braucht, die er sich in einer komplizierten deutschen Auto-Werkstatt mühsam angeeignet hat. Eine deutsche Jugendliche, die hier in eine Ausbildung als Krankenschwester wächst, wächst gleichzeitig in ein Gesundheitssystem hinein, das zu ihrem Arbeitsmilieu wird - deren Eigentümlichkeit ihr erst bewußt werden könnte, wenn sie es von außen, aus der Sicht eines anderen Gesundheitssystems - etwa aus Kenia oder aus Rumänien - betrachten könnte. Wenn das kulturell-soziale Umfeld keine oder wenig oder unklare Perspektiven bieten kann, weil eine Unsicherheit über den Verbleib im "Gast"-Land besteht, weiß der Jugendliche nicht, in welchen Lebensraum er seine Zukunft hineinplanen soll. Persönliche Unsicherheit kann so zur Apathie (Teilnahmslosigkeit) als Form erlebter Hoffnungslosigkeit führen. Eine in der Schwebe gehaltene Zukunftsperspektive zwischen zwei Kulturen kann zu einer unstrukturierten Lebensplanperspektive führen.

Ein anderer Bereich, der ganz besonders die Jugend des Ausländers betrifft, ist die ganz persönliche Familienplanung. In einem von der Großfamilie geprägten Generationengefüge (Mehr-Generationen-Familien) der Herkunftskultur ist die Lebensplanung anders als in einer Klein- oder Kern-Familien-Struktur. In den meisten Ländern, aus denen unsere Gastarbeiter kommen, ist noch die Großfamilie bestimmend. Sie stützt und trägt den Einzelnen. In ihr wird darauf geachtet, daß alle Familienmitglieder (Kinder, Urgroßeltern, Tanten, Onkel, usw.) versorgt werden, daß man sich gegenseitig stützt. In ihr achtet man auch darauf, daß die Mädchen und Jungen sich auf das Heiraten vorbereiten und wieder Familien gründen. Das System "Großfamilie" ist nicht nur eine Art Versorgungsinstitution; es sorgt auch in Krisen für den Einzelnen mit.

Die Kleinfamilie der (west-)deutschen Kultur hingegen hat zum einen viel weniger Kinder; die Großeltern leben sehr oft getrennt von ihren Enkeln. Es findet eine geringere Durchmischung von verschieden alten Kindern und Jugendlichen statt. Die Kultur der Gleichaltrigen ist nicht nur in Schule und Ausbildung beherrschend. Auch zu sich nach Hause lädt man Gleichaltrige ein. Man wird nicht vorbereitet auf den Umgang mit kleinen Kindern oder mit älteren Kindern, mit alten Menschen, für die man zu sorgen hat. Man ist vom Leben im Generationengefüge und im lebendigen Generationenwechsel ausgeschlossen.

Anders ist die Denkweise von Mitgliedern einer Großfamilie: Hier wird dem Einzelnen in bestimmten Lebensaltersabschnitten mehr oder weniger deutlich gezeigt, daß und wann er zu heiraten habe, daß die Sorge, die man für einen aufgewendet hat als man noch ein Kind war, nicht einseitig sein darf - daß man für Nachkommen *und* für Mutter und Vater zu sorgen habe, wenn diese älter werden.

Zusammenfassung

An den zwei Problembereichen des jungen Menschen (1) Zukunftsplanung und (2) persönliche Familienplanung werden Unterschiede zwischen deutschen Jugendlichen und Jugendlichen aus eingewanderten Familien gezeigt. Es können Probleme der mangelnden Zukunftsperspektive einerseits und des Konflikts zwischen Großfamilie und Kleinfamilie andererseits entstehen.

Fragen: (1) Die Lebensplanung des jugendlichen Ausländers in Deutschland unterscheidet sich von der des eingewanderten Deutschen inwiefern? (2) Was versteht man unter der "zweiten Migrantengeneration"? (3) Wodurch wird die "Familienplanung" eines Jugendlichen aus einer Gastarbeiterkultur bestimmt?

11 Das Erwachsenenalter — Ende der Entwicklung?

An dieser Stelle stellt sich erst einmal die Frage, was ein Kapitel über das Erwachsenenalter in einem Buch mit dem Titel "Erziehung, Entfaltung und Entwicklung" zu suchen hat. Kann man bei Erwachsenen noch von "Erziehung" sprechen, "entfaltet" oder "entwickelt" sich der erwachsene Mensch überhaupt noch oder ist das Erwachsenenalter nicht vielmehr eine Zeit der Stabilität und Ruhe, in der sich kaum noch Veränderungen beobachten lassen? Vergleicht man die rasanten körperlichen und psychischen Veränderungen der Kindheit (z.B. wie ein Kind vom Sitzen ins Krabbeln und dann ins Laufen übergeht oder wie es immer mehr Wörter kennt und benutzt) mit denen, die wir im Erwachsenenalter beobachten können, so scheint sich auf den ersten Blick in der Tat nicht mehr viel zu verändern. Wenn man jedoch genauer hinschaut, treten auch beim "reifen" Menschen vielfältige Veränderungen ein, die entweder sehr *langsam* passieren und somit oft gar nicht bewußt wahrgenommen werden (z.B. durch Erfahrungen in der Partnerschaft, im Beruf, als Eltern usw.) oder die plötzlich als *kritische Lebensereignisse* hereinbrechen (z.B. Heirat, Geburt eines Kindes, Umzug, Krankheit, Tod eines nahen Menschen, Scheidung, Verlust oder Gewinn von Freundschaften usw.). Auch wenn die Veränderungen im Erwachsenenalter oft nicht so augenfällig sind wie die in der Kindheit, wird kaum jemand behaupten können, ein Mensch ist mit 50 Jahren derselbe wie mit 30.

11.1 Wer ist eigentlich "erwachsen"?

Fragen für die Unterrichtsstunde: Sammeln Sie Eigenschaften, die ein typischer "Erwachsener" haben sollte und unterscheiden Sie diese von den typischen Eigenschaften eines "Jugendlichen".

Lassen sich, wie im Kapitel 10 zu lesen war, die Entwicklungsphasen von Kindheit und Jugend noch durch das Einsetzen der Pubertät voneinander abgrenzen, fällt die Bestimmung, wann denn nun jemand "erwachsen" ist, nicht mehr so leicht. Die Übergänge zwischen Jugend und jungem Erwachsenenalter sind fließend und noch schwieriger ist es, das junge Erwachsenenalter vom mittleren zu trennen. Häufig wird das Alter als Einteilungskriterium herangezogen wie z.b. beim juristischen Begriff der *Volljährigkeit* (siehe S. 214). Doch das Alter allein sagt wenig über die *"psychische Reife"* eines Menschen aus. So gibt es neben dem Alter viele andere Bestimmungsmerkmale, die zur Kennzeichnung des Erwachsenenalters herangezogen werden (z.b. das Lösen der Entwicklungsaufgaben auf S. 236). Vor allem gilt heute noch vielfach das Aufnehmen einer Berufstätigkeit als Eintrittskarte ins Erwachsenenalter. In unserer gegenwärtigen Gesellschaft nimmt die Ausbildung jedoch einen immer größeren Zeitraum ein, so daß sich der Berufseintritt für viele immer weiter hinausschiebt. Neben dem körperlichen (biologischen) Erwachsensein bestimmt auch die Gesellschaft mit, wer als Erwachsener zu gelten hat. "Erwachsensein" ist demnach kein feststehender Begriff, er hat sowohl biologische, psychologische als auch soziale Komponenten, die sich gegenseitig beeinflussen. "Erwachsenwerden" ist auch ein individuell sehr unterschiedlich verlaufender Prozeß, d.h. es gibt sehr viele verschiedene und verschieden lange Wege in die Erwachsenenwelt.

Der amerikanische Psychologe Daniel J. Levinson hat in einem Modell versucht, die Entwicklungsphasen des Erwachsenenalters nachzuzeichnen. Wie die Abbildung zeigt, schließt sich eine Übergangsphase an Kindheit und Jugendalter an, die schon in Kapitel 10.1.3 als "Postadoleszenz" bezeichnet und dort besprochen wurde. Ein weiterer Übergang findet sich zwischen dem frühen und mittleren Erwachsenenalter sowie zwischen diesem und dem späten Erwachsenenalter (oft auch nur das "Alter" oder "Seniorenalter" genannt). Diese Übergangsperioden werden meist mit Krisen (z.B. beim Übergang zum mittleren Erwachsenenalter, der oft als "midlife crisis" bezeichnet wird) oder mit Veränderungen des gesellschaftlichen Status oder der beruflichen Position (z.B. Berufseinstieg im frühen Erwachsenenalter oder "Berufsausstieg" bzw. Pensionierung als Übergang zum späten Erwachsenenalter) in Verbindung gebracht. Solche Veränderungen bewirken oft, daß sich die Person umorientieren, sich neue Ziele stecken, neue Aufgaben lösen muß. Dabei macht jeder Erwachsene höchst unterschiedliche Erfahrungen und setzt sich damit auch auf ganz verschiedene Weise auseinander. Auch müssen diese Erfahrungen keineswegs für alle Erwachsenen zur gleichen Zeit stattfinden. So sind die Altersangaben in der Abbildung auch nur als grobe Anhaltspunkte zur ersten Orientierung gedacht.

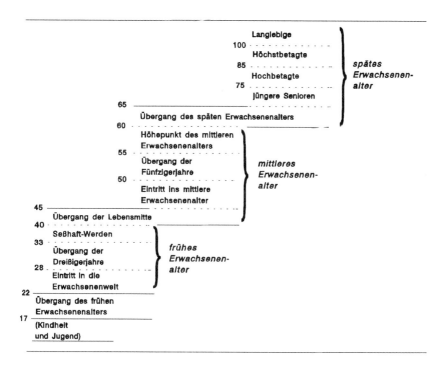

Entwicklungsphasen des Erwachsenenalters nach Levinson (modifiziert nach Faltermaier et al., 1992, S. 57 und S. 144)

Zusammenfassung

Erwachsensein ist nicht nur eine Frage des Alters oder der biologischen Reife sondern auch eine Frage der psychischen Entwicklung und der Einschätzung durch das soziale Umfeld. Man kann das Erwachsenenalter grob in drei Phasen einteilen: (1) das frühe, (2) das mittlere und (3) das späte Erwachsenenalter. Jede dieser Lebensphasen beinhaltet typische Entwicklungsaufgaben und Krisen, die es zu bewältigen gilt. Erwachsenwerden ist ein individuell sehr unterschiedlich verlaufender Prozeß, nicht jeder macht die gleichen Erfahrungen zur gleichen Zeit, nicht jeder hat die gleichen Bewältigungsmöglichkeiten.

Fragen: (1) Ist man mit 18 Jahren erwachsen? (2) Geben Sie einen lebensaltersmäßigen Überblick über das Erwachsenenalter! (3) Nennen Sie Beispiele für Entwicklungen im Erwachsenenalter!

11.2 Das frühe Erwachsenenalter

Wie in der Einteilung von Levinson wollen wir mit *frühem Erwachsenenalter* den Lebensabschnitt ca. zwischen dem 20. und dem 40. Lebensjahr bezeichnen. In diesem Alter trifft der junge Erwachsene viele Entscheidungen, die für den weiteren Lebenslauf bestimmend sein können. Er beginnt, für seine berufliche Karriere die ersten Weichen zu stellen, er versucht, seine Wunschvorstellungen zu präzisieren und sie mit der Wirklichkeit der Erwachsenenwelt in Deckung zu bringen, er beginnt, sich als Teil dieser Welt zu sehen und versucht, eine eigene Identität zu festigen und er erprobt oft noch vorläufige Partnerbeziehungen.

Wichtige Themen werden die Weiterentwicklung der im Jugendalter begonnenen Identitätsbildung: Die jungen Erwachsenen beginnen, sich spezifischer und differenzierter zu sehen, indem sie verschiedene Aspekte ihres Selbst wie Fähigkeiten, Begabungen, Mängel, Wünsche, Interessen, Meinungen, Werte usw. entdecken und akzeptieren lernen. Eigene Schwächen betreffen nicht mehr die ganze Person, sondern nur noch Teilbereiche des Selbst.

Levinson beschreibt das psychische Befinden des frühen Erwachsenenalters in etwa so: Der junge Erwachsene entwickelt zunehmend ein Gefühl der eigenen Stärke und Fähigkeiten und lernt sich besser einzuschätzen. Sein Erfahrungs- und Interessenhorizont erweitert sich und er sieht sich als Teil dieser Welt, die er beeinflussen kann, die aber auch auf ihn einwirkt. Er zeigt vermehrt Aktivitäten, um seine nun längerfristig angelegten Pläne und Ziele zu verwirklichen. Er entwickelt eine immer gefestigtere Identität und kann seine Lage aus verschiedenen Perspektiven betrachten, ohne daß die Wahrnehmung einzelner Schwächen oder Fehler gleich dazu führen muß, an sich selbst als ganzer Person zu zweifeln. Es wird ihm so möglich, an seinen negativen Seiten zu arbeiten und sich mit allen Stärken und Schwächen zu akzeptieren. Junge Erwachsene versuchen oft, ihre Ideale auch konkret in die Praxis umzusetzen (z.B. in Form von politischen Protestbewegungen, die ja meistens von jungen Erwachsenen angeführt werden). Junge Erwachsene sind offen für neue Ideen und Experimente. Doch machen sie auch negative Erfahrungen, sie erleben gerade wegen ihrer idealistischen Einstellungen Enttäuschungen und Grenzen eigener Möglichkeiten.

Im Modell von Levinson folgt der ersten Übergangsphase von der Jugend ins Erwachsenenalter der *"Eintritt in die Erwachsenenwelt"*. Diese erste, etwas stabilere Phase dauert ungefähr vom 22. bis zum 28. Lebensjahr und ihre zentralen Themen sind zumeist Beruf sowie Ehe und Familie.

Die nächste Phase des *"Übergangs in die Dreißigerjahre"* ermöglicht noch eine gewisse Korrektur der Fehler und Beschränkungen der vorherigen Periode. Im Anschluß daran beginnt die Zeit des *"Seßhaft-Werdens"*, in der sich der Erwachsene ganz den für ihn wichtigsten Bereichen seines Lebens widmet (z.B. Beruf, Familie, Freizeit, Freundschaften usw.), und in der er versucht, seine Jugendträume zu verwirklichen und einen festen Platz in der Gesellschaft zu finden.

Im frühen Erwachsenenalter werden also wichtige Entscheidungen für das spätere Leben getroffen, die dann immer schwieriger rückgängig gemacht werden können (z.B. ist es mit 40 Jahren oft viel schwerer, einen völlig neuen Beruf zu erlernen, als dies mit 20 noch der Fall war). Man übernimmt Verantwortung und geht Verpflichtungen ein, die meist längerfristig angelegt sind (Familie, Kinder usw.). Gerade hier ist es wichtig, realistische Pläne für die Zukunft zu schmieden, da auf diese Weise mehr Stabilität und Zufriedenheit im Leben erreicht werden können. Allerdings lassen sich gerade in Zeiten schnellen wirtschaftlichen und gesellschaftlichen Wandels Lebenswege und Karrieren nicht mehr so einfach und so langfristig planen. Die Anforderungen dieser Gesellschaft erzwingen vielfach eine große Mobilität und Flexibilität, was einer längerfristigen, stabilisierten und zukunftsorientierten Lebensplanung nicht gerade entgegenkommt.

Im folgenden wollen wir uns mit den zentralen Lebensthemen des frühen Erwachsenenalters genauer beschäftigen: die Entwicklung im Beruf und die Entwicklung in Partnerschaft und Familie.

11.2.1   Entwicklung in Beruf und Arbeit

Der "Eintritt in die Erwachsenenwelt" wird häufig gleichgesetzt mit dem Eintritt ins Berufsleben, der sogenannte "Ernst des Lebens" beginnt. Erste Vorstellungen über den späteren Beruf entwickeln sich schon in der Kindheit, wenn sich dauerhaftere Interessen an Gegenständen oder Tätigkeiten herausbilden und Erwachsene als Vorbilder für verschiedene Berufe herangezogen werden (z.B. wenn Kinder die Berufe ihrer Eltern nachspielen). Doch nicht nur eigene Neigungen bestimmen über die Wahl des zukünftigen Berufs, auch gesellschaftliche Rahmenbedingungen (z.B. die Arbeitsmarktsituation) müssen mitbedacht werden. Bei der Berufswahl und auch später bei der Suche nach einem passenden Arbeitsplatz finden zwei Auswahl- oder Selektionsprozesse statt: Zum einen muß der junge Erwachsene aus einer Vielzahl möglicher Berufe den für ihn und seine Interessen, Fertigkeiten, Motive und Ziele richtigen Beruf auswählen. Dieser Vorgang wird als *Selbstselektion* bezeichnet. Oft fällt es schwer, sich dabei zwischen verschiedenen Alternativen zu entscheiden. Vor- und Nachteile der einzelnen Berufe müssen gegeneinander abgewägt werden. Gerade wenn man sich unsicher in seiner Entscheidung ist, hilft der Gang zur Berufsberatung der Arbeitsämter weiter. Wichtig ist es, sich möglichst genau über Inhalte, Bedingungen, Besonderheiten, Ausbildungsdauer usw. des gewünschten Berufs zu informieren. Vielerorts bieten Betriebe in den Schulferien Praktika an, die es erlauben, etwas ins Berufsleben hineinzuschnuppern. Nachdem man für sich den passenden Beruf gefunden hat, findet ein zweiter Selektionsprozeß statt: Der Arbeitgeber wählt aus einer Vielzahl von Bewerbern diejenigen aus, die aus seiner Sicht am besten geeignet für die beruflichen Anforderungen in seinem Betrieb erscheinen. Diesen Auswahlprozeß nennt man auch *Fremdselektion*.

Eine Untersuchung zum Berufsfindungsprozeß bei Hauptschülern Ende der 70er, Anfang der 80er Jahre, also zu einer Zeit, in der ein großer Mangel an Lehrstellen vorherrschte, zeichnete Prozesse der Selbstselektion nach: Am Ende der 7. Klasse überlegten sich die Schüler noch, welche Interessen und Fähigkeiten sie haben und welche Berufe es gibt, die den eigenen Vorstellungen am nächsten kommen. Während der 8. und 9. Klasse begannen die Schüler, sich hauptsächlich am Lehrstellenmarkt zu orientieren und eigene Interessen zurückzustellen, nach dem Motto: "Hauptsache eine Lehrstelle". Nach Aufnahme einer Lehrstelle wurde diese zumeist aufgewertet als genau das, was man immer machen wollte, d.h. die eigenen Vorstellungen wurden den Realitäten des Arbeitsmarkts angepaßt.

Nicht alle finden den Arbeitsplatz, den sie sich erträumt haben und oft sieht der "Traumberuf" in Wirklichkeit anders aus, als man sich das immer vorgestellt hatte. Möglicherweise zwingen ungünstige Bedingungen auf dem Arbeitsmarkt junge Leute dazu, Kompromisse einzugehen, eigene Einstellungen und Wertorientierungen zu ändern. Manche beginnen, sich weniger mit ihrer Arbeit zu identifizieren und dafür andere Lebensbereiche (z.B. Freizeit, Familie, Hobbies usw.) stärker zu bewerten oder sie versuchen, eine ihnen angemessenere Tätigkeit zu finden.

Der Eintritt ins Berufsleben bringt nun viele neue Erfahrungen mit sich, die sowohl fachlicher Art sind (z.B. Weiterqualifikation im Beruf) und ein ständiges, ja lebenslanges Lernen beinhalten, die aber auch zwischenmenschlicher Natur und nicht selten ausschlaggebend für ein gesundes Arbeitsklima sind (z.B. der Umgang mit Kollegen, Vorgesetzten, Untergebenen usw.). Der Beruf wird zu einem sehr wichtigen Lebensbereich über die nächsten Jahrzehnte hinweg, er macht bei vielen einen Teil der eigenen Persönlichkeit aus. Viele Menschen definieren sich zumindest teilweise über ihren Beruf, es bildet sich eine *berufliche Identität* aus und auch gesellschaftlicher Status und soziale Anerkennung formen sich großenteils aus der beruflichen Position.

Doch nicht nur die Bedingungen im Beruf prägen die persönliche Entwicklung, sondern auch umgekehrt kann die Person auf ihre Arbeitsbedingungen einwirken. Ein anregungsarmer, monotoner Arbeitsplatz mit starker äußerer Kontrolle bietet weniger Entwicklungsmöglichkeiten als eine abwechslungsreiche, komplexe, vielseitige und selbstbestimmte Arbeitswelt. Umgekehrt suchen sich Personen mit hoher intellektueller Flexibilität auch Anstellungen, die es ihnen erlauben, ihre Fähigkeiten einzusetzen. Gleichzeitig profitieren sie von anspruchsvollen, eigenkontrollierter Tätigkeiten in ihrer Persönlichkeitsentwicklung mehr als dies ihre geistig weniger flexiblen Kollegen tun. Es besteht also eine *wechselseitige Beziehung* zwischen der Arbeitswelt und der persönlichen Entwicklung. Arbeitspsychologen fordern daher, daß monotone, fremdbestimmte Tätigkeiten durch abwechslungsreichere, selbstbestimmte Aufgaben ersetzt werden, wie dies z.b. in Form von *teilautonomen Arbeitsgruppen* in den Fertigungsstraßen großer Automobilkonzerne versucht wird.

Erfahrungen aus der Arbeitswelt werden vielfach auch in andere Lebensbereiche übertragen, der "lange Arm der Arbeit" berührt auch das Privatleben. Dabei ergeben sich verschiedene Befunde: Die meisten Untersuchungen zur Beziehung zwischen Arbeit und Freizeit belegen die oben beschriebene Wechselbeziehung zwischen Arbeit und Persönlichkeit: Wer im Beruf komplexe, anspruchsvolle, abwechslungsreiche und eigenverantwortliche Tätigkeiten ausübt, gestaltet seine Freizeit auch aktiver und vielfältiger und ist mit ihr auch zufriedener. Umgekehrt hängt monotone, geistig wenig anregende Arbeit auch mit sehr eingeschränktem Feizeitverhalten zusammen. Das heißt die Erfahrungen der Arbeitswelt werden auf die Freizeit übertragen, sie werden *generalisiert*. Dies findet sich beispielsweise in der Erziehung: Eltern, die im Beruf ein großes Maß an Eigenverantwortlichkeit und Selbstbestimmung erfahren, fördern bei ihren Kindern eher Eigeninitiative als dies Eltern tun, die auch in ihrem Beruf wenig eigenen Entscheidungsfreiraum haben und unter ständiger Überwachung und Kontrolle arbeiten müssen. Letztere erziehen ihre Kinder strenger und schränken dadurch deren Entwicklungsmöglichkeiten ein. In einigen wenigen Untersuchungen deuten die Ergebnisse auf das Gegenteil hin: eine langweilige Arbeit wird durch eine aufregende Freizeit auszugleichen, zu *kompensieren* versucht. Bei anderen Untersuchungen hingegen findet sich kein Zusammenhang zwischen Freizeit und Arbeit, d.h. beide Lebensbereiche sind so sehr voneinander getrennt, daß sie sich nicht beeinflussen, sozusagen *neutral* aufeinander wirken (nach dem Motto: "Dienst ist Dienst und Schnaps ist Schnaps").

In letzter Zeit rückt ein Phänomen verstärkt in den Mittelpunkt des Interesses, das besonders bei sozialen, helfenden Berufen beobachtet wird. Diese Berufe werden meist aus einer sehr idealistischen Motivation gewählt, man will Gutes tun, die Welt verändern und verbessern, für andere da sein. Gerade bei sehr idealistischen Berufsanfängern entwickelt sich ein *Praxisschock*, man sieht, daß sich hohe Erwartungen nicht erfüllen lassen. Besonders von Menschen in helfenden Berufen wird erwartet, daß sie dauernd auf die Bedürfnisse anderer eingehen, ihnen Verständnis und Hilfen entgegenbringen. Erhalten die Helfer, die oft emotional sehr belastenden Situationen ausgesetzt sind, selbst keine Unterstützung, können diese Belastungen über längere Zeit zu einem Zustand körperlicher, geistiger und emotionaler Erschöpfung führen, der mit *"Burnout"* ("Ausbrennen") sehr treffend bezeichnet wird.

Doch nicht nur Überforderung durch den Beruf führt zu Problemen, auch das Unterfordertsein hat folgenreiche Konsequenzen. Ein Extremfall von Unterforderung ist die *Arbeitslosigkeit*, die gerade junge Erwachsene besonders häufig trifft. Fast die Hälfte der Betroffenen ist zwischen 20 und 40 Jahre alt und viele sind über einen längeren Zeitraum ohne Beschäftigung. Arbeitslosigkeit hat Auswirkungen auf die gesamte Lebenssituation: Neben finanziellen Einbußen reduzieren sich viele soziale Kontakte (z.B. mit Kollegen). Das Gefühl des Gebrauchtwerdens, der Sicherheit, und des eigenen Werts, das Vertrauen in sich selbst geht verloren. An deren Stelle treten Selbstzweifel, Unsicherheit, Zukunftsangst, Depressivität, Teilnahmslosigkeit, Passivität, Hoffnungslosigkeit bis hin zu psychosomatischen Problemen (d.h. körperliche Erkrankungen, die durch psychische Belastungen zumindest mitausgelöst oder aufrecht erhalten werden wie z.B. Magengeschwüre, Allergien, Kopfschmerzen usw.).

Nicht alle reagieren auf den Verlust des Arbeitsplatzes gleich. Die Möglichkeiten zur Bewältigung hängen von verschiedenen Faktoren ab wie Qualifikation, Alter, Geschlecht, bisherige Berufserfahrungen, sozialer Rückhalt usw. Mögliche Bewältigungsversuche sind (1) verstärkte Bemühungen um eine neue Anstellung. Scheitern auch diese immer wieder, tritt häufig ein Gefühl der *Hilflosigkeit* ein, da das eigene Bemühen nicht zu einem Ziel führt. Schließlich erwartet man keinen Erfolg mehr und engagiert sich entsprechend weniger. Die Folgen sind häufig Passivität, Apathie und Depressivität. (2) Eine andere Möglichkeit besteht darin, seine Wertmuster zu ändern und Arbeit nicht mehr als zentralen Lebensinhalt zu sehen. Eine Wiederaufnahme der erlernten Tätigkeit wird kaum noch angestrebt. Nur aus ökonomischen Gründen werden ab und zu kurze, befristete, niedrig qualifizierte Arbeitsverhältnisse begonnen, die selten länger aufrecht erhalten werden. Es entwickelt sich eine *"Jobmentalität"*, eine Identifikation mit der Arbeitswelt findet nicht mehr statt. Ein zielstrebiges Suchen nach einer befriedigenden Tätigkeit rückt immer mehr in den Hintergrund. (3) Arbeitslosigkeit kann nicht nur negative Auswirkungen haben. Manche sehen die beschäftigungslose Zeit auch als Chance, ihre berufliche Zukunft zu überdenken und z.B. Umschulungen in einen aussichtsreicheren Arbeitsbereich zu beginnen oder sich zusätzliche Qualifikationen im erlernten Beruf zu erwerben. Wichtig hierbei ist es, sich ein klares Bild über berufliche Alternativen zu machen und sich über eigene Ziele bewußt zu werden. Das Aufsuchen einer Berufsberatung mag bei diesen Überlegungen vielfach von Nutzen sein, da sich dort möglicherweise Alternativen anbieten, an die man selbst nicht gedacht hatte (z.B. die Umschulung arbeitsloser Lehrer zu EDV-Spezialisten).

Zusammenfassung

Eigene Neigungen und gesellschaftliche Rahmenbedingugnen bestimmen über Prozesse der *Selbstselektion* und der *Fremdselektion*, welcher berufliche Weg eingeschlagen wird. Im Beruf bildet sich bei vielen im Laufe der Jahre eine *berufliche Identität*, Teile der eigenen Persönlichkeit werden über den Beruf definiert. Arbeitswelt und persönliche Entwicklung beeinflussen sich dabei wechselseitig, Erfahrungen aus der Berufswelt finden auch Eingang in den außerberuflichen Alltag. Überlastungen im Beruf können vor allem bei helfenden Berufen zum Phänomen des *"Burnout"* führen, einem Gefühl der seelischen und körperlichen Erschöpfung. Arbeitslosigkeit bedeutet vielfach einen Verlust beruflicher Identität und führt nicht selten zu krisenhaften Entwicklungen.

Fragen: (1) Was bedeutet *Fremdselektion* und was *Selbstselektion* bei der Berufswahl? (2) Beschreiben Sie, wie Arbeitswelt und Persönlichkeit sich wechselseitig beeinflussen können! (3) Nennen Sie ein Beispiel, wie sich die Bedingungen in der Arbeitswelt auf den außerberuflichen Alltag auswirken! (4) Was versteht man unter "Burnout"? (5) Welche Folgen kann längere Arbeitslosigkeit für die persönliche Entwicklung haben?

11.2.2 Entwicklung in Partnerschaft und Familie

Neben der beruflichen Entwicklung ist die Entwicklung in Partnerschaft und Familie das zentrale Thema des jungen Erwachsenenalters (siehe auch S. 249f.). Sich zu verlieben, eine Partnerschaft aufzubauen, Geborgenheit und Nähe in einer Beziehung zu spüren gehören wohl zu den wichtigsten und schönsten Erfahrungen im Leben. Am Beginn einer Partnerschaft steht die oftmals sehr kurze Phase des Sich-Verliebens, einem Gefühl der gegenseitigen Anziehung, des Zueinanderpassens und der vielen Gemeinsamkeiten z.B. hinsichtlich Interessen, Einstellungen, Wertorientierung, Bildung usw. Zu Beginn einer Liebesbeziehung sind die erlebten Gefühle meist recht leidenschaftlich und romantisch, der Partner wird idealisiert und es entsteht eine hohe gefühlsmäßige Bindung. Erst später rücken dann auch Unterschiedlichkeiten ins Bewußtsein und Abgrenzungen voneinander finden statt. Eine gefestigte Partnerschaft wird dann erreicht, wenn diese Unterschiedlichkeiten bearbeitet wurden, wenn durch gemeinsame Erlebnisse eine Art "Wir-Gefühl" entsteht, wenn trotz aller Unterschiedlichkeit eine geistig-seelische und auch körperliche Nähe und Intimität aufgebaut, wenn eine hohe affektive Bindung aufrechterhalten werden kann und auch zeitlich eine gewisse Stabilität erreicht wird.

Die amerikanischen Psychologinnen Susan Whitbourne und Comilda Weinstock haben sich intensiv mit der Entwicklung von Intimität und Identität im frühen Erwachsenenalter beschäftigt. Mit Erikson beschreiben sie Intimität als Gefühl der Gegenseitigkeit, der Empfindsamkeit für die Bedürfnisse des anderen, der körperlichen Nähe, der Solidarität mit dem Partner, der Bereitschaft zu teilen, der Offenheit und der gegenseitigen Verbindlichkeit. D.h. Intimität, wie sie hier verstanden werden soll, geht weit über das hinaus, was umgangssprachlich mit "intim sein" als rein körperlicher Nähe gemeint ist. Für Erikson ist die Suche nach Intimität ein Sich-Verlieren und Sich-Finden im anderen, ein Wagnis, das glücken oder mißlingen kann.

Eine reife Intimität ist nicht von Anfang an da, sie muß sich erst entwickeln. Sie ist vor allem dann möglich, wenn in der Beziehung (1) ausgeglichene Machtverhältnisse vorherrschen, (2) wenn Konflikte ausgetragen und gemeinsam gelöst werden und wenn (3) zwischen den Partnern sinnvoll und bedeutungshaltig kommuniziert wird. Ist dies der Fall, so kann eine wirkliche, *gegenseitige Intimität* entstehen, in der beide Partner ihre eigene Identität bewahren und weiterentwickeln können. Fehlen diese Voraussetzungen, so wird kaum eine enge, intime Bindung möglich und die Partner finden in der Beziehung nur wenig Raum, um aneinander zu wachsen. Ein Mißlingen des "Wagnisses der Intimtät" führt nach Erikson zu Distanzierung und *Isolierung*. Das bedeutet nicht, daß keine Partnerschaften eingegangen werden, aber diesen Beziehungen fehlt die notwendige Intimtität, sie sind oft kühl, gleichförmig und berechnend.

Typische Aussagen für eine erreichte Intimität wären: "Ich habe das Gefühl der totalen Gemeinsamkeit mit einem Menschen." "Es gibt jemanden, der meine Sorgen und meine Freuden mit mir teilt." Aussagen oder Gedanken, die das Gefühl der Isolierung wiedergeben, könnten sein: "Meine privaten Gedanken bespreche ich mit niemandem." "Ich komme mir auf der Welt alleine vor."

Vielfach scheitert eine Beziehung, wenn statt gegenseitiger Intimität nur eine *Pseudointimität* erreicht wird, in der beide Partner zwar zusammen, aber doch nur für sich leben, in der Konflikte vermieden und gegenseitige Anteilnahme und Kommunikation abnehmen oder gar fehlen. Die Art, wie kritische Lebensereignisse (z.B. Erfolg bei einer Prüfung, Arbeitslosigkeit, Geburt eines Kindes, Krankheiten), dauerhafte Belastungen (z.B. enge Wohnsituation, finanzielle Sorgen) und alltägliche Ärgernisse (z.B. das kaputte Fahrrad, der Streit mit den Nachbarn, der verstopfte Abfluß usw.) miteinander bewältigt werden, können dazu führen, daß sich die Bindung in einer Beziehung stärkt oder verliert.

Möglicherweise trägt auch ein gesellschaftlicher Wertewandel dazu bei, daß es immer schwieriger wird, dauerhafte Beziehungen einzugehen: Werte wie Sicherheit und Geborgenheit machen Platz für andere Werte wie Selbstverwirklichung und Freiheit. Statt von Lebenspartnern wird häufig schon ironisch von "Lebensabschnittspartnern" gesprochen. Die Trennung auch langjähriger Partnerschaften ist immer häufiger zu beobachten. Jede dritte Ehe wird geschieden, jedes siebte Kind wächst bei einem einzigen Elternteil auf. Eine Trennung passiert nicht aus heiterem Himmel, ihr geht in der Regel eine Phase der *Ambivalenz*, d.h. des Hin- und Hergerissen-Seins voraus, in der nach einer *Entscheidung* gesucht wird. Meist ist es nur ein Partner, der an Trennung denkt. Häufig treten in dieser Phase Meinungsverschiedenheiten und offene Interessenkonflikte auf, die damit enden, daß einer der Partner sich zur Trennung entschließt. Äußeres Zeichen dieser *Trennungsphase* ist der Auszug eines Partners aus der gemeinsamen Wohnung und die Trennung des gemeinsamen Haushaltes. Gleichzeitig findet auch ein innerer Trennungsprozeß statt: (1) in sozialer Hinsicht: gemeinsame Freunde und Bekannte ziehen sich zurück oder solidarisieren sich mit einem der Partner; (2) in emotionaler Hinsicht: Trennungsängste und Trennungsschmerz vor allem beim verlassenen Partner müssen überwunden werden, indem man sich auch emotional vom anderen zu lösen versucht. Erst wenn diese *Trauerarbeit* geleistet ist und die Partner sich mit den neuen Bedingungen versöhnt haben, kann es zu einem Neubeginn, zu einer neuen Partnerschaft kommen. Sind aus der Beziehung Kinder hervorgegangen, gestaltet sich der Trennungsprozeß ungleich schwerer. Gerade für Kinder kann die Trennung der Eltern traumatische Folgen haben. Doch mindestens genauso schlimm für die Entwicklung eines Kindes ist es, wenn eine Ehe nach außen hin aufrechterhalten wird, aber das Kind ständig den Konflikten und Streitigkeiten der Eltern ausgesetzt ist. Häufig hilft in solchen Situationen das Aufsuchen einer Ehe- und Familienberatung, um im Vorfeld einer Trennung (Ambivalenzphase) oder, wenn kein gemeinsamer Lebensweg mehr denkbar ist, die schlimmsten Folgen für alle Beteiligten zu lindern. Am besten für das Kind ist es, wenn es auch nach einer Trennung zu *beiden* Elternteilen in gutem Kontakt steht. Dabei sollten die Eltern versuchen, ihre persönlichen Konflikte und wechselseitigen Schuldzuweisungen zurückzustellen und der Verantwortung ihrem Kind gegenüber gerecht zu werden.

Trennung und Scheidung können als *kritische Lebensereignisse* aufgefaßt werden. Unter "kritischen Lebensereignissen" verstehen wir alle Ereignisse, die eine *Veränderung der bisherigen Lebenssituation* einer Person bewirken und an die sie sich erst neu anpassen, für die sie neue Handlungsmuster und Lösungswege finden muß, da alte Strategien nicht mehr greifen. Diese Ereignisse können sowohl "positiv" (z.b. Heirat, Beförderung, Geburt eines Kindes usw.) als auch negativ sein (z.b. Verlust des Arbeitsplatzes, Krankheit, Tod eines nahen Menschen usw.). Diese Ereignisse können *normativ* sein, d.h. mit ihrem Auftreten ist in einem bestimmten Alter zu rechnen (z.b. Pensionierung mit 65 Jahren). Sie können aber auch *nicht-normativ* sein, d.h. sie kommen völlig überraschend und hängen nicht mit dem Lebensalter zusammen (z.b. ein Verkehrsunfall). Auf normative Ereignisse kann man sich vorbereiten, man kann sich im Vorfeld schon darauf einstellen und sich verschiedene Lösungswege im voraus überlegen und vielleicht schon ausprobieren (z.b. sich sinnvolle Beschäftigungsmöglichkeiten für die Zeit nach der Pensionierung überlegen und testen). Nicht-normative Lebensereignisse treffen uns meist völlig unvorbereitet, ihre Bewältigung ist daher oftmals ungleich schwerer.

Zusammenfassung

Auch in der Partnerschaft lassen sich Entwicklungslinien verfolgen. Um von einer anfänglichen romantischen Liebe zu einer tragfähigen Bindung zu kommen, müssen die Partner eine *reife Identität* erwerben, in der Gleichberechtigung, konstruktive Konfliktbereitschaft, Offenheit und gegenseitige Anteilnahme vorherrschen. Gelingt dies nicht, erfolgt oft eine sehr schmerzliche Trennung, in der vier Phasen unterschieden werden können: (1) Ambivalenzphase, (2) Entscheidungsphase, (3) Trennungsphase und (4) Phase der Neuorientierung. Eine Trennung läßt sich als *kritisches Lebensereignis* beschreiben. Allgemein unterscheidet man zwischen positiven und negativen und zwischen normativen und nicht-normativen kritischen Lebensereignissen.

Fragen: (1) Was versteht Erikson unter Intimität, was unter Isolierung? (2) Was ist der Unterschied zwischen einer "reifen" und einer "Pseudointimität"? (3) Welche Trennungsphasen kann man unterscheiden? (4) Was sind "kritische Lebensereignisse"?

11.3 Das mittlere Erwachsenenalter

Lange Zeit galt das Alter zwischen 40 und 60 Jahren als die ruhigste Zeit im Leben. Die wichtigsten Entscheidungen (Beruf, Familie) sind getroffen, das "Erwachsen-Werden" ist abgeschlossen, das "Erwachsen-Sein" hat begonnen. Doch diesem Eindruck scheinbar zum Trotz wird auch dieser Lebensabschnitt spätestens seit den siebziger Jahren mit drastischen Veränderungen in Verbindung gebracht. Die Rede ist von der vielbeschworenen *"midlife crisis"*, den Krisen der Lebensmitte. Zwischen dem 40. und dem 50. Lebensjahr kommt es demnach vor allem bei Männern zu einem kritischen Wendepunkt, an dem das bisher geführte Leben bilanziert wird (Typische Fragen an sich selbst in dieser Phase sind: "Was habe ich aus meinem Leben gemacht?" "Haben sich meine Träume und Ziele, meine Wünsche und Hoffnungen erfüllt?" "Was will ich wirklich von meinem Leben?" usw.). Mögliche Gründe, warum gerade dieser Lebensabschnitt so problematisch ist, gibt es viele, hier nur einige davon:

Körperliche Veränderungen:

- Falten

- graue Haare

- bei Frauen: Menopause (= Abnahme und Stillstand der Menstruation)

- Klimakterium (bedeutet Abnahme der Zeugungsfähigkeit bzw. Ende der Gebärfähigkeit, wenngleich man über das Klimakterium beim Mann weit weniger weiß als bei der Frau)

Psycho-soziale Veränderungen:

- Auszug der Kinder aus dem Elternhaus ("empty nest"- Syndrom)

- Krankheit und Tod der Eltern (und damit einhergehend die Auseinandersetzung mit der eigenen Endlichkeit)

- Ernüchterung im Beruf (das Ende der Karriereleiter ist erreicht)

Auch bei den Entwicklungsphasen des Erwachsenenalters nach Levinson (auf Seite 247) finden wir beim *Übergang zur Lebensmitte* (40–45 Jahre) Anzeichen für eine Lebenskrise. Der Erwachsene zieht Bilanz aus seinem Leben, er überdenkt seinen bisherigen Weg, er versucht sich selbst neu zu definieren und sich neue Ziele für die Zukunft zu stecken. Oft fallen am Ende dieser Phase wichtige Entscheidungen bezüglich der familiären und beruflichen Entwicklung (letzter Karrierewechsel, Neugestaltung der Partnerschaft nach Auszug der Kinder usw.). Der *Eintritt ins mittlere Erwachsenenalter* (45–50 Jahre) bietet zwar noch Möglichkeiten, die Entscheidungen aus der Übergangsphase zu erproben und zu revidieren, Hauptaufgabe aber wird, die neu gewählte Lebensstruktur zu festigen und auszubauen. Der *Übergang in die Fünfzigerjahre* (55–50 Jahre) wird nach Levinson nochmals als Krisenzeit erfahren, wenn der Übergang zur Lebensmitte nicht zu einer befriedigenden Lebensstruktur geführt hat. Der *Höhepunkt des mittleren Erwachsenenalters* (55–60 Jahre) stellt nun wieder eine stabilere Phase dar, in der die neu gebildeten Lebenspläne nur noch wenig verändert werden.

Genauere Untersuchungen zum Phänomen "midlife crisis" zeigten, daß nicht alle Menschen das mittlere Lebensalter derart krisenhaft erleben. Als Beispiel hierfür soll uns das *"empty nest syndrom"* dienen. Damit werden depressive Reaktionen verstanden, die vorwiegend bei Frauen dann auftreten, wenn die Kinder aus dem Elternhaus ausziehen, sozusagen das elterliche "Nest" leer zurücklassen. Da die Mütter ja hauptsächlich mit der Erziehung und Versorgung der Kinder beschäftigt waren, erleben sie den Wegfall dieser Aufgabe und der Nähe ihrer Kinder weit stärker als Verlust als die Väter. Ein Gefühl der Leere, der Trauer, des Verlassenseins macht sich bemerkbar. Neuere Untersuchungen zum "empty nest syndrom" konnten jedoch zeigen, daß für viele Mütter der Auszug ihrer Kinder auch positiv gesehen wird. Viele Frauen berichteten von einer Zunahme an persönlicher Freiheit und einer Abnahme finanzieller Belastungen. Ob nun das "leere Nest" positiv oder negativ gesehen wird hängt unter anderem von den Umständen des Auszuges ab (ob im Streit oder im gegenseitigen Einverständnis), von den Erwartungen an diese neue Situation (Erwartungen für sich selbst aber auch für die Kinder), von der Qualität der Partnerschaft (ob glücklich oder unglücklich), von den beruflichen Möglichkeiten usw.

Erinnern wir uns an die Entwicklungspsychologen Havighurst und Erikson und fassen wir mit ihnen noch einmal die zentralen Themen des mittleren Erwachsenenalters zusammen.

EA 1)	Erreichen bürgerlicher/sozialer Verantwortlichkeit;
EA 2)	Erreichen und Aufrechterhalten eines (ökonomischen) Lebensstandards;
EA 3)	Den "Teen-Age"-Kindern helfen, glückliche und verantwortliche Erwachsene zu werden;
EA 4)	Entfaltung "erwachsener" Freizeitaktivitäten;
EA 5)	Beziehung zum Lebensgefährten als einer eigenständigen Person;
EA 6)	Akzeptanz der physischen Veränderungen im "Mittel-Alter";
EA 7)	Mit den alternden Eltern zurechtkommen.

Einen Aspekt dieser Entwicklungsaufgaben hat Erikson mit seiner Gegenüberstellung von *Generativität* und *Selbstabsorption* besonders betont: Generativität steht für die Gründung und Erziehung der nächsten Generation, für die Sorge und Verantwortungsübernahme gegenüber den eigenen Kindern und anderen hilfsbedürftigen Personen und für die Weitergabe der eigenen Lebenserfahrung an die nachfolgende Generation. Mit Generativität ist aber nicht nur das Hervorbringen neuen Lebens sondern auch die Entwicklung neuer Ideen und Produkte gemeint, die Zeichen für eine weitere Identitätsentwicklung sind. Der Erwachsene hat nun das Bedürfnis, gebraucht zu werden, er hält im Beruf verwantwortliche Positionen inne, er arbeitet an seinem "Lebenswerk" und setzt sich für andere ein. Gelingt dies nicht, überwiegt ein Gefühl der Stagnation, ein Gefühl, nichts in der Welt bewegt, nichts von bleibendem Wert geschaffen zu haben, ein Gefühl, umsonst gelebt zu haben.

Zusammenfassung

Das mittlere Lebensalter bringt neue Aufgaben und Probleme mit sich, die unter der Bezeichnung *"midlife crisis"* populär geworden sind. Körperliche und psychosoziale Veränderungen und Belastungen können krisenhaft erlebt und zu einem Überdenken der bisherigen Lebenssituation führen. Am Beispiel des *"empty nest"*-Syndroms läßt sich zeigen, daß dasselbe Lebensereignis positiv wie negativ bewertet und verarbeitet werden kann. Ob also tatsächlich eine "midlife cisis" existiert, ist eher eine Frage der eigenen Lebensinterpretation als eine Frage der

objektiven Lebenssituation. Havighurst liefert einen Aufgaben-
katalog auch für das mittlere Erwachsenenalter und bei Erikson
spielt sich Entwicklung zwischen den beiden Polen *Generativität* und *Selbstabsorbtion* ab.

Fragen: (1) Was versteht man unter "midlife crisis" und welche Ursachen werden dafür
angeführt? (2) Betrifft sie alle Menschen im mittleren Erwachsenenalter? (Beispiel?)
(3) Welche Entwicklungsaufgaben hat Havighurst für diese Lebensspanne aufgestellt?
(4) Beschreiben Sie den Grundkonflikt des mittleren Lebensalters nach Erikson!

11.4   Das späte Erwachsenenalter

Alt werden will jeder, aber alt sein?

Fragen für die Unterrichtsstunde: Was verbinden Sie mit "Alter", "alt", "Alt-Sein",
"Alt-Werden"? Was fällt Ihnen spontan zu diesen Begriffen ein? Versuchen Sie, Ihre
Einfälle zu ordnen, z.B. in positive und negative Eigenschaften usw. Auf welcher
Seite finden Sie mehr Begriffe? Beschreiben Sie alte Menschen in der Werbung, in
Fernsehserien, in Märchen — wie werden sie dort dargestellt? Kommen dort öfter
alte Männer oder alte Frauen vor? Wer kommt dabei "besser" weg?

Ähnliche Fragen nach dem Bild, das jüngere von alten Menschen, vom
Alt-Sein und Alt-Werden haben, wurden auch im Unterricht für Psychologiestudenten gestellt. Vielleicht kamen dort vergleichbare Antworten
zustande. Oft wurde Alter(n) mit negativen Eigenschaften und Entwicklungen in Verbindung gebracht: Alte Menschen wurden meist als "einsam", "störrisch", "stur", "krank", "gebrechlich", "grau", usw. bezeichnet, selten nur als "weise", "ruhig", "gelassen" usw. Fast 60% der von
Psychologiestudenten genannten Eigenschaften waren negativer Art, nur
etwa 35% positiv, der Rest konnte nicht eindeutig zugeordnet werden.

Solche Fragen nach den typischen Eigenschaften einer Gruppe von Menschen zielen auf gesellschaftliche Vorurteile, auf *Stereotypisierungen* ab.
Ein Stereotyp ist eine vorgefaßte, unangemessen vereinfachende, verall-
gemeinernde und sehr veränderungsresistente Meinung über Gruppen
von Personen (z.B. Ausländer, Politiker, Lehrer usw.), Sachverhalte (z.B.
"Fußball ist doof") oder Objekte (z.B. "Hochhäuser sind häßlich"), die
nicht auf eigene, selbstentwickelte Beurteilungen zurückgehen, sondern
die aufgrund einiger weniger, schablonenhafter, unüberprüfter Klischees

und Vorannahmen auf alle Mitglieder dieser Gruppe angewendet werden. Ein Stereotyp hat meistens wertenden Charakter und beeinflußt das Erleben und Verhalten sowohl der bewertenden wie der bewerteten Personen.

Im folgenden soll es darum gehen, einige dieser Altersstereotype zu relativieren, d.h. zu zeigen, daß diese meist negativen Altersbilder die Wirklichkeit nur unzureichend wiedergeben. Gerade für die Entwicklung im Erwachsenenalter und Alter ist es charakteristisch, daß es keine für alle Personen gleich zu beschreibenden Veränderungsprozesse mehr gibt. Altern ist ein individuell höchst unterschiedlich verlaufender Prozeß. Es gibt viele "jung gebliebene" Alte, die bis ins hohe Alter rüstig und aktiv sind, und es gibt alte Menschen, die schon relativ früh ihre Selbständigkeit abgegeben haben, sei dies freiwillig oder unfreiwillig. Nachfolgende Darstellung soll mit dazu beitragen, Vorurteile und Stereotypien gegenüber alten Menschen in der Gesellschaft abbauen zu helfen.

11.4.1 Alter und Altern im Lebenslauf

Ab wann ist man eigentlich "alt"? Ist dies eine Frage des körperlichen oder des geistigen Zustandes? Ist es eine Frage des eigenen oder eines fremden Urteils? Bestimmt die Gesellschaft, wer alt ist oder bleibt dies der eigenen Definition überlassen? Eine sehr einfache Antwort auf diese Fragen wäre, Alter auf die rein kalendarische Lebenszeit zu beziehen. Die Altersstufeneinteilung auf Seite 247 ist ein solcher Versuch. Er hilft abzugrenzen, über welche Altersgruppe man spricht, aber er sagt noch nichts aus über die von Person zu Person sehr verschiedenen Entwicklungen ins und im Alter. Eine andere Einteilungsmöglichkeit wäre, körperliche Veränderungen (v.a. Einbußen) als Merkmale des Alterns heranzuziehen (z.B. Abnahme des Seh- und Hörvermögens, der Elastizität der Haut usw.). Altern könnte man aber auch danach bestimmen, inwieweit sich kognitive Merkmale wie Gedächtnis, Lernfähigkeit, "Intelligenz" usw. verändern. Altern könnte man aber auch mit bestimmten, (alters-)typischen Lebensereignissen in Zusammenhang bringen (z.B. Geburt eines Enkelkindes, immer häufiger werdende Todesfälle bei Gleichaltrigen usw.). Oder man bezieht Altern auf gesellschaftliche Vorgaben (z.B. Ende der Beschäftigungsdauer und Pensionierung mit 65 Jahren). Oder man fragt nach dem subjektiven Alterserleben der möglicherweise Betroffenen (nach dem Motto: "Man ist so alt wie man sich fühlt"). All diese Einordnungsversuche können beim einzelnen Individuum zu sehr unterschiedlichen Zeitpunkten im Leben zutreffen und müssen nicht für alle Menschen in allen Kulturen gelten. Derartige Kategorisierungsversuche wurden und werden in der *Gerontologie* als der Wissenschaft vom alternden Menschen (griechisch: geron = der Greis; logos = die Lehre) und ihren wissenschaftlichen Teildisziplinen unternommen. Eine dieser Teildisziplinen, die *Gerontopsychologie* beschäftigt sich mit den Veränderungen des *Erlebens* und *Verhaltens* im höheren Lebensalter — Gerontopsychologie könnte man übrigens auch als Teilgebiet der Entwicklungspsychologie sehen.

Wie haben nun die uns bereits bekannten Entwicklungspsychologen (Havighurst, Erikson) die Lebensphase des höheren Erwachsenenalters beschrieben? Für Havighurst hat der ältere Mensch folgende Entwicklungsaufgaben auszuführen:

Schema: Entwicklungsaufgaben des *höheren* Erwachsenenalters

EA 1)   Bewältigung abnehmender (schwindender) physischer Kräfte und auch der Gesundheit;

EA 2)   Anpassung an Rente/Pension und vermindertes Einkommen;

EA 3)   Bewältigug des Todes eines Lebenspartners;

EA 4)   Finden und Pflegen einer eigenen Alter(n)sgruppe;

EA 5)   Sozialen und bürgerlichen Verpflichtungen nachkommen;

EA 6)   Einrichten zufriedenstellender physischer Lebensumstände;

EA 7)   ....?

Havighurst betont in seiner Liste mit Entwicklungsaufgaben vor allem die Notwendigkeit zur Anpassung an die veränderten Lebensbedingungen im Alter. Diese Zusammenstellungen von lebensalterstypischen Entwicklungsaufgaben — auch für die anderen, weiter oben genannten Lebensabschnitte — ließen sich noch weiter differenzieren oder ausbauen. Auch müssen diese Aufgaben nicht erst im höheren Lebensalter auftreten. Physischer Abbau als Folge von Krankheiten oder der Tod des Lebenspartners als kritisches Lebensereignis können schon weit früher eintreten. In gewisser Weise beinhalten die Aufgabenlisten von Havighurst — ähnlich wie die im folgenden zu beschreibende Krise des höheren Lebensalters nach Erikson — noch das ein oder andere Altersstereotyp.

Bei Erikson besteht die psychosoziale Krise des höheren Lebensalters in der Auseinandersetzung zwischen den beiden Extremen *"Ich-Integrität"* und *"Verzweiflung"*. Der ältere Mensch wird sich der Endlichkeit seines

Lebens immer mehr bewußt. Eine *Ich-Integrität* entwickelt sich dann, wenn diese Begrenztheit der eigenen Existenz akzeptiert wird und man sich selbst als Teil einer umfassenderen Geschichte sieht, die auch frühere und spätere Generationen miteinschließt. Der ich-integrierte ältere Mensch ist mit sich, seiner Vergangenheit und der Welt im reinen, er trauert keinen verpaßten Chancen nach und kommt zu einer positiven Lebensbilanz. Er besitzt so etwas wie Alters-Weisheit und hat die vorhergehenden Lebensphasen bejahend integriert. *Verzweiflung* auf der anderen Seite entsteht dann, wenn der ältere Mensch merkt, daß die Zeit nun zu kurz ist, um Versäumtes noch einmal nachzuholen, um ein anderes Leben zu beginnen, Fehler wieder gut zu machen. Es entsteht oft ein Gefühl der Selbstverachtung, der Abscheu und des Ekels vor sich selbst, das manchmal auch in eine menschenfeindliche, andere mißbilligende Haltung umschlägt. Ähnlich wie bei den Entwicklungsaufgaben von Havighurst trifft auch das Krisenkonzept von Erikson nur auf einen Teil der älteren Menschen zu. Altern kann durchaus auch ohne diese Krisenverläufe vonstatten gehen, auch andere Themen können im Alter krisen- und konflikthaft sein.

11.4.2 Körperliche Veränderungen

Denken wir an die Altersstereotypen, so sind es vor allem die Veränderungen im körperlichen Erscheinungsbild, die uns zuerst ins Auge fallen. Gerade in einer Zeit, in der Sportlichkeit, Schönheit und Jugendlichkeit wichtige gesellschaftliche Werte darstellen, — man denke nur an die vielen jungen, schönen, erfolgreichen Menschen in der Werbung oder in den Familienserien — erscheint Altern als Makel, dessen äußere Begleiterscheinungen möglichst lange hinausgezögert oder verborgen werden sollen. In erster Linie sind es die Veränderungen der Haut und der Haare, die Hinweise auf das Alter eines Menschen geben. Vielfach findet die erste Auseinandersetzung mit dem eigenen Altern statt, wenn die ersten Falten oder die ersten grauen Haare entdeckt werden. Die Faltenbildung der Haut setzt etwa im Alter zwischen 40 und 50 Jahren ein, die Haut verliert durch den Rückgang von Kollagen zunehmend an Elastizität und die Faltenbildung wird durch den Abbau von Muskel- und Fettgewebe unter der Haut eingeleitet. Im höheren Alter wird die Haut dünner, die Funktion der Schweißdrüsen läßt nach, was zu einer erschwerten Anpassung an höhere Außentemperaturen führt. Der Alterungsprozeß der Haut wird zusätzlich beschleunigt durch hohe UV-Belastung (ausgiebiges Sonnenbaden) und durch hohen Zigarettenkonsum. Während sich die Veränderungen der Haut vor allem bei Frauen negativ auf das eigene

Selbstbild auswirken, sind dies bei Männern eher die Probleme mit ihrer Haarpracht. Die Haare werden dünner und vor allem bei Männern häufig auch weniger. Ihre Wachstumsgeschwindigkeit geht zurück.

Weniger offensichtlich als diese äußeren Veränderungen sind die der Sinnesorgane Auge und Ohr. Das Nachlassen des Sehvermögens ("Altersweitsichtigkeit") läßt sich vor allem auf die mit dem Alter zunehmdende Dicke der Linse zurückführen, die dabei auch an Elastizität verliert. Veränderungen der Linse und der Netzhaut führen auch zu einem erhöhten Lichtbedarf und zu einer stärkeren Blendempfindlichkeit. Ältere Menschen haben daher oft vor allem in der Nacht Schwierigkeiten im Straßenverkehr, wenn die Lichtverhältnisse rasch wechseln. Auch die Hörfähigkeit geht mit zunehmendem Alter vor allem bei sehr hohen Tönen zurück. Außerdem wird es für viele Menschen mit zunehmendem Alter schwieriger, einer Unterhaltung zu folgen, wenn störende Hintergrundgeräusche (z.B. Straßenlärm, laufendes Radio, andere Unterhaltungen am Nebentisch usw.) auftreten, besonders wenn schnell und undeutlich gesprochen wird. Heutzutage lassen sich durch geeignete Seh- und Hörhilfen die Einbußen der Wahrnehmungsleistung zumindest teilweise kompensieren.

Veränderungen der inneren Organe (Muskeln, Knochen, Herz-Kreislaufsystem, Atmungsorgane) unterliegen zwar auch einem Alterungsprozeß, doch läßt sich ihre Funktionstüchtigkeit vor allem durch eigene Verhaltensweisen oder Gewohnheiten beeinflussen. Gesunde Ernährung (v.a. Verzicht auf besonders fettreiche Nahrung), körperliches Training (regelmäßige Betätigung, aber keine Überlastung: z.B. ein Spaziergang täglich von 20 bis 30 Minuten in etwas forscherem Tempo, Schwimmen, Radfahren, Gymnastik etc.), Vermeiden von Alkohol und Nikotin in regelmäßigen, größeren Mengen sind Verhaltensfaktoren, die jeder selbst in gewissen Grenzen steuern kann. Das Altern dieser Organsysteme ist also nicht nur Schicksal. Besonders Erkrankungen des Herz-Kreislauf-Systems (v.a. Arteriosklerose: Verengung der Blutgefäße bedingt durch sehr fettreiche, cholesterinhaltige Ernährung) und deren Folgen (Herzinfarkt, Gehirnschlag) sind Volkskrankheiten geworden und zählen zu den derzeit häufigsten Todesursachen.

Zusammenfassung

Äußerliche körperliche Veränderungen (Haut, Haare) sind offensichtliches Zeichen des Alterungsprozesses beim Menschen. Ein Nachlassen der Leistungsfähigkeit von Sinnesorganen wie Auge und Ohr läßt sich oft durch Seh- und Hörhilfen weitge-

hend kompensieren, aber nicht mehr rückgängig machen. Auch die inneren Organsysteme verlieren im Laufe des Lebens an Funktionstüchtigkeit, wenngleich hier erhebliche individuelle Unterschiede bestehen, die großenteils auf gewohnheitsmäßige Verhaltensaspekte (Ernährung, Rauchen, Trinken, körperliche Betätigung) zurückgeführt werden können und daher durchaus präventiv beeinflußbar sind.

Fragen: (1) Welche körperlichen Veränderungen lassen sich beim Altern beobachten? (2) Lassen sich Alternsprozesse beeinflussen?

11.4.3 Veränderungen von kognitiven Funktionen

Neben den sichtbaren äußeren, körperlichen Veränderungen betreffen Altersstereotypien vorwiegend ein Nachlassen der geistigen Funktionen. Alte Menschen werden oft als "vergesslich", "geistig wenig flexibel", "verwirrt" usw. bezeichnet. Stimmen diese Stereotypien mit der Wirklichkeit überein? Lassen sich tatsächlich Unterschiede zwischen jüngeren und älteren Menschen hinsichtlich Intelligenz, Gedächtnis, Lernen und Denken nachweisen? Wie verändern sich diese Funktionen im Laufe des Lebens? Auch wissenschaftlich arbeitende Psychologen haben lange Zeit an einem *"Defizit-Modell der geistigen Entwicklung"* festgehalten. Demzufolge läßt sich ab der Adoleszenz ein stetiger Abbau der kognitiven Leistungsfähigkeit feststellen. Viele dieser Untersuchungen wiesen jedoch methodische Probleme auf, da sie als sogenannte *Querschnittuntersuchungen* konzipiert waren. Das heißt, in diesen Untersuchungen wurden verschiedene Altersgruppen zu einem Meßzeitpunkt z.B. hinsichtlich ihrer Leistungen in einem Intelligenztest verglichen. Der Leistungsunterschied zwischen den Altersgruppen wurde dann auf das Alter zurückgeführt (Alterseffekt). Diese Unterschiede können jedoch nicht nur durch das Alter bedingt sein, sondern auch dadurch, daß die untersuchten älteren Menschen beispielsweise völlig andersgeartete Bildungsmöglichkeiten hatten als die jüngeren und infolgedessen schlechter in diesen Testverfahren abschneiden. Eine andere Untersuchungsstrategie, die *Längsschnittstudie*, bei der dieselben Personen an mehreren Meßzeitpunkten mit denselben Methoden untersucht werden, liefert eher Daten über individuelle Veränderungen, denn hier läßt sich vergleichen, was eine Person im Alter z.B. von 70 Jahren im Vergeich zu ihrer Leistungsfähigkeit mit 60 Jahren konnte. Hinsichtlich der Intelligenzentwicklung zeigte sich in Längsschnittstudien ein sehr differenziertes Bild. Einige in diesen Tests gemessene Funktionen deuten tatsächlich auf einen Abbau der Intelligenz im Laufe des Lebens hin. Es handelt sich hierbei besonders um Leistungen wie schlußfolgerndes Denken, Abstraktionsvermögen, Umstellungsfähigkeit, Erfassen komplexer Beziehungen, d.h. Leistungen, die auf verschiedenste Problemsituationen angewendet werden können. Die Psychologen John L. Horn und Raimond B. Cattell prägten für diese Leistungen den Begriff *"fluide Intelligenz"*. Davon unterschieden sie die *"kristalline Intelligenz"*, welche kulturell vermitteltes, gelerntes Wissen wie z.b. Wortschatz, Sprachgewandtheit, Schulwissen usw. umfaßt. Diese letztgenannten Intelligenzkomponenten zeigen im Laufe des Lebens eine stetige Zunahme.

Auch hinsichtlich der Gedächtnisleistungen läßt sich ein eindeutiges *Defizit*-Modell nicht mehr vertreten. Nicht nur das Alter sondern eine Reihe von Randbedingungen des Lernens beeinträchtigen Gedächtnisprozesse im Alter. Ältere lernen schlechter, wenn das zu lernende Material keine *sinnvollen Zusammenhänge* erkennen läßt (z.b. das Erlernen sinnarmer Silben wie GEP, FIP usw.). Ältere benutzen seltener passende *Lerntechniken* (z.B. das Wiederholen von Wortpaaren beim Vokabellernen oder Verknüpfen des neu zu Lernenden mit bereits bekannten Wissensinhalten). Ältere lernen schlechter, wenn der Lernstoff sehr schnell dargeboten wird. Läßt man ihnen genügend *Zeit*, so schneiden sie nicht viel schlechter als jüngere ab. Ältere sind oft bei ihren Antworten *unsicherer*, d.h. sie zögern häufig bei ihren Antworten und geben im Gegensatz zu jüngeren lieber gar keine als eine falsche Antwort. Ältere lernen leichter, wenn der Lernstoff wenig *komplex* und übersichtlich gegliedert ist. Ältere werden durch *Störungen* leichter abgelenkt als Jüngere. Ältere lernen besser in größeren *Zusammenhängen*, Jüngere besser in einzelnen Teilen. Aufgrund der Leistungsveränderungen der Sinnesorgane strengt es Ältere mehr an, Reize aus der Umwelt aufzunehmen, sie brauchen länger und sind leichter ablenkbar. Ältere sind im Vergleich zu Jüngeren meist weniger im Lernen *trainiert*, da die Schul- und Ausbildungszeit, in der noch aktive Lerntätigkeiten gefordert waren, weit zurückliegt. Außerdem spielen *Gesundheit* und *Lernmotivation* eine wichtige Rolle.

Zusammenfassung

Aufgrund längsschnittlicher Untersuchungen kann das "Defizit-Modell" der geistigen Entwicklung als überholt gelten. Leistungen der kristallinen Intelligenz zeigen sogar noch eine altersmäßige Zunahme, während bei Leistungen der fluiden Intelligenz tatsächlich ein altersmäßiger Rückgang zu beobach-

ten ist. Auch hinsichtlich der Gedächtnisentwicklung gibt es eine Reihe von Einflußfaktoren, die einem altersbedingten Leistungsrückgang entgegenwirken können.

Fragen: (1) Warum gilt das "Defizit-Modell" der geistigen Entwicklung als überholt? (2) Was ist eine Querschnitt-, was eine Längsschnittuntersuchung? (3) Welche Faktoren beeinflussen die Gedächtnisleistungen vor allem bei älteren Menschen?

11.4.4 Soziale Veränderungen

Greifen wir wieder auf unsere Altersstereotypen zurück. Neben den Beschreibungen körperlicher und kognitiver Merkmale finden sich häufig Annahmen über das soziale Leben älterer Menschen (z.B. "einsam", "isoliert", "pflegebedürftig", "mißtrauisch", aber auch "kinderlieb", "fürsorglich" als Beispiele für positive Merkmalszuschreibungen). Eine der wohl einschneidendsten sozialen Veränderungen ist der Eintritt in den beruflichen Ruhestand bzw. der Austritt aus dem Berufsleben. Die Betroffenen erleben in der Regel eine ziemlich abrupte Veränderung des Tagesablaufes, der eigenen Rollen und Funktionen, der sozialen Beziehungen, der Leistungsanforderungen usw. Gerade diese Veränderungen können als Verluste erlebt werden. Arbeit kann sinn- und identitätsstiftend sein, ihr Verlust ein Gefühl des Nicht-mehr-gebraucht-Werdens, der Nutzlosigkeit nach sich ziehen. Der Beruf gibt nicht mehr vor, wie der Tag zu gestalten ist, die auszuführenden Tätigkeiten ändern sich, es entstehen völlig neue, teilweise ungewohnte Freiräume, die es sinnvoll zu füllen gilt. Der Ruheständler ist nun selbst für seinen Tagesablauf verantwortlich, er muß nun seinen Alltag selbst strukturieren und ihn mit befriedigenden Tätigkeiten belegen. Soziale Kontakte, z.B. mit Arbeitskollegen, werden seltener. Andererseits bleibt mehr Zeit für eigene Unternehmungen und Interessen, bei denen neue Kontakte geknüpft werden können. Auch das Zusammenleben mit dem Partner muß neu gestaltet werden, Tätigkeiten im Haushalt müssen neu aufgeteilt werden, neue Gemeinsamkeiten können gefunden werden, aber auch bisher nicht ausgetragene Konflikte in der Partnerschaft durch die länger gemeinsam verbrachte Zeit können zum Ausbruch kommen. Der Eintritt in den Ruhestand muß also nicht nur als Verlusterlebnis gesehen werden, er kann durchaus auch eine Chance für ein selbstgesteuertes Leben mit größerer Zufriedenheit sein.

Der Austritt aus dem Berufsleben läßt sich zwar auf ein bestimmtes Datum — z.B. per tariflicher oder arbeitsrechtlicher Übereinkunft mit dem 60. oder 65. Lebensjahr — festlegen, es handelt sich hierbei jedoch um eine relativ willkürliche Festsetzung, die teilweise eher vom Arbeitsmarkt als von der tatsächlichen Leistungsfähigkeit des Arbeitnehmers diktiert wird. Ursula Lehr, eine der bekanntesten Gerontopsychologinnen in Deutschland (und ehemalige Bundesministerin) verweist die Behauptung, daß der Mensch ab dem sechsten oder siebten Lebensjahrzehnt den Anforderungen des Arbeitsplatzes geistig und körperlich nicht mehr gewachsen sei, in das Reich der Legenden. Zwar zeigen ältere Menschen geringere Leistungen, wenn es um Tätigkeiten geht, die überwiegend körperliche Kraft, Schnelligkeit oder hohe Konzentration erfordern, mindestens jedoch gleichwertige, wenn nicht sogar bessere Ergebnisse bei Aufgaben, die ein hohes Maß an Erfahrung beinhalten. Sie spricht sich deshalb für eine flexiblere Handhabung der Altersgrenzen aus.

Robert Atchley beschreibt den Übergang in den Ruhestand als ein Prozeß über mehrere Phasen, der jedoch nicht als allzu starre, feste Abfolge zu verstehen ist und der nicht für alle Betroffenen gleichermaßen zutrifft. In einer ersten Phase noch im mittleren Erwachsenenalter wird die Pensionierung noch ziemlich vage aber positiv gesehen. Kurz vor der Pensionierung jedoch nehmen die Ängste und Befürchtungen zu, die Stimmung verschlechtert sich vorübergehend. Die erste Zeit nach der Pensionierung wird meist als *Glücksphase* erlebt, in der man sich all jene Wünsche erfüllt, auf die man während der Berufstätigkeit verzichten mußte (z.B. langes Ausschlafen, in Ruhe Frühstücken, Zeitunglesen usw.). Diese Phase wird meist sehr euphorisch erlebt. Ihr folgt in der Regel eine Phase der *Ernüchterung*, wenn sich zeigt, daß die Erwartungen nicht so erfüllt werden, wie man sich das vorgestellt hatte. Die Anpassung an die neue Lebenssituation gelingt selten ohne Schwierigkeiten. Beipielsweise fällt es oft schwer, sich auf den Lebenspartner einzustellen, von dem man vorher ja aufgrund der Berufstätigkeit relativ lange Zeit des Tages getrennt war. Auch die erwarteten Möglichkeiten der neuen Freiheit sind nicht ohne Grenzen, vielfach steht nach der Pensionierung zwar mehr Zeit aber weniger Geld zur Verfügung. Gelingt es nicht, in dieser Phase einigermaßen zufriedenstellende Aktivitäten und soziale Beziehungen zu entwickeln, entsteht häufig ein Gefühl der Langeweile, der Einsamkeit und des Sinnverlustes. Dies läßt sich nur bewältigen, wenn es gelingt, sich an die Wirklichkeit des Ruhestandes anzupassen, ein realistisches Lebenskonzept zu entwerfen. In dieser Phase der *Neuanpassung* muß der Ruheständler für sich einen Lebensstil entdecken, der seinen Bedürfnissen angemessen ist und der ihm ein gewisses Maß an Zufriedenheit gestattet. Die dabei gefundenen Lösungen sind höchst individuell: Sie können z.B. in der Intensivierung eines Hobbies liegen, in der vermehrten Fürsorge um die Enkelkinder, im Engagement in einem Verein, im Reisen usw.

Der Eintritt in den Ruhestand läßt sich auch als *kritisches Lebensereignis* beschreiben, das in unserer Gesellschaft an eine relativ enge Altersnorm gebunden ist. Andere, weit weniger normative kritische Lebensereignisse, die im Alter zwar gehäuft auftreten, aber nicht unbedingt gesellschaftlich normiert werden, sind die *Verwitwung* und der *Umzug ins Altenheim*. Der Verlust des Lebenspartners, oft nach langer und schwerer Krankheit, führt nicht selten zu schweren persönlichen Krisen, wobei die individuellen Bewältigungsmöglichkeiten und -reaktionen sehr unterschiedlich ausfallen können. Rein statistisch steigt beispielsweise die Zahl der Todesfälle innerhalb der ersten sechs Monate nach der Verwitwung (vor allem bei Männern) deutlich an. Als Grund wird dabei vielfach die enorme Umstellung der gesamten Lebenssituation und die mit dem Verlusterlebnis einhergehende Zunahme an Stressoren gesehen. Vor allem wenn resignative, defensive Bewältigungsstrategien gewählt werden (z.B. Depression, Trauer, sozialer Rückzug, Schuldgefühle, Verzweiflung, Verlust des Lebensmutes), die in ihrer Dauer und Intensität weit über eine "normale" Trauerreaktion hinausgehen, kann sich dies mitunter sogar gesundheitlich negativ auswirken. Wie nun die Trauer um den verstorbenen Partner verarbeitet wird, hängt auch vom *sozialen Netzwerk* ab, in das der Trauernde eingebunden ist. Findet er in seiner Trauer soziale und emotionale Unterstützung z.B. durch Angehörige, Freunde, Bekannte usw., wird ihm Unterstützung bei der Umstellung seiner gesamten Lebenssituation zuteil, konnte der Loslösungsprozeß vom Partner stattfinden und wird dessen Tod, z.B. nach schwerer Krankheit, auch als Linderung empfunden, werden noch neue Ziele und Pläne angegangen, dann bestehen gute Chancen zu einer Bewältigung der Trauer und zu einer Neuorientierung des Lebens.

Auch die Übersiedlung ins Altenheim stellt vor allem sehr Hochbetagte vor eine schwierige Neuanpassung, die sehr unterschiedlich bewältigt wird. Dabei mag in der öffentlichen Diskussion um eine vergreisende, pflegebedürftige Gesellschaft (vgl. die Diskussion um die Pflegeversicherung) ein falscher Eindruck von der wirklichen Anzahl der Pflegebedürftigen erweckt worden sein. Laut Ursula Lehr sind jedoch von den 60- bis 70jährigen noch 98% so kompetent, daß sie den Alltag alleine meistern können. Von den 70- bis 80jährigen sind dies noch 88% von den 80- bis 90jährigen immerhin noch 70% und von den über 90jährigen 59%. Diese Personen können die meisten Dinge des Alltags alleine bewältigen und brauchen lediglich für einige wenige, besonders anstrengende Tätigkeiten (schwere Sachen tragen, gründlicher Hausputz usw.) gelegentlich fremde Hilfe — pflegebedürftig sind diese Menschen jedoch nicht! Betrachtet man die Gesamtgruppe der über 60jährigen, so leben davon nur 3% in einem Heim, bei der Gruppe der 85- bis 90jährigen sind dies 15% und bei den über 90jährigen 21%. Diese Zahlen zeigen, daß Pflegebedürftigkeit im Altersheim nicht die Regel ist.

Die Anpassungsschwierigkeiten nach der Übersiedlung ins Heim liegen zum einen darin, daß die selbständige Lebensführung aufgegeben und einer eher fremdbestimmten weichen muß. Der Tagesablauf richtet sich in vielen Heimen nach organisatorischen Notwendigkeiten (z.b. feste Zeiten für die Mahlzeiten). Die Wohnsituation ist meist enger und und weniger privat, eine individuelle Gestaltung der Wohnung ist oft nur sehr begrenzt möglich. Man lebt nicht mehr wie vorher in einer gemischten Altersgruppe sondern in einer vom Alter her sehr homogenen Gruppe aus Hoch- und Höchstbetagten um sich, die darüber hinaus zumeist hilfs- oder pflegebedürftig sind. Die finanziellen Bedingungen ändern sich; viele Heimbewohner sind auf Sozialhilfe angewiesen. Während rund 88% der *Alten*heimbewohner von ihrer Privatwohnung aus ins Heim ziehen, kommen ca. 80% der *Pflege*heimbewohner aus Versorgungseinrichtungen, vor allem aus Allgemeinkrankenhäusern. Gerade bei letzteren kommt dieser Übergang nicht freiwillig und schon seit längerem geplant zustande, sondern er erfolgt nach Krankheiten, die relativ plötzlich eine pflegerische Versorgung mit sich bringen. Inwieweit eine Übersiedlung ins Altenheim als belastend erlebt wird, hängt unter anderem vom Grad der Freiwilligkeit und den damit einhergehenden Vorbereitungsmöglichkeiten, vom Grad der zeitlichen und räumlichen Reglementierung im Heim und von der kontinuierlichen Betreuung ab. Positiv wirkt sich aus, wenn den zukünftigen Heimbewohnern selbst die Entscheidung überlassen wird, ob und in welches Heim sie gehen möchten; wenn ihnen im Heim ein genügend großer, eigener Handlungsspielraum (z.B. für eigene Unternehmungen sorgen, die Räume mitgestalten, Pflanzen gießen etc.) überlassen wird; wenn sie selbst Kontrollmöglichkeiten und Verantwortung für ihre Heimumwelt besitzen (z.B. Mitarbeit im Heimbeirat, Planung und Gestaltung gesellschaftlicher, kultureller und kreativer Angebote im Heim, aber auch außerhalb); wenn das Heim genügend soziale und räumliche Anregungsmöglichkeiten bietet. Der Heimaufenthalt muß so nicht zwangsläufig zu einem Abgeschoben-Sein werden, er kann auch Erleichterungen schaffen (z.B. fallen die Probleme der eigenen Haushaltsführung, Einkaufen etc. weg) und für zuvor sozial eher isolierte Menschen eine Chance sein, neue Kontakte aufzubauen.

Solidarität zwischen den Generationen: Ein junger Mann
trägt seinen Vater (Skulptur im Hofgarten, Eichstätt).

Zusammenfassung

Das höhere Lebensalter bringt zahlreiche soziale Veränderungen mit sich, wie Eintritt in den Ruhestand, Verwitwung, Übersiedlung ins Alten- oder Pflegeheim, die sich als kritische Lebensereignisse auffassen lassen. Sie erfordern tiefgreifende Neuanpassungen an die neue Lebenssituation, müssen aber nicht in allen Fällen negative Konsequenzen haben.

Fragen: (1) Beschreiben Sie die Phasen des Übergangs in den Ruhestand nach Atchley! (2) Welche Anpassungsleistungen müssen (a) beim Eintritt in den Ruhestand, (b) nach dem Verlust des Lebenspartners, (c) bei der Übersiedlung ins Altenheim bewältigt werden? (3) Stimmt diese Aussage: "Die meisten alten Menschen leben in Alters- oder Pflegeheimen"?

11.4.5 Sterben und Tod

Das Thema Sterben und Tod ist in unserer Gesellschaft weitgehend mit einem Tabu belegt, obgleich wir in den Medien, vor allem im Fernsehen ständig mit Tod und Sterben konfrontiert werden (man denke etwa an die Kriegsberichterstattung in den Nachrichten oder an Krimis, die ja nicht ohne Leiche auskommen). Selbst Wörter wie "Sterben" oder "Tod" werden häufig durch Begriffe wie "entschlafen", "von uns gegangen", "heimgegangen" ersetzt (vgl. Todesanzeigen in den Zeitungen). Schwerkranke sterben heute nur noch selten im Kreise der Familie; ein Großteil der Bevölkerung stirbt im Krankenhaus. Einerseits wird zwar mit modernster medizinischer Technik versucht, den Tod möglichst lange hinauszuzögern, andererseits aber reduziert sich die Betreuung nicht selten auf das technisch Machbare. Die Forderung nach psychologischer Betreuung Sterbender und auch ihrer Angehörigen und der mit Sterbenden ständig konfrontierten Menschen findet erst in letzter Zeit zunehmend Unterstützung. Dies ist mit ein Verdienst der Ärztin Elisabeth Kübler-Ross, die mit ihren Veröffentlichungen über die "Psychologie des Sterbens" seit den sechziger Jahren für Aufsehen in der (Fach-)Öffentlichkeit sorgte. So stellte sie beispielsweise fest, daß viele Ärzte, Krankenschwestern und -pfleger den Umgang mit Sterbenden meiden. Sie und in ihrer Nachfolge viele andere versuchten, das Thema Sterben und Tod aus der Tabuzone zu holen und nach Möglichkeiten zu suchen, die Sterbenden menschenwürdige Bedingungen gewähren.

Wohl am weitesten verbreitet ist die *Phasenlehre des Sterbens* von Kübler-Ross, die hier nur kurz dargestellt werden soll, da sie vielfach kritisiert worden ist und auch zu zahlreichen Mißverständnissen geführt hat. Elisabeth Kübler-Ross befragte vor allem Patienten im mittleren Erwachsenenalter, die von ihrem Arzt erfahren hatten, daß sie lebensbedrohlich an Krebs erkrankt waren. Viele Kranke reagieren nach einer solchen Diagnose zunächst mit Abwehr. In dieser ersten Phase des *Nicht-wahrhaben-Wollens* ist der Patient davon überzeugt, daß ein Irrtum vorliegt, daß die Röntgenbilder vertauscht worden sind, daß es sich um eine Verwechslung etc. handelt. Diese Abwehr hilft zunächst, mit der unerwarteten, entsetzlichen Situation fertig zu werden. Das Nicht-wahrhaben-Wollen dauert meist nur kurz, vor allem, wenn der Krankheitsprozeß fortschreitet. Nun setzt eine Phase des *Zorns* ein. Der Kranke fragt sich, warum es ausgerechnet ihn getroffen hat und empfindet dies als Ungerechtigkeit. Er hegt möglicherweise sogar Gefühle des Neids und der Wut auf andere, die gesund sind und im Gegensatz zu ihm noch viele Jahre zu leben haben. Oft sind es gerade die Pflegekräfte, die den Unmut des Patienten über seine ausweglose Lage zu spüren bekommen. Durch aggressives Verhalten gegenüber seiner sozialen Umwelt erzeugt der Kranke wiederum Verärgerung bei den Menschen, die mit ihm zu tun haben (Pflegepersonal, Familienangehörige), was nicht selten dazu beiträgt, daß sich diese mehr und mehr von ihm zurückziehen. Kübler-Ross vertritt die Ansicht, daß der Kranke in dieser Phase Verständnis für seine Situation braucht, daß ihm trotz seines verzweifelten Zorns Zeit und Zuwendung geschenkt werden müssen, damit er seine Gefühle offen ausdrücken und dadurch überwinden kann. In der anschließenden Phase des *Verhandelns* versucht der Kranke noch einmal, sein Schicksal zu wenden. Er versucht beispielsweise durch Abmachungen mit Gott (z.B. Wallfahrten, Kirchgänge) oder durch das Versprechen, den Körper der medizinischen Forschung zu vermachen, wenn deren Erkenntnisse ihm noch ein paar Jahre schenken, einen Aufschub zu bewirken. Die vierte Phase der *Niedergeschlagenheit* oder der *Depression* beginnt, wenn der Patient durch Fortschreiten der Krankheit und Verschlechterung seines Gesundheitszustandes merkt, daß er seinem Schicksal nicht entkommen kann. Diese Niedergeschlagenheit kann zweierlei bedeuten: Einmal kann sie eine Verarbeitung von Verlustängsten sein: Der Kranke erkennt langsam, daß er sich von allem, was ihm lieb und teuer ist, trennen muß. Zum anderen entwickeln manche Kranke auch Schuldgefühle, weil sie nun nicht mehr für die Familie sorgen können oder weil sie wichtige Angelegenheiten nicht mehr regeln konnten. Im zweiten Fall hilft laut Kübler-Ross ein An- und Aussprechen der Probleme, im ersten Fall kommt es eher darauf an, durch stille Anwesenheit zu zeigen, daß man den Schmerz teilen will. In einer letzten Phase der *Zustimmung* ist der Kranke weder niedergeschlagen noch glücklich, sondern weitgehend frei von Gefühlen. Er hat nun sein Schicksal verarbeitet, d.h. er hat die Gefühle des Zorns ausdrücken und seinen Verlusten nachtrauern können, ohne daß er deshalb verurteilt worden wäre. Der Patient ist nun meistens sehr müde und schwach, spricht nicht mehr viel und schläft oft und in eher kurzen Zeitabständen. Die sprachliche Kommunikationsebene wird im Vergleich zur nicht-sprachlichen (Berührungen, Streicheln, Hände drücken, Sich-Anschauen) immer weniger wichtig. Doch auch in dieser Phase bleibt ein Funken Hoffnung z.b. auf ein Wunder, einen medizinischen Durchbruch, ein neues Medikament usw. bestehen.

Abschließend seien nur einige wenige Kritikpunkte am Phasenmodell des Sterbens angeführt: Auf den ersten Blick erscheint die Konzeption von Kübler-Ross in sich schlüssig, sie ist leicht nachzuvollziehen und wohl deshalb auch in der Öffentlichkeit so bekannt geworden. Doch diese Einfachheit führte auch zu einer Reihe von Mißverständnissen bei einigen Krankenpflegern und -schwestern, die versuchten, ihren todkranken Patienten beim "richtigen" Durchlaufen der Sterbensphasen zu helfen und korrigierend einzugreifen, wenn eine Phase übersprungen wird oder zu lange dauert. Auch die Patienten waren besorgt, wenn sich z.B. bei ihnen keine Zornes- oder Depressionsphase einstellte. Die Beobachtungen von Kübler-Ross regten aufgrund ihrer wachsenden Popularität eine Vielzahl von Nachfolgeuntersuchungen an, die großenteils das Phasenmodell nicht bestätigen konnten. Beispielsweise erlebt nicht jeder Todkranke diese Phasen gleichartig, vollständig oder in der gleichen Reihenfolge. Eine phasenartige, aufeinander aufbauende Abfolge scheint vielmehr die Ausnahme zu sein. Viel häufiger wird ein ständiges Hin- und Herschwanken zwischen Gefühlen der Hoffnung und der Resignation, zwischen Zorn und Gleichgültigkeit, zwischen Lebensmut und Todessehnsucht beobachtet. Das Sterben ist ein sehr individueller Prozess, der von Mensch zu Mensch sehr verschieden ablaufen kann. Die Erkenntnisse von Kübler-Ross stammen zumeist von todkranken Menschen des mittleren Erwachsenenalters, die relativ plötzlich und unerwartet schwer erkrankten (meistens an Krebs). Eine Übertragbarkeit auf den Prozeß des Sterbens bei hochbetagten Menschen scheint schwierig, da jemand, der aus der Mitte seines Lebens gerissen wird, sein Sterben möglicherweise weniger akzeptieren kann und anders damit umgeht, als dies bei einem sehr alten Menschen der Fall ist, der vielleicht vorher schon einige Male selbst mit dem Tod gerungen hat. Der Verdienst der Arbeit von Elisabeth Kübler-Ross ist es jedoch — trotz aller Kritik —, daß sie eine längst überfällige Beschäftigung mit der teilweise menschenunwürdigen Situation Sterbender in Gang gesetzt hat. Dabei umfaßt Menschenwürde die Befriedigung sowohl von körperlichen als auch von sozialen und emotionalen Bedürfnissen. Ersteres betrifft vor allem die Verringerung körperlicher Schmerzen auf ein erträgliches Maß. Emotionale Zuwendung und Liebe sind Bedürfnisse, die auch todkranke, kaum noch ansprechbare Patienten im Endstadium ihrer Krankheit haben. Zur Menschenwürde gehört aber auch, daß man dem Sterbenden nichts vormacht und ihn an wichtigen Entscheidungen um seine Person so weit wie möglich beteiligt. Ein Beispiel für die Verwirklichung solcher Gedanken ist die Einrichtung von *Hospizen* oder "Sterbekliniken" (z.B. im englischen Sydenham, einem Vorort von London), in denen den Bedürfnissen Sterbender entsprochen wird.

Zusammenfassung

Tod und Sterben sind in unserer Gesellschaft ein Tabuthema geworden; Sterben vollzieht sich hinter verschlossenen Krankenhaustüren. Erst mit der Verbreitung eines Phasenmodells des Sterbens von Elisabeth Kübler-Ross wurde zumindest in Fachkreisen das Thema Sterben aktuell. Nach diesem Modell durchlebt jeder Sterbende in einer festen Abfolge 5 Phasen: Nicht-wahrhaben-Wollen, Zorn, Verhandeln, Niedergeschlagenheit (Depression) und Zustimmung. Vor allem die starre Abfolge der Phasen konnte wissenschaftlich nicht bestätigt werden.

Fragen: (1) Welche Phasen des Sterbens hat Kübler-Ross formuliert? (2) Welche Kritikpunkte lassen sich dagegen anführen? (3) Nennen Sie Aspekte eines menschenwürdigen Umgangs mit Sterbenden!

12 Weiterführende Literatur

Die folgende Literaturliste soll zu einzelnen Kapiteln dieses Unterrichtswerkes, das für die Hand des Lehrers *und* des Schülers geschrieben wurde, Ergänzungen und Nachschlagemöglichkeiten liefern. Sie dokumentiert auch, daß in dieses Unterrichtsbuch das Wissen der Autoren selbst und das anderer Autoren eingeflossen ist.

Zu Kap. 1.1

Macfarlane, A. (1978)

Die Geburt.
Stuttgart: Klett-Cotta.

Die wörtliche Übersetzung des englischen Titels dieses Buches: "Die Psychologie des Kinderkriegens". Es geht um das Erleben und Verhalten des werdenden Menschleins und seiner Mutter vor der Geburt, um Gefühle und Empfindungen vor, während und nach der Geburt, um das erste Sich-Kennen-Lernen und die sichtliche Beziehungsaufnahme zwischen beiden, um An- oder Abwesenheit des Vaters bei der Geburt usw.

Zu Kap.1.1.2

Niemitz, C. (Hrsg.) (1987)

Erbe und Umwelt: Zur Natur von Anlage und Selbstbestimmung des Menschen.
Frankfurt: Suhrkamp (Taschenbuch).

Obwohl 16 Gelehrte (Psychologen, Mediziner, Biologen, usw.) zu diesem (alten) Thema hier schreiben, sind die meisten Beiträge gut verständlich. Man beachte: Es geht hier nicht um "Erbe *oder* Umwelt", sondern um "Erbe *und* Umwelt", um ihr Zusammenwirken. Einige Titel sind für den Praktiker besonders wichtig, z.B.: "Alkoholismus aus der Sicht des Genetikers", "Das Problem des Erwerbs von Krebskrankheiten", „"Die natürlichen Grundlagen zwischenmenschlicher Bindungen", "Die Wirkung von schädlichen Substanzen auf die vorgeburtliche Entwicklung" usw. (insgesamt für den Lehrer gut geeignet).

Zu Kap. 1-3

Hellbrügge, Th., Lajosi, F., Menara, D. & Schamberger, R.

Die ersten 365 Tage im Leben eines Kindes.
München: TR-Verlagsunion.

Dieses Buch wurde von Kinderpsychologinnen und zwei Kinderärzten geschrieben, die durch zahlreiche Vorträge und Veröffentlichungen und durch ihre Tätigkeit am Kinderzentrum München bekannt geworden sind.
Den Autoren geht es darum, die Erkenntnisse über die Entwicklung des Säuglings einem breiten Leserkreis zugänglich zu machen. Mit Hilfe zahlreicher Abbildungen und Zeichnungen können Schüler und Eltern lernen, alterstypisches Verhalten zu beobachten und zu beurteilen. Sie können genau feststellen, welche Fähigkeiten der Säugling in den einzelnen Lebensmonaten hat. Leider fehlen die Angaben der jeweiligen Altersstreuung innerhalb der normalen Entwicklung.
Das Werk ist auch als Taschenbuch erschienen.

Zu Kap. 1-8

Schmitz, E. (2. Auflage 1979)

Elternprogramm für behinderte Kinder.
München/Basel: Ernst Reinhardt Verlag.

Dieses Buch soll die sechsjährige Erfahrung des Autors aus Praxis und Forschungsarbeit mit geistig und mehrfach behinderten Kindern und ihren Eltern fruchtbar machen.
Ziel ist die Verbesserung der Eingliederung der betroffenen Kinder in ihr soziales Umfeld. Dazu ist eine möglichst früh einsetzende systematische Förderung nötig. Was landläufig als Rehabilitation behinderter Kinder bezeichnet wird, ist hier beim Namen genannt und in konkreten, leicht verständlichen Lernschritten beschrieben, z.B. Das Kind soll lernen, selbständig sein Hemd anzuziehen.
Neben der Kontaktaufnahme werden die Selbsthilfe beim Kleiden, die Körperpflege, Toilettentraining u.ä. behandelt. Das Buch erhielt über 60 ausnahmslos lobende Kritiken in mehreren Sprachen. Es erschien 1978 unter dem Titel "Zelf Doen!" bei Callenbach (Nijkerk) in den Niederlanden.

Zu Kap. 2-4

Keller, H. (Hrsg.) (1989)

Handbuch der Kleinkindforschung.
Berlin: Springer-Verlag.

Dieses Buch zeigt in 30 Spezialbeiträgen, womit man sich befassen sollte, wenn man sich die Psychologie und Pädagogik des Kleinkindalters vornimmt.
Es gibt da so interessante Themen wie: "Die ökologische Perspektive: Umweltpsychologie und ökologische Psychologie der Kleinkindforschung", "Der Umweltbegriff eines Architekten am Beispiel des Kinderzimmers", „Entwicklungspsychologische Familienforschung und Generationenfolge", „Der Übergang zur Elternschaft: Die Entwicklung der Mutter- und Vateridentität", „Bindung an Orte: Folgen für die Stadtplanung", "Forschungshypothesen zum pränatalen Leben", "Entwicklungspsychologie: Das Entstehen von Verhaltensauffälligkeiten in der frühesten Kindheit"...
Für die Schulbibliothek zu empfehlen – für den Schreibtisch der Lehrerin zu teuer... es sei denn, dort entsteht gerade eine Doktorarbeit.

Zu fast allen Kapiteln dieses Unterrichtsbuches:

Oerter, R.& Montada, L. (Hrsg.) (2. Auflage 1987)

Entwicklungspsychologie: Ein Lehrbuch.
München/Weinheim: PVU.

Manche Kapitel dieses Buches sind sehr lehrreich und gut verständlich – obwohl sie für Studenten der Psychologie geschrieben sind.
Es gibt dazu einen Fragenkatalog, der allerdings für die erste Auflage dieses Buches (1982) verfaßt wurde. Die meisten Antworten für diese Fragen sind auch im neuen Buch von 1987 zu finden, allerdings nur nach längerem Suchen.
Zu beachten ist, daß dieses über tausend Seiten dicke Lehrbuch auch einige Kapitel zur angewandten (= praktischen) Entwicklungspsychologie enthält, z.B. "Schulversagen als Entwicklungsproblem", "Kognitive und sprachliche Entwicklungsförderung im Vorschulalter", "Familienentwicklung", usw.
Für interessierte Leser sind die Kapitel über „Gedächtnis und Wissen", "Entwicklung der Moral", „Frühe Kindheit'' und „Die geistige Entwicklung aus der Sicht Jean Piagets'' geeignet. Insbesondere für Lehrende des Faches Psychologie ist dieses Buch eine reiche Fundgrube.

Zu Kap. 4-8

Kohnstamm, R. (3. erw. u. korr. Auflage 1990)

Praktische Kinderpsychologie: Eine Einführung für Eltern, Erzieher und Lehrer.
Bern: Huber.

Dieses Buch ist als "kleine Entwicklungspsychologie" in den Niederlanden erschienen und enthält viel "Wissen" und viel Umsetzung dieses Wissens in die Alltagssprache.

Themen wie "Die Stellung in der Geschwisterreihe", "Kinderängste", "Gewissensbildung", "Aggressionen", "Selbstbewußtsein und Selbsterkenntnis", "Kinderzeichnungen", "Phantasie", "Die sexuelle Entwicklung" zeigen, daß hier eine ausführliche Kinderpsychologie geschrieben wurde, in die viele Erkenntnisse und Begriffe der Fachwelt über das Kind bis zum siebten Lebensjahr *verständlich* integriert wurden.

Kohnstamm, R. (1988)

Praktische Psychologie des Schulkindes. Bern: Huber.

Dieses Buch ist beides: Erstens eine Fortsetzung des vorher genannten Buches über die Kindesentwicklung bis zum Ende der Grundschulzeit; zweitens eine "Pädagogische Psychologie" des Grundschulkindes.

Es werden fachlich-abstrakte Konzepte wie "Metakognition", "Locus of Control", "Dreiteilige Intelligenz" in den pädagogischen Alltag übersetzt. Allerdings ist endlich mal nicht die Schulperspektive alleiniger Mittelpunkt, sondern das Kind, das von 24 Stunden am Tag fünf in der Schule ist – und die restlichen 19 woanders! Dies zeigt sich etwa im Kapitel "Kindersorgen" mit Überschriften wie: "Unverletzlich?", "Blamagen", "Ausgelacht werden", "Ausgeschlossen werden", "Ein auffallender Name", "Das Äußere", "Bettnässer", "Krieg"...

Hetzer, H. u.a. (Hrsg.) (1990)

Angewandte Entwicklungspsychologie des Kindes- u. Jugendalters.
Heidelberg: Quelle & Meyer (UTB).

In Beiträgen verschiedener Forscher werden Bereiche der Entwicklungspsychologie wie Entwicklung der Wahrnehmung, der Motorik, des Spielens, des Denkens, der Sprache usw. meist gut verständlich auf dem Forschungsstand der

70-iger Jahre dargestellt. Zeichnungen und Grafiken erleichtern das Verständnis. Der Lehrer findet zahlreiche konkrete Informationen, die sich zur Instruktion und zur Anregung des induktiven Lernens eignen.
Infolge des raumsparenden Darstellungsstils sind die Texte zumeist nicht mit unnützen Wortblasen befrachtet.

Thomas, R.M. & Feldmann, B. (3. Aufl. 1992)

Die Entwicklung des Kindes.
Weinheim/Basel: Beltz-Verlag.

Das englische Originalbuch hat den Titel "Der Vergleich von Theorien der Kindesentwicklung".
Dieser Titel ist genauer, denn hier geht es um die vergleichende Darstellung bekannter psychologischer Theorien, die kindliches Verhalten und Erleben jeweils aus ihrer Theorie zu beschreiben und zu erklären versuchen. Zur didaktischen Darstellung kommen neben den bekannten Ansätzen von Erikson, Piaget, Skinner, Kohlberg und Bandura auch bei manchen Psychologen oder Pädagogen weniger bekannte Theoretiker, wie z.B. die "humanistischen Psychologien" von Maslow, Bühler und Mahrer, oder Rousseaus Theorie vom "moralischen und wißbegierigen Kind", oder neuere "informationstheoretische Theorien". In der Einleitung zeigen die Autoren, daß theoretische Standpunkte dabei helfen, die Welt "sinnvoll" zu organisieren.

Zu Kap. 9-10

Hurrelmann, K., Rosewitz, B. & Wolf, H.K. (2. Aufl. 1989)

Lebensphase Jugend: Eine Einführung in die sozialwissenschaftliche Jugendforschung.
Weinheim, München: Juventa.

Dieses Werk im Taschenbuchformat zeigt die "gesellschaftliche" Seite des Lebensabschnittes Jugend. Die "Individuation" im Jugendalter ist hier zentrales Thema. Der Jugendliche muß also sowohl er selbst, als auch Glied einer Gesellschaft werden. Die Spannung zwischen persönlicher Lebenslage, sozialen Netzwerken und gesellschaftlichen Integrationsanforderungen zeigen diese Autoren aus der Jugendsoziologie.

Stauner, G. & Schelter, K. (1987)

Jugendrecht von A – Z.
München: Beck (dtv).

Dieser Rechtsberater im Taschenbuchformat zeigt, daß "Jugend" kein rechtsfreier Raum ist; denn das hieße ja auch, daß er dem einzelnen keinen Schutz böte. Dieser Führer durch das Jugendrecht enthält einiges zur Rechtsstellung von Kindern und Jugendlichen. Er ist aktuell und informativ. Ein paar Themen: "Spielhallen", "Glücksspiel", "Zivildienst", "Wehrpflicht", "Religiöses Bekenntnis", "Rauchen", "Mutter", "Jugendvertretung", usw..

Wit, J. de & Veer, G.v.d. (1982)

Psychologie des Jugendalters.
Donauwörth: Auer.

Dieses Buch behandelt das Jugendalter zwar im Licht der Jugendtheorie von Erik H. Erikson, kann aber trotzdem als recht modern bezeichnet werden.
Die beiden Autoren sind Niederländer und haben sich aktuellen Problembereichen des Jugendalters wie "Drogenabhängigkeit", "Lösungsprozeß von den Eltern", "Identitätsentwicklung" zugewandt.
Das Buch liest sich angenehm – obwohl es sich ohne Effekthascherei dem Problemverhalten Jugendlicher aus der Sicht normaler Jugendentwicklung nähert. Nicht nur für Lehrende ist es zum intensiven Lesen geeignet.

Liepmann, D. & Stiksrud, A. (Hrsg.) (1985)

Entwicklungsaufgaben und Bewältigungsprobleme in der Adoleszenz.
Göttingen: Hogrefe.

25 verschiedene Autoren berichten in diesem schmalen (240 Seiten) Buch aus ihren Forschungen zum Entwicklungsabschnitt der Adoleszenz. Einige Titel daraus: "Problembewältigungsformen von Auszubildenden...", "Wert- und Normkonflikte griechischer Jugendlicher in Deutschland", "Wandel der Geschlechtsrollen...", "Leistungsmotivation bei Jugendlichen", "Schulangst bei Berufsschülern".
In diesem Buch interessiert man sich mehr für die Aufgaben und Möglichkeiten des Jugendalters, die ohne große Steuerung seitens Erwachsener (Sozialarbeiter, Psychologen, Jugendpfarrer, Erziehungsberater usw.) vom Jugendlichen selbst gemeistert werden sollten.

Stiksrud, A. (1994)

Jugend im Generationenkontext. Sozial- und entwicklungspsychologische Perspektiven.
Opladen: Westdeutscher Verlag.

Seit es die psychotherapeutische Verwendung von "Familien-Mythen" gibt, entdeckt man in der Sozial- und Entwicklungspsychologie, daß Erleben und Verhalten altersverschiedener Personen durch unterschiedliche Generationslagerungen geprägt ist. Von daher ergibt sich die Frage, warum die empirischen Belege zum sog. Generationenkonflikt zwischen Jungen und Alten eher spärlich sind. Das Beziehungsgefüge zwischen Jugend- und Eltern-Generation wird in diesem Band einer mehrdimensionalen Analyse unterzogen, und die Generationentypologie des Postmaterialismus wird auf qualitative und quantitative Dimensionen hin ausgelotet.

Zu Kap. 11

Lehr, U. (7. Auflage 1991)

Psychologie des Alterns.
Heidelberg: Quelle & Meyer (UTB).

Dieses schon in sechster Auflage erschienene umfangreiche Taschenbuch gibt wohl den besten Überblick zur Wissenschaft vom alternden Menschen. Es ist von einer engagierten Wissenschaftlerin verfaßt und sollte auf keinem deutschsprachigen Schreibtisch fehlen, auf dem Lehrveranstaltungen zum höheren Alter(n) vorbereitet werden.

Faltermaier, T. u.a. (1992)

Entwicklungspsychologie des Erwachsenenalters.
Stuttgart: Kohlhammer

Dieses kleine Taschenbuch gibt einen knappen, aber sehr guten Überblick über wichtige Themen einer Entwicklungspsychologie des Erwachsenenalters. Der inhaltliche Schwerpunkt liegt vor allem bei Fragen zur Entwicklung von Identität, Lebenszielen, sozialen Beziehungen, Krisen und kritischen Lebensereignissen.

Mietzel, G. (1992)

Wege in die Entwicklungspsychologie: Erwachsenenalter und Lebensende. Eine Einführung.
München: Quintessenz

Dieses sehr lesenswerte Buch eines renommierten Entwicklungs- und Pädagogischen Psychologen besticht durch Verständlichkeit und Anschaulichkeit. Dem Autor gelingt es, durch viele illustrative Beispiele und den weitgehenden Verzicht auf unnötiges Fachchinesisch auch etwas schwierigere Themen so greifbar zu machen, daß selbst der interessierte Laie Gewinn, ja sogar Spaß aus der Lektüre ziehen kann.